* 本书系全国教育科学“十三五”规划2016年度教育部重点课题“ICT支持的教师学习环境建构与应用研究”(项目编号：DHA160304)的研究成果。

潘丽芳 著

技术支持的
教师学习环境构建与实践

Jishu Zhichi de Jiaoshi Xuexi Huanjing Goujian yu Shijian

上海教育出版社
SHANGHAI EDUCATIONAL
PUBLISHING HOUSE

图书在版编目(CIP)数据

技术支持的教师学习环境构建与实践/潘丽芳著
.—上海:上海教育出版社,2019.10
ISBN 978 - 7 - 5444 - 9439 - 7

Ⅰ.①技… Ⅱ.①潘… Ⅲ.①师资培养-研究 Ⅳ.
①G451.2

中国版本图书馆 CIP 数据核字(2019)第 201507 号

责任编辑 张璟雯 李 玮
封面设计 周 吉

技术支持的教师学习环境构建与实践
潘丽芳 著

出版发行 上海教育出版社有限公司
官 网 www.seph.com.cn
地 址 上海市永福路 123 号
邮 编 200031
印 刷 昆山市亭林印刷有限责任公司
开 本 700×1000 1/16 印张 13.5 插页 1
字 数 230 千字
版 次 2019 年 10 月第 1 版
印 次 2019 年 10 月第 1 次印刷
书 号 ISBN 978 - 7 - 5444 - 9439 - 7/G・7783
定 价 58.00 元

序 言

教育是民族振兴、社会进步的重要基石。党的十八大以来，以习近平同志为核心的党中央十分重视发挥教育对中华民族伟大复兴的决定性作用。阿玛蒂亚·森(1999)认为“贫困深层的原因在于人的基本能力的缺乏”。当代的贫困，主要是“获取、吸收和交流知识能力的匮乏或途径的缺乏，从而导致能力的缺乏”所造成的“知识贫困”(Knowledge Poverty)(胡鞍钢 2001)。党的十九大进一步明确，必须把教育事业放在优先位置，以教育现代化支撑国家现代化。在新的时代背景下，中国教育现代化已经上升到国家战略，教育迎来了新一轮的最佳发展期。

“教师是立教之本、兴教之源”是习近平同志在 2013 年教师节首次提出的。将教师置于教育的“本”“源”之位，赋予了教师更为重要的使命和责任，突出了教师的基础核心作用，揭示了教育发展的普遍规律，对于办好让新时代人民满意的教育，助力中华民族伟大复兴具有重要意义。之后数年，习近平同志持续关注教师队伍建设，提出了“四有好老师”“四个引路人”“四个相统一”“三传播三塑造”“师德师风第一标准”“破除五唯”等一系列要求，为教师队伍建设举旗定向，为教师的考核评价提供了根本遵循。2018 年全国教育大会上，习近平同志更是指出“教育是国之大计、党之大计”，“建设社会主义现代化强国，对教师队伍建设提出新的更高要求，也对全党全社会尊师重教提出新的更高要求”，要“坚持把教师队伍建设作为基础工作”。教师在教育发展中的“本”“源”地位被进一步明确。2018 年 1 月，国务院发布了《关于全面深化新时代教师队伍建设改革的意见》，提出教师应“主动适应信息化、人工智能等新技术变革，积极有效开展教育教学”；同年 4 月，教育部发布了《教育信息化 2.0 行动计划》，在主要任务中明确指出要将“信息技术和智能技术深度融入教育全过程，推动改进教学、优化管理、提升绩效”。这两份连续发布的重磅文件都对教师在信息化环境下的教育教学提出了更高的要求。2019 年 4 月，教育部发布《关于实施全国中小学教师信息技术应用能力提升工程2.0的意见》，提出“三提升一全面”的总体发展目标：校长信息化领导力、教师信息化教学能力、培训团队信息化指导能力显著提升，全面促进信息技术与教育教学融合创新发展。可见，教师主动适应新技术的发展，并将新技术融入教育教学已经是必然的趋势，教师的信息化教学能力比其他任何时候更受关注。

技术与教育的较量正值尖峰时刻。在新一轮科技革命的推动下，当前新一轮科技革命和产业革命正在孕育兴起，重大科技创新正在引领社会生产新变革，互联网、人工智能等新技术的发展正在不断重塑教育形态，教和学的方式正在发生革命性变革。技术丰富的环境(ICT-Rich Environment)已经成为当今教育的重要环境。信息技术已经引发了教育模式及其价值取向的本质变化。人工智能、大数据、物联网等新兴技术的教育应用，带来了教育内容、教育方式、教育体系和教育理念的变革。教师的作用和地位遭遇了历史上从未有过的挑战。首先是教师的权威动摇了。借助信息技术，学生可以便捷、快速、高效地学习知识、解疑释惑、质证问题，千百年来教师“吐辞为经、举足为法”的权威受到巨大挑战。其次是对教师的要求提升了，“水之积也不厚，则其负大舟也无力”，随着学生获取知识和能力的渠道拓展、方式简便，提升了对教师知识和视野的要求。过去讲，要给学生一碗水，教师要有一桶水；现在看，这个要求已经不够了，应该要有一潭水。此外，随着信息化不断发展，知识获取方式和传授方式、教和学关系都发生了革命性变化。这也对教师队伍能力和水平提出了新的更高的要求。特别是，随着人工智能技术的发展，出现一种声音：教师会不会被人工智能取代？在笔者看来，无论从技术特征，还是从教育规律来看，这种取代都是不会发生的。从技术特征上看，目前基于图灵机模式和冯诺依曼架构的所谓人工智能技术，实现的只是存储和计算能力的提升，无法具有创造能力，更无法具有人类的情感。教育是教师指导学生建构个性化知识体系和能力架构的过程，是创造的过程，是用爱塑造灵魂的过程。在类脑技术取得突破之前，机器根本无法替代教师这一具有创造性的工作。从教育规律上看，学生接受教育是人社会化的第一步，不仅要学知识，重要的是学会与人沟通和交往，学做社会人。没有教师的话，这是无法达成的。技术替代不了教师对学生精神世界的影响，教师永远是学生成长的引路人。

教师职业能力的保持和提升，技术因素成为越来越重要的考量。信息技术已经越来越多地被用于助力教师学习。信息技术既是教师学习的内容，也是教师学习方式变革中不可或缺的有力支撑，其中，作为学习内容，信息技术主要指向教师的信息素养，即教师有效利用 ICT 促进教学、促进自我专业发展；作为变革支撑，信息技术可以为教师的自主学习和社会交互提供支持。2011 年，联合国教科文组织提出的《教师教育信息能力框架》（UNESCO ICT Competency Framework for Teachers，简称 ICT-CFT）指出，教师仅仅拥有和传递 ICT 的能力是不够的，还要能够通过 ICT 帮助学生成为具备问题解决能力、合作精神和创新能力的学习者。为实现全国教育大会精神立德树人的总目标，培养能够应对各种不确定性、21 世纪所需要的社会主义建设者和接班人，要为教师创设良好的技术支持的学习环境，满足教师多样化的学习需求，让教师学习更加便捷和高效，只有教师有了技术支持的各种学习体验，才能更好地指导学生在技术支持的环境里开展多样化的学习，从而培养具有应变创新能力、通用复合能力、开拓实干精神和协调合作精神的面向未来的学生。

由此可见，技术支持的教师学习环境的构建至关重要。

李永智

目　录

导论

教育大计，教师为本。建设教育强国是中华民族伟大复兴的基础性先导性工程，建设优秀的教师队伍是建设教育强国的前提与保障。知识经济时代下，以职前获取知识为主的传统教师教育已呈现诸多弊端，社会发展要求教师能够在整个职业生涯中不断获取新的知识和信息。同时，技术丰富的环境（Technology-Rich Environment）已经成为当今教育的重要条件，信息技术已经引发了教育模式及其价值取向的本质变化①。因此，技术支持的教师学习正逐渐成为教师教育变革中的焦点②。

其实，教师学习自古就有。通过对技术支持的教师学习的历史梳理，发现随着技术的发展，教师学习呈现不同的特点。了解技术和教师学习之间的关系，可以更好地满足教师多元化的学习需求，为技术支持的教师学习环境的构建提供借鉴。

一、技术支持的教师学习历史变迁

从“师范教育”“教师培训”“教师教育”到“教师专业发展”，教师学习总是隐没在这些术语的光环之下。直到 19 世纪 80 年代，随着学习科学和技术的发展，教师学习才渐渐地显山露水，成为一个重要的研究领域。

(一) 狩猎与采集时代语言支持的“教师”学习

“教师”学习最早可以追溯到原始部落，部落里的老年人是年轻一代的“教师”。“老年人和少年儿童在住地负责驱逐和看管小动物，建筑隐蔽所，进行附近

① 顾小清.面向信息化的教师专业发展——行动学习的实践视角[M].北京：教育科学出版社，2006.
② 卢乃桂，钟亚妮.国际视野中的教师专业发展[J].比较教育研究，2006(2)：71—76.

地区的采集和日常劳动。在共同进行简单的、力所能及的劳动过程中，老年人便把制造、使用工具的方法、技能以及生产劳动的经验、知识传播给年轻一代。除了生产劳动经验的传授外，人们还有意识地告诉少年儿童一些群体生活的习惯、行为准则等社会生活方面的经验。”①这是原始教育活动的一种解读，很自然地发生于日常的生活实践过程中。教育的方式为身教与言传，身教是做出示范动作，以供模仿；言传是说明是非要领，以传经验。这两方面是相辅而行的。可以这么说，如果没有语言的诞生就没有人类教育的产生。当时“教师”的“教学”是以“口耳相传”的方式进行的，虽然交流是实时的、互动的，但由于声音所及范围有限，学习只能在有限的时空中进行。而“教师”的学习则是通过耳濡目染的方式进行的，语言成为他们进行学习的主要途径，也成了人类教育的第一媒介。

狩猎与采集时代社会发展极其缓慢，经历了约 200 万年的漫长历史。②原始部落里“教师”学习的特点可以归纳为三点。第一，“教师”学习是迫于生计。因为原始人最初的生活非常艰难，需要利用简陋的工具与自然界做斗争，以求得生存和发展，他们在生产劳动中学习制造工具和使用工具的方法，并传授给年轻一代。第二，“教师”学习是基于经验的，学习内容非常有限。除了工具的制造和使用，他们还传授在日常生活中所需的生产劳动和群体生活的要求。第三，“教师”学习的边界模糊。学习是融合于日常社会生活之中的，是在生活和生产的过程中附带地进行的。

随着社会生产的发展，私有财产的形成，社会出现了阶级分化，使脑力劳动与体力劳动相分离，这种迫于生计、内容有限、边界模糊的“教师”学习方式已经无法满足当时社会发展对教育的需求，于是产生了教育的专门化，随之也就产生了专门的职业——教师。

（二）农耕时代文字支持的教师学习

到了氏族公社末期，事务繁多，交往频繁，迫切需要新的记事工具，就发明了最初的文字。③文字的出现使人类教育逐步步入了组织化、正规化的轨道，促使学校的诞生。学校是奴隶社会经济、政治和文化发展的综合产物。其中，经济提供了教育专门化的条件，政治成了设立学校的最主要需要，文化，尤其是文字的

① 王天一，夏之莲，朱美玉.外国教育史(上册)[M].北京：北京师范大学出版社，1984：7.

②③ 孙培青，杜成宪.中国教育史(第三版)[M].上海：华东师范大学出版社，2011：2，7，98，113.

出现为文化的积累和传递提供了脱离经验主体的独立存在的媒体，也促进了教育专门化。[①]夏、商、西周时期的教育，官、师是合一的，后来由于社会政治思想斗争，出现了私学，于是便有了专门以传授文化知识为职业的教师。教师职业的出现是教育发展史上的一大进步，与之相伴也就产生了教师学习。我国战国时期教育名篇《学记》概括了一条教师自我提高的规律——“教学相长”，曰：“虽有嘉肴，弗食，不知其旨也；虽有至道，弗学，不知其善也。是故学然后知不足，教然后知困。知不足，然后能自反也；知困，然后能自强也。故曰：教学相长也。”教学相长是指教的一方“以教为学”，阐释了教师本身的教学就是一种学习，而其教导学生的过程更是一种学习。正是这两种不同形式的学习相互推动，使教师不断进步。[②]

这也说明了教师学习是一个边教边学、伴随教学始终的过程。[③]当时社会生产力落后，知识的更新速度慢，因此教育比较落后，对教师的入职要求也不高，“只要识字或粗通经典，即可为师”[④]。《论语》也有相关的记载，“温故而知新，可以为师矣”。

通过对农耕时代教师学习的相关文献的梳理，我们发现这一时期教师学习呈现以下特点：第一，教师学习是自主的、零星的、以自我经验积累为主的，学优可为师。例如，汉朝私学规模越来越大，常常采用“以次相传授”，教师只对从学时间较长的高业弟子进行直接传授，再由高业弟子转相传授初学弟子。如郑玄拜马融为师，虽在门下，但“三年不得见，乃使高业弟子传授于玄”[⑤]。第二，以教为学。教师在教学的过程中通过教导学生进行学习，即所谓的“教学相长”。第三，不耻相师。韩愈在《师说》中提到“弟子不必不如师，师不必贤于弟子”，弟子如果有专长，也可以为师，教师也可以向有专长的弟子学习。第四，教师学习除了通过语言外，还可以借助文字。虽然当时社会生产力落后，但文字出现后，与之前仅凭借语言进行学习相比，在很大程度上增加了学习的内容，提高了学习的效果。

随着中国近代工业生产的出现和教育普及的需要日增，大批初等、中等学校应运而生，需要大量的教师。农耕时代的教师生产模式，无论从数量还是质量上

---

① 叶澜.教育概论[M].北京：人民教育出版社，1991：46.

②⑤ 孙培青，杜成宪.中国教育史(第三版)[M].上海：华东师范大学出版社，2011：2，7，98，113.

③ 陈桂生.师道实话[M].上海：华东师范大学出版社，2004：199.

④ 陈桂生.教师职业的形成[J].江西教育科研，2007(7)：14—15.

都不能满足社会对教育的期盼，教师学习的蒙昧状态急需改变，于是便诞生了专门培养教师的师范院校，培养专职教师。

（三）近代印刷技术支持的教师学习

到了近代，职业分工越来越细，社会对教育的要求也越来越高。由于各地学堂数量猛增，坐等教师“自然成熟”显然过于缓慢，无法满足当时急剧增长的师资需求，所以就产生了培养教师的师范学校。自1840年开始，中国遭到西方列强枪炮的无情打击，中华文明任由野蛮践踏。军事“图强”、经济“求富”，最终的落脚点归结于培养人才。培养“济世”人才就要兴办新式学校，于是教师的问题成为当务之急。1896年8月，梁启超在《时务报》上发表《变法通议·论师范》，在中国近代教育史上首次专文论述师范教育问题。在充分论证办师范学校之重要性的基础上，他阐述了关于教师作为专业需要专门培养的看法，“专门之业不分，致精无自也”①，他已经意识到教师如果不作为专门职业进行培养，仅凭数量有限的学者，即使学问再高也无法使国家自立自强。1897年（光绪二十三年），当时清政府大理寺少卿盛宣怀经奏准在上海创办南洋公学，内设师范院为其他各院培养师资。南洋公学师范院对南洋师范生进行培养的模式，是中国首次对即将任职的教师进行专门的培养。1902年，京师大学堂内设师范馆，培养中学师资，从此建立了师范教育体系②。师范教育体系的建立也就意味着教师学习开始走上了正规化、规范化和科学化的轨道。

此外，科技的发展也对教师学习起到了推波助澜的作用。伴随着十六、十七世纪科学和技术的大发展，造纸术和印刷术也获得了迅速的发展。1782年，英国人瓦特发明蒸汽机，从而将人力进一步延伸，用机械动力替代人力去生产、制造，极大地加速了纸张和书籍的生产。机械印刷术的诞生和发展为知识的大批量和快速复制奠定了基础。如当时教育学和心理学等学科开始陆续引进，通过印刷媒体学习成为职前教师学习的重要内容。

这一时期教师学习的特点主要体现在四个方面。第一，教师学习开始步入规范化的轨道。教师学习由原来的自主的、零星的学习转向了规范的、有计划的学习，即通过师范教育，统一课程设置，培养一批在知识结构和思想观念上都符

---

① 郭齐家.中国教育思想史[M].北京：教育科学出版社，1987：86.

② 顾明远.师范教育的传统与变迁[J].高等师范教育研究，2003(3)：1—6.

合社会需求的新教师。同时,师范教育体系的建立也表明社会对教师入职开始有要求了。第二,教师学习是一种储备式学习。由于师范教育主要侧重于教师的职前学习,而职后主要是运用所学,也就是说职前的教师学习主要是为职后做知识准备的。[①]第三,教师学习的内容愈加丰富了,除了近代学科外,还增加了普通心理学、教育理论、教育史等师范特色课程和儿童身心发展方面的课程。[②]第四,教师学习的途径拓展了,可通过印刷媒体进行学习。印刷媒体的质轻、便于携带等特点,为教师学习提供了便利。

师范教育体系的建立有效地缓解了社会对教师数量的需求,在教师数量得到一定满足的情况下,社会对教师专业化水平的要求日益提高,师范教育的封闭性与单一性问题日益突出,教师学习的一次性完成显然不能满足社会发展的需要,于是就出现了教师职前教育(学习)向教师职前、职后教师教育一体化(学习)的转变。

(四)现代电子技术支持的教师学习

随着科学技术和知识更新速度的加快,以往单纯的职前教师教育已经无法应对课堂教学的复杂变化,过于注重职前而忽视职后的师范教育开始受到批判。英国早在 1972 年的《詹姆斯报告》里就提出了师资培训三段制,具体为培养、任用和培训三个连续的阶段,即著名的“三阶段培训理论”,具体内容是普通高等教育阶段、专业训练阶段和在职培训阶段。该报告认为,在职培训应贯穿教师工作期的始终。“三阶段培训理论”拓展了教师教育构架,弥补了师范教育只注重职前的不足,很快得到世界各国的认可。自此,当代教育开始关注教师教育的一体化,即既重视教师的职前教育,也重视教师的在职教育。我国从 1986 年国家教育委员会公布的《关于加强在职中小学教师培训工作的意见》,1993 年颁布的《中华人民共和国教师法》,1995 年国务院颁布的《中华人民共和国教师资格条例》,到 1999 年教育部颁布的《中小学教师继续教育规定》,都规定参加继续教育是中小学教师的权利和义务,原则上每 5 年为一个培训周期,为教师培训提供了政策法规保障。之后教育部又实施了“中小学教师继续教育工程”(1999—2002 年)和“中小学教师全员培训计划”。这一系列政策的密集出台,充分说明了政府

① 毛齐明.教师有效学习的机制研究[D].华东师范大学,2010:2.

② 蔡元培.新教育与旧教育之歧点[A].蔡元培教育文选[M].北京:人民教育出版社,1980:48.

对教师在职教育的重视。

20 世纪 80 年代后期，除了常规的纸质教材，一些电子媒体相继被引入教师学习领域，如幻灯、电视、录像、VCD/DVD 等，它们在教师在职学习中扮演“教材”的角色，或承载着教育教学理论的名家讲座，或承载着优秀课堂教学实录，或承载着教学技能培训内容，在一定程度上满足了教师学习的需求。虽然“教材”形象了，生动了，但并没有改变以教为主的灌输式教师教育格局，更谈不上对教师学习主体性的关照。在这方面微格教学是个例外，通过视听技术，教师能以“第三者”的身份观看自己的教学实践，并客观分析自己教学行为的优劣，可以及时调整自己的教学，符合信息及时反馈的教学原则，也凸显了教师在学习中的主体地位。但是由于微格教学对技术设备等有一定的要求，所以只是作为实验研究之用，在我国没能大面积地应用推广。

这一时期的教师学习具有以下特点。第一，在职教师学习有了政策、法规保障。自 1986 年以来，各项相关政策相继出台，教师培训项目密集推出，可见政府对教师的在职教育(学习)的重视。第二，教师学习的内容指向性明确了，也有法可依了，即根据《中华人民共和国教师资格条例》的要求进行学习，并获得相应的资格证书。第三，教师学习的途径和方式更加丰富了，可以通过印刷媒体，也可以通过电子媒体进行学习。视听媒体的引入，在一定程度上增强了教师学习的效果。第四，教师学习的机会更多了，有条件的教师可以到现场聆听专家的报告，而其他教师可以通过观看专家讲座、优秀教学案例等视频资料，足不出“校”就可以进行学习了。

虽然我国对教师的在职教育非常重视，但“教师培训”“教师继续教育”“教师教育”的效果却并不令人满意，反而受到很多批评。造成这种情况的原因固然很复杂，但教师教育“自上而下”的教育模式、对教师学习需求的漠视，以及无论是新任教师还是老教师，学习内容“一刀切”的状况，严重阻碍了教师学习的积极性和成效，远远不能满足当下教师学习的需要，所以这种单向的、灌输式的传统教师教育模式已经到了非改不可的地步。

(五) 当代数字技术支持的教师学习

在过去的几十年里，我国基础教育发展快速，需要大量的师资。由于政府的重视和教师教育制度的保障，目前中小学教师的数量基本得到满足。教师质量的提升成为一个新的课题摆上了议事日程，从而使“教师学习”这个日常用语第一次登上学术的殿堂。传统的教师教育和培训方法需要进行变革,通过数字技术来支持教师学习不失为一种可行的解决方案。联合国教科文组织在《世界信息社会报告》中指出,"新技术对传统的教学方法和教学材料提出挑战,教师和学习者都需要重新思考如何来获得知识。为了应对这些挑战,教师必须接受新技术,采用适当的信息通信技术工具。同时,他们还必须转变传统的学习模式"①。我国对教育信息化非常重视,先后推出了多项基于数字技术的教师培训项目。2003 年我国启动了"全国教师教育网络联盟计划",2006—2008 年教育部又连续三年组织"中小学骨干教师国家级远程培训"和"西部农村教师远程培训计划"。为了提高教师的教育技术能力,我国于 2004 年出台了面向教师继续教育的新标准《全国中小学教师教育技术能力标准(试行)》;2005 年,"全国中小学教师教育技术能力建设项目"正式启动。这些政策和项目在很大程度上推动了教师教育技术能力的提高,为教师参与数字技术支持的学习做了很好的铺垫。

1993 年 9 月,美国克林顿政府正式提出建设"国家信息基础设施",俗称"信息高速公路"计划,其核心是发展以 Internet 为核心的综合化信息服务体系和推进信息技术在社会各领域的广泛应用。美国的"信息高速公路"计划特别把信息技术在教育中的应用作为实施面向 21 世纪教育改革的重要途径,由此掀起了教育信息化的浪潮,世界各国相继制订了推进本国信息技术在教育中应用的计划。我国教育信息化从 20 世纪 90 年代末开始,迅速渗透到教育的方方面面,从管理到教学,再到教师的专业学习和发展等,呈现一片繁荣之势。

数字技术支持的教师学习可以解决印刷媒体和电子媒体信息单向传输的缺点,除了提供海量的资源,还可以打造同步、异步的交流空间。于是,各类支持教师专业发展的网络平台如雨后春笋般冒出来,但实际效果却不容乐观。目前的教师专业发展网络平台多为传统教师教育的翻版,以单向的知识传输居多,强制教师完成所要求的学习任务,递交规定作业,甚至包括参与讨论的发帖作业,教师就是为了完成作业而做作业。这种现象比较普遍,大到国家级平台,小到省市级甚至校级平台。

数字技术支持的教师学习的特点归纳为以下四个方面:第一,教师学习更便捷了。在任何时间、任何地点,只要能够上网,教师就可以进行学习。第二,教师

① UNESCO. World education report[R]. Paris, 1998.

学习的形式更加丰富了。通过数字技术，教师既可以获得文本信息，也可以获得视频、音频和图片等信息，这极大地丰富了教师的学习形式，教师可以根据自己的喜好选择适合自己的学习形式。第三，教师学习的自主性有了一定的改善。这具体体现在教师可以自定学习时间和节奏，只要在规定时间内完成学习任务就可以。第四，教师学习的交流范围更广了。数字技术让不同地区和国家的教师通过网络进行学习成为可能。

虽然教师专业发展平台已经出现，但是从目前的实际使用情况来看，数字技术只是提供了一只“新鞋”，而教师学习还是穿着“旧鞋”，依旧走着“老路”——那种自上而下式、“一刀切”的教师教育方式并没有改变，教师学习的自主性体现得不够。教师学习的内容也严重脱离教师教学实践，多为偏理论和观念层次的内容，对教师的日常教学生活关注不够，导致教师学习只是走形式，不能真正有效地改变教师的教育教学实践。

综上所述，我们发现媒介技术的发展与教师学习之间存在着某种“天然”的联系，媒介技术的发展从语言媒介—文字媒介—印刷媒介—电子和网络媒介，而教师学习几乎同时经历了从原始的“教师”学习——蒙昧的教师学习——师范院校中的教师学习——教师职前职后一体化的发展历程，可见技术的发展有力地支持了不同时期教师学习的需要，是教师进行学习不可或缺的重要技术支撑。可以这么说，如果没有媒介技术的发展和支持，就没有教师学习的今天。

因为信息和通信技术（Information and Communication Technology）的迅猛发展，当今社会正经历着前所未有的变革，教育置身其中，受到冲击在所难免。在教育变革日益常态化的今天，教师作为变革的代言人，本身正经历着变革的激荡与洗涤，正如哈格里夫斯（Hargreaves）等人所言，今天的教师正学着以他们自己没有经历过的教育方式进行教学①，而对象是那些出生于互联网时代、伴随着各种新技术成长起来的新一代学生，即所谓的“数字原居民”，他们比长者们特别是他们的老师和学校管理人员一代，更能理解技术革命所带来的复杂性和机会。他们伴随着网络成长，这些经历是他们的老师和学校管理人员所没有的，作为这些“数字原居民”学生的教师正承受着前所未有的压力和挑战。如何应对压力和挑战，教师学习至关重要。正如有学者谈到教师教育时所说的那样：教师怎样教

① Andy Hargreaves，Lorna Earl，Shawn Moore. Learning to Change：Teaching Beyond Subjects and Standards[M]. San Francisco：Jossey Bass，2001：197.

学生，教师教育者就应该怎样教教师，其内在的教育理念是共通的、可共享的①。同样的道理，作为“数字原居民”的学生的学习和获取信息的方式正发生着根本性的变化，教师的学习方式也应发生相应的变化，唯有这样，教师才能更好地理解和引导学生的学习。技术支持的教师学习正是顺应了教师学习和专业发展的这种需求。而为教师构建技术支持的学习环境，可以更加有效地支持教师的学习。

二、技术支持的教师学习研究综述

近年来，在教师专业发展领域，教师学习正在成为国际上教师认知研究和教师教育实践的一个前沿性课题。北京教育学院主办的首届“教师学习与专业发展国际研讨会”指出教师学习应该是基于使命感的学习，教师学习应该走向自主学习，教师学习应从个体学习转向学习共同体的构建，教师学习应该是终身学习②。

随着教育信息化 2.0 时代的到来，国家不断加大教育信息化推进力度，高度重视教师信息化工作，持续推进“网络学习空间人人通”等专项培训活动，提高教师在职培训的新技术应用能力③。技术能够为教师的学习、研究和教学效能的提高提供资源和工具支持④。信息通信技术在变革教师学习方式、提升教师专业素养、助力教师专业发展、促进学校教育教学变革等方面的作用越来越突显⑤。技术在教师学习中究竟发挥了怎样的功效？作为教育行政部门应该为教师构建怎样的学习环境，才能促进教师主动高效的学习？技术支持的教师学习环境支持下的教师学习模式有哪些？不同的研究者，由于其研究的视角和研究范式的差异，形成了不同的理解和观点。

（一）技术在教师学习中的功效

祝智庭认为不同类型的技术应用决定了教师专业学习形式的差异，当无线

---

① 樊香兰，孟旭.论现代教师教育道路演变的逻辑[J].教师教育研究，2009(4)：1—6.

② 刘胡权.聚焦教师学习研究，助力教师专业发展——首届“教师学习与专业发展”国际研讨会综述[J].北京教育学院学报，2019(1)：81—86.

③ 任友群，万昆，赵健.推进教育信息化 2.0 需要处理好十个关系[J].现代远程教育研究，2018(6)：3—11.

④ 郭绍青，金彦红，赵霞霞.技术支持的教师学习研究综述[J].现代教育技术，2012(4)：10—15.

⑤ 桑国元.教师作为学习者：教师学习研究的进展与趋势[J].首都师范大学学报(社会科学版)，2017(1)：142—148.

广播和电视技术应用于学习时，教师作为学习者，其学习形式表现为“全体学习”；当计算机进入教育领域后，教师的学习更多的体现为提倡独立的个别化教学；当计算机网络主要是局域网开始用于教育后，教师学习的研究重心变为小组合作性的学习；当网络进入教育领域后，出现了虚拟教室、虚拟学校等新概念，教师学习的形式则体现为关注教师虚拟学习共同体的建立①。

潘丽芳认为教师学习经历了从原始的“教师”学习——蒙昧的教师学习——师范院校中的教师学习——教师学习终身化（职前、职后学习一体化）的发展历程，技术的发展有力地支持了不同时期教师学习的需要，使教师学习呈现出明显的技术特征，以此推动着教师学习的进程②。

英国学者托尼·费希尔（Tony Fisher）将技术的效用描述为教师学习中的有目的的一组活动，主要包括四个方面，分别是知识建构、分布式认知、社群与沟通、约定。知识建构主要体现在改编与形成观点、建模、以多模型、动态的方式表达理解。分布式认知体现在访取资源、发现问题和找到问题、用起中介作用的人造物和工具来撰写、编辑和表达。社群与沟通则表现为交流与分享沟通、拓展活动的情境、在地方或全球水平上拓展对社群的参与三个方面。约定表现在探索与游戏、承认风险与不确定性、在不同维度交互中工作、即时回应四个方面。同时他强调，这些活动并不是相互孤立相互排斥的，他们应该是相互重叠相互交叉的，并且通常情况下他们是相互联系在一起出现的③。

黄荣怀等人提出了技术促进学习（Technology Enhanced Learning，简称TEL）五定律，认为利用技术促进学习需要满足数字化学习资源、虚拟学习社群、学习管理系统、设计者心理和学习者心理五个定律。并对技术在这五种学习情境中潜在的作用进行了分析，技术的潜在作用表现为：材料的呈现工具、数字化学习资源、数字资源的管理系统（资料的储存和管理）、答疑或求助工具、学习管理系统、虚拟学习环境等④。

陈莉等人采用多案例分析法，分析了多个国内外技术支持的教师学习项目

---

① 祝智庭.Some Philosophical Considerations of Networked Learning[C]//李克东，何克抗.计算机教育应用与教育革新：97全球华人计算机教育应用大会论文集.北京：北京师范大学出版社，1997：335—344.

② 潘丽芳.技术支持的教师学习之历史演进[J].开放教育研究，2012(6)：56—60.

③ Tony，F.，Chris，H.，Avril，L.，焦建利.数字技术支持的教师学习：研究与项目综述（下）[J].远程教育杂志，2008(05)：4—14.

④ 黄荣怀等.关于技术促进学习的五定律[J].开放教育研究，2010(2)：11—19.

案例发现，基于虚拟社区构建教师学习共同体开展的教师学习项目在国外已有较长的时间和丰富的经验。国内的案例也表明，单一基于网络课程的远程培训局面已被打破，通过构建网络研修社区、利用教师自身资源驱动网络研修方式也初见成效，并积累了一定的经验。陈莉指出技术支持的教师专业学习已从以课程为中心、以知识传递为特点的网络远程培训，逐渐转向扁平化的以在线交流互动为核心、以在线课程材料为补充，以及以知识共享和知识建构为特点的在线协作学习①。

促进教师的专业发展一直被认为是提高教育质量的一个关键因素，张思②等人对在线专业学习社区中的同伴辅导进行了研究，该研究收集了来自中国376个在线专业学习社区成员的关于同行指导行为的自我报告，通过数据分析得出了教师在同伴辅导的所有因素中对自己的评价均略高于平均水平。同伴辅导主要包括反思支持和情感支持。男性教师提供的技术支持更多，而高级教师提供的学术支持更多，技术支持则更少。小学教师与初中教师之间无显著性差异。研究还发现，教师教学内容和技术知识（TPACK）的开发有助于提高同伴辅导的效果，在同伴辅导之前对教师进行培训可能会有所帮助。

已有研究表明在线专业发展确实是提高教师质量的有效策略之一，但仍有大量的研究人员对在线教师专业发展的项目和平台的实际效果进行考察。匹兹堡大学的曼德曼德·赫尔特·泰恩（Admanda Haertilng Thein）对一项教育硕士“多元文化素养”的在线课程中的三种异步交流方式进行了效果研究。研究发现，虽然教师在线交流互动非常活跃，但这些交流并没有建立起实质性的观点。

黎加厚针对“李克东难题”组织团队进行了研究，他们采用社会网络分析方法对海盐教师博客互动情况进行了分析，结果表明：浅层互动占31.2%，中层互动占53%，而深度互动只占15.8%。由此黎加厚提出了网络群体的深度学习是指在理解学习的基础上，学习者能够批判性地学习新的思想和事实，并融入原有的认知结构中能在众多思想间进行分析和联系，能够将已有的知识迁移到新的情境中作出决策和解决问题的学习。深度学习的特点是：①深度学习意味着独立思考与判断；②深度学习意味着理解与批判；③深度学习意味着迁移与应

① 陈莉，刘颖.从教师培训到教师学习：技术支持教师专业成长的途径与策略[J].中国电化教育，2016(4)：113—119，127.

② Si Zhang, Qingtang Liu, Qiyun Wang. A study of peer coaching in teachers' online professional learning communities[J]. Universal Access in the Information Society, 2017, 16(2):337—347.

用;④深度学习意味着解决问题①。

同时,技术支持的教师学习在发展过程中也显现出一些问题。随着各类支持教师专业发展的网络平台如雨后春笋般地冒出来,实际效果不容乐观,有的教师专业发展网络平台是传统教师教育的翻版,以单向的知识传输居多,强制教师完成所要求的学习任务,递交规定作业,甚至包括参与讨论的发帖作业,教师就是为了完成作业而做作业。这种现象比较普遍,大到国家级平台,小到省市级甚至校级平台。此外,教师学习的自主性体现得不够。教师学习的内容也严重脱离教师教学实践,多表现为偏理论和观念层次的内容,对教师的日常教学实践关注不够,导致教师学习只是走形式,不能真正有效地改变教师的教育教学实践②。

综上国内外学者对技术在教师学习中的功效的研究,我们发现,技术对教师学习的支持主要表现在如下几个方面:①呈现教师学习内容,主要是数字化学习资源和课程等;②构建网络研修社区,利用教师自身资源驱动网络研修;③支持教师学习的工具,通过答疑或求助,为教师的学习释疑解惑;④创设以知识共享和知识建构为特点的在线协作学习;⑤对教师学习提供反思支持和情感支持。但是,也有研究表明技术支持的教师学习的有效性不容乐观,在其繁荣的外表下,教师学习深度和实际效果距离人们的预期是有差距的。

(二)技术支持的教师学习环境

吴景松认为技术支持为教师学习共同体的发展创建了一个学习和交流的环境,这种基于教师空间分享的专业学习共同体组织,没有权威,没有条条框框,有利于教师个性化专业发展,有利于大面积调动教师的专业自觉③。

陈莉等人认为虚拟实践社区是教师学习不可或缺的学习空间,通过教师与他人分享、反思与协作促进教师学习。虚拟实践社区为教师之间公开交流思想、相互学习提供了支持,并打破了远程培训中教师相互孤立的状态,专家指导和同伴互助在交流中得以实现。社区中提供的资源和开展的学习活动是虚拟实践社区持续发展的条件,虚拟实践社区在导师的引导下开展活动会使得学习更有效④。

---

① 黎加厚."李克东难题"与网络环境下教研团队的成长[J].中国信息技术教育,2009(7):5—6.

② 潘丽芳.技术支持的教师学习之历史演进[J].开放教育研究,2012(6):56—60.

③ 吴景松.信息技术支撑的贫困地区教师专业发展的困境与对策——以滇西连片贫困地区为例[J].中国教育学刊,2018(11):74—78.

④ 陈莉,刘颖.从教师培训到教师学习:技术支持教师专业成长的途径与策略[J].中国电化教育,2016(4):113—119, 127.

赵健等人对网络学习环境的稳定性和学习者受到的技术支持进行了调查，指出建立一个稳定、顺畅、易用的网络环境对于任何一个虚拟学习共同体来说都是基础保障。网络环境的稳定性决定了资源获取的便利性和使用网络进行交互的积极性。此外，在网络学习环境下的远程指导和技术支持服务是保障学习共同体可持续发展不可或缺的因素①。

刘海华等人认为基于视频的教师学习应当注重学习环境的设计，以教学视频为核心，运用超媒体技术全面展示教学理论与实践的联系和为教师的学习活动提供支持是学习环境设计的两个特点。他们以美国威斯康星大学和罗格斯大学合作开发的“中小学教师教育项目”(the Elementary and Secondary Teacher Education Program, ESTEP)课程为例进行了研究分析，该课程中包括一个超媒体图书馆，该图书馆将学习科学的概念与教师的课堂录像数据库连接在一起。目的是希望教师利用工具将丰富的理论知识与职前教师可能遇到的真实情境联系起来，并且职前教师利用这个数据库进行学习，理解教学的各种复杂性②。

尹睿等人以广州市中学名师工作室为基点，以广州市互动教学教研系统的“教师工作坊”为个人网络学习空间依托，从教师设计思维的发生过程出发，构建了个人网络学习空间支持教师设计思维发展的三大策略：支持教师确立设计框架为目的的同伴互助策略、支持教师改进设计模式为目的的课例研究策略和支持教师反思教学实践为目的的引导反思策略，以帮助教师在知识内化与外化相互作用中实现知识创造，进而促进教师的设计思维不断发展③。研究表明，这种基于个人网络学习空间的同伴互助、课例研究和引导反思等策略的应用对教师设计思维的发展有着积极的促进作用。

刘径言等人对泛在学习环境下的教师培训机制包括泛在学习资源设计和开发机制、泛在教师培训实施机制、评估教师培训效果机制、管理机制四个维度进行了研究。探讨泛在技术支持的泛在学习环境对教师培训转型的影响以及具体的运行机制。他指出，未来的教师培训机构不仅要思考如何把握教师培训的自

---

① 赵健，郭绍青.网络环境下教师学习共同体运行效果的调查分析[J].中国电化教育，2013(9)：78—81.

② 刘海华，徐晓东，杨飞.国外基于视频的教师学习研究新进展与启示[J].电化教育研究，2015(5)：108—113，120.

③ 尹睿，郭华平，何斯婧，等.个人学习空间支持教师设计思维发展策略探索[J].中国电化教育，2018(6)：31—37，51.

身规律，还要思考如何使最先进的泛在技术与教师培训实现双向融合。此外，泛在技术的环境感知功能还有待完善，泛在学习的使用也还没有实现与全部计算设备兼容，泛在学习技术推动教师培训发展的道路还很漫长①。

赵峰以北京市海淀区教育信息中心组织的全区中小学教师"PAD教学"实践能力培训为例，探索了一对一数字化学习环境下的教师培训策略②。李思思对非正式学习环境下的教师专业发展进行了研究，提出了基于日常的非正式学习和基于网络的非正式学习两类中小学信息技术教师专业发展策略，以期对促进中小学信息技术教师的专业发展提供借鉴和参考。同时非正式学习不能完全取代教师培训等正式学习，二者需相辅相成，才能共同促进中小学信息技术教师专业发展③。

综上可见，虽然针对技术支持的教师学习环境的相关研究在点上呈现繁荣态势，主要表现在教师学习虚拟学习社区、教师工作坊/名师工作室、网上学习共同体、泛在学习环境下的教师学习等，取得了一定的成效，但目前对技术支持的教师学习环境整体性研究还不多见。

（三）技术支持的教师学习模式与实践

赵洪等人以移动学习平台中的智能手机为媒介，充分利用智能手机的录音、复读、网络通信、摄像等功能，将其运用到少数民族教师双语培训中，开展"浸入式"汉语教学。构建微格教学平台，积极促进新疆少数民族教师的汉语学习，提高新疆少数民族教师的双语教学质量④。

桑国元对教师学习的方法与策略进行了探讨，将近来关于教师学习的方法与策略的研究总结为四种：专业引领下的教师自主学习、行动研究中的教师学习、基于情境和问题解决的教师学习和基于群体交互的教师学习。他指出教师学习不仅是教师个人的责任，学校和社会也需要为教师创设一个促进学习、保障发展的环境，并提出了中小学和大学合作背景下的教师学习模式来支持教师学习，为一线教师提供接触新的教育理论和思想的机会，引领教师不断反思教育历程，参与变革性行动，尝试、体验和创新教育教学的新实践。桑国元从教师学习

---

① 刘径言，陈明选，马志强.泛在学习环境下教师培训机制研究[J].中国电化教育，2014(11)：90—94.
② 赵峰.一对一数字化学习环境下的教师培训[J].中小学信息技术教育，2016(3)：60—61.
③ 李思思.基于非正式学习的中小学信息技术教师专业发展研究[J].中小学电教，2016(5)：6—8.
④ 赵洪，叶丽霞.基于智能手机的少数民族教师双语培训[J].中国信息技术教育，2014(16)：52，54.

的外部支持系统和内部机制进行了探讨，提出了中小学—大学合作(School University Partnership, SUP)模式，为基础教育教师的自主学习、情境学习、行动研究等学习活动提供智力支持和理论引领①。

姚琳以高等教育出版社承担的“示范性骨干教师高端研修项目(小学语文)工作坊”为例，探讨了基于互联网的教师培训应关注利用信息技术实现自上而下与自下而上并重、示范引领与个体研修结合、培训结果与研修过程兼顾、线上研修与线下实践互补，从而应用现代信息技术为教师培训插上翅膀，有效提升培训效果②。

吴瑞琪以云录播系统为技术依托，对教师专业发展模式构建进行了探索。基于教师反思性学习与云录播平台的支持，形成了构建电子档案模式、分类撰写教育日志模式和专题式限制性评课模式三种技术支持的教师专业发展模式，并初步建立了教师专业发展理论策略模型③。

张思等人根据教育部教师工作司在2014年3月发布的《网络研修与校本研修整合培训实施指南》中指出要实施网络研修与校本研修整合培训，创新教师网络研修模式，设计跨校的线上与线下研修活动，发挥“教师工作坊”作用等相关内容，在“国陪计划2014”网络研修与校本研修混合式培训中，依据认知学徒制的一般步骤设计区域学科研修活动，并以活动序列为支架开展研修活动，构建了教师工作坊中的共同体结构模型，提出了教师工作坊研修模式，概括了教师工作坊研修模式实施的具体流程。并指出，教师工作坊坊主选择的研修主题一定是来源于教师教学实践中遇到的真实问题，并且教师工作坊中所有成员都需要积极参与到活动之中，只有这样该模式才能达到良好的效果④。

田茂等人充分分析学前教师教育面临的机遇和挑战，在综合前人研究的基础上改革传统幼儿园教师远程培训的故旧做法，提出幼儿园教师远程培训的PCOT模型，即P(Person，个体)、C(Community，学习共同体)、O(Online Learning，线上学习)、T(Traditional Learning，传统学习)，打造四位一体的教育体系，利用新技术和新手段，整合个体学习和学习共同体的建设，将线上学习和线下学习集合起来，完善制度、软硬件资源、师资队伍和评价机制，适应时代需求

---

① 桑国元.教师作为学习者：教师学习研究的进展与趋势[J].首都师范大学学报(社会科学版)，2017(1)：142—148.

② 姚琳.教育信息化转段升级中的教师培训[J].中小学数字化教学，2018(4)：60—62.

③ 吴瑞琪.基于云录播系统的教师专业发展模式构建[J].教育现代化，2018(1)：168—170.

④ 张思，刘清堂，熊久明.认知学徒制视域下教师工作坊研修模式研究[J].中国电化教育，2015(2)：84—89.

并引领幼儿园教师远程培训改革的方向。并指出该模式能够为一线幼儿园教师提供低成本、大容量的随时随地可学的便捷化培训服务，满足幼儿园教师成长发展的多样化需求，切实提高幼儿园教师队伍的整体素质①。

韩吉珍对教师专业发展的新路径进行了探索，通过建构教师个人学习空间，建立教师智慧学习共同体从而实现智慧学习。教师智慧学习共同体为每个教师的专业发展营造了一种和谐互助的氛围，有助于提升教师的专业知识和专业能力，促进教师的专业发展②。

针对如何组织和开展创客教师的培训学习的问题，龙丽嫦通过四轮行动研究，对创客教师培训策略和模式进行了探索，包括培训课程的设计及实施模式、策略的设计，最终形成了基于项目学习的创客教师培训策略和模式，培训成效显著，为各地开展创客培训提供了一定的借鉴意义③。

针对我国中小学教师培训存在的学员水平差异较大、师生缺乏交互、后续支持不足三大问题，魏晓彤经过三轮行动研究，将基于微课的混合式教学方法引入教师信息技术培训，以广州市教师继续教育课程《微课的设计与制作》为例，探索和构建基于微课的教师信息技术培训混合学习模式，过去"工厂式"的培训课堂转变为"学习超市"，将教育重心摆在"协助学生解决个别学习问题"之上，学员能够以个人速度完成，并且参训教师可以将自己感兴趣的问题或者疑惑提炼出来，有针对性地整理自己的思路，在微课学习平台上通过在线方式或者留言方式和培训教师及其他学员进行互动交流，寻求帮助。该模式为教师继续教育改革提供了新的设计思路，有助于解决中小学教师培训的主要矛盾，使教师可以在实际教学中因材施教，实现个性化教学④。

孙莉等人从新课程标准对教师专业发展造成的影响入手，指出已有的校本课程开发所规定的教学活动与新的课程标准的要求不相适应的问题，以混合动力汽车挑战项目为例，开发了基于项目学习的 STEM 校本课程。指出此类校本课程在技术、知识组织以及培养目标等方面的要求与新课程标准相一致，能够应对教师的专业发展因新课程标准发布所面临的挑战，同时能够在教师专业知识、

---

① 田茂，王凌皓.基于 PCOT 模型的幼儿园教师远程培训模式探索[J].现代远距离教育，2018(6)：82—88.

② 韩吉珍.智慧学习：教师专业发展的新路径[J].中国教育学刊，2018(8)：84—88.

③ 龙丽嫦.基于项目学习的创客教师培训设计与实施[J].教育信息技术，2017(5)：31—35.

④ 魏晓彤.基于微课的教师信息技术培训混合学习模式应用研究[J].中小学信息技术教育，2016(9)：32—35.

专业技能、专业自我以及专业理想等方面提高教师专业发展水平①。

张静等人对TPACK发展机制从个体认知维度、社会建构维度、涌现维度三个维度进行了分析，将专业学习、同伴互助、自主发展三条路径统整起来提出了TPACK多元化培养路径的框架，以期为教师TPACK发展提供一个相对完整的理论依据和实践参考②。

李美凤等人对以TPCK为解释框架对整合技术的教师教育新模式进行了讨论，指出教师在这种真实的问题解决情景中，可以深刻地理解技术、内容与方法三者之间相互建构的动态关系。更重要的是，这种设计学习模式将学习技术、学习设计和学会学习结合起来，提高了教师持续学习的能力③。

熊家富等人探讨了利用MOOC网络资源提升教师信息技术应用水平的理论基础、实践基础和显示需求，形成了利用MOOC网络资源促进教师专业发展的所需措施④。

祝智庭等人对智慧教育环境下智慧教师发展的创新路径进行了探讨，围绕着智慧教育的目标和理念，学校教师需要在智慧教育中扮演四种核心角色：思维教学设计师、创客教育教练员、学习数据分析师以及学习冰山潜航员，这四种角色的培养和塑造将成为智慧教师发展的创新路径。教师发展是外在环境与内生动力两部分因素共同作用的结果，面向智慧教育的教师专业发展体系需要从课程、工具、实践、指导、制度、文化等层面建构环境，并以学校为本提供实践解决方案⑤。

王莹结合《教育部关于实施全国中小学教师信息技术应用能力提升工程的意见》，对移动学习在中小学教师培训中的应用现状进行了分析，并对移动学习在中小学教师培训中应用的可行性和如何进行设计进行了探讨。她指出，中小学教师培训内容在移动学习环境下并不是简单的网页内容重现，培训内容的设计要符合教师碎片化的学习方式，即教师利用零散的时间学习时可以互相交流问题，还可以进行选择性学习。并且不是所有的教师培训内容都适合于利用移

① 孙莉，米帅帅.基于项目学习的STEM校本课程开发与教师专业发展[J].教育与装备研究，2018(11)：12—15.

② 张静，刘赣洪.多维视角下教师TPACK发展机制与培养路径[J].远程教育杂志，2015(3)：95—102.

③ 李美凤，李艺.TPCK：整合技术的教师专业知识新框架[J].黑龙江高教研究，2008(4)：74—77.

④ 熊家富，梁玉莲.创新学习方式，激活校本培训——利用MOOC网络资源促进教师专业发展[J].中小学实验与装备，2017(2)：57—59.

⑤ 祝智庭，魏非.面向智慧教育的教师发展创新路径[J].中国教育学刊，2017(9)：21—28.

动学习方式，只有些培训的资源适合移动学习，所以，在培训内容的选择上要找到适合移动学习的培训资源①。

杨贵和以东莞市新教师见习期培训为例，尝试采用面授和在线学习相结合的混合式学习模式对小学新教师见习期培训的学习过程进行了设计，相比于全面授学习，混合式学习在学员学习积极性、学习效果和学员评价等方面有了明显提高。并且一定程度上解决了学员的工学矛盾等问题②。

张沛佳等人以河南省平顶山市多所小学为例，对影响小学教师进行自我导向学习的因素进行了分析，从内在外在两方面入手提出了进一步促进教师自我导向学习的策略③。

史先红等人以许昌市中小学教师信息技术应用能力提升工程为例，探讨了TPACK视域下混合学习模式的构建，并在后续培训中实施和验证，在一定程度上有效地提高了教师的信息技术应用能力。该研究提出的基于TPACK理论的教师IT应用能力提升混合学习模式，能够根据教师的不同基础和需求，利用在线学习和课堂实践教学相结合的混合学习模式分批次开展学、训、用一体的培训。同时，他们还创建了教师IT应用能力跟踪评价平台，对教师实施跟踪评价，并及时反馈信息以支持后续培训和教师的终身学习，使教师的IT应用能力在教学实践中不断提升④。

金彦红等人以"中国—UNICEF'灾区教师培训'项目"在四川地震灾区的实施为例，采取设计研究的思路，在教师有效教学能力成长的不同阶段，分别采取混合式培训、学习活动混合设计和多元学习支持策略，通过"设计—验证—测评—修正—再实施"进行实践，结果显示教师有效教学能力得到明显提高。在此基础上，提出了"从真实需求出发，采取混合式培训模式，对学习活动精细化、多样化设计，对教师的学习提供真实案例、以应用为导向、以协作交流为主要活动方式及多元主体评价的支持策略"的技术支持的教师有效教学能力培养理论体系。该项目中参与培训的教师积极利用网络课程平台进行学习与交流，实践应用培训的知识与技能，教师课堂教学效果有了明显改善。他们指出，教师的学习

① 王莹.移动学习在教师培训中的应用[J].中小学电教，2016(9)：3—5.

② 杨贵和.混合式学习在教师培训中的应用[J].课程教育研究，2013(31)：202—203.

③ 张沛佳，刘建清.基于自我导向学习的教师专业化发展的现状与思考——以平顶山市小学教师为例[J].高等继续教育学报，2019，32(2)：45—50.

④ 史先红，赵呈领.基于TPACK的中小学教师信息技术应用能力提升策略研究[J].教育探索，2018(3)：106—111.

并不是一个单独的完全自我封闭的发展过程，而是更多地建立在群体的交流与协作之上，在交流与协作的过程中实现经验交流与共享、知识的重新建构①。

国外 TIMSS(The Third International Mathematics and Science Study)项目开发了课堂录像分析模式，采用定量的录像分析方法对美国数学和科学课堂与其他先进国家的课堂进行了比较，后来该项目开发了一种新型的教师培训模式 TIMSS-R②。

在美国斯坦福大学罗伊·皮(Roy Pea)教授主持的 DIVER 项目中，用户可以在已有的课堂教学视频画面上运用一个虚拟镜头对画面细节进行放大，利用评论标注窗口，对视频进行文本注释(Guide Noticing 工具)。具体来说，就是教师观看一段视频，发现其中的一个教学模式或者值得关注的细节，可以对它进行评论。这个过程被称为"DIVE"。由于不同专业发展阶段的教师均可以从不同的视角对同一个教学视频进行评论，因此，其成为教师协作学习的有效支持工具。格莱泽和哈恩纳芬提出了协作学徒模型，用于帮助指导者克服个人癖好和自满，能够更专心于教师的实践。美国的教师专业发展项目"地理：跟明星学教学"(Geography: Teaching with the Stars)通过在线视频展示"明星"教师真实的课堂，设计和实施适当的学习活动，为地理教师提供了优秀的教学实践策略③。

Copper 等人对 YouTube 作为教师培训工具进行了研究，研究结果表明，YouTube 培训工具是一种帮助教师实施高阶教学策略的优质培训工具。此外，研究结果还表明，YouTube 培训视频可以加强现场培训④。

Nicholson 等人通过记录米尔斯的教师学者组织(MTS)的教师领导者网络(TLN)会议来探讨教学领导者或者高技能水平的教师是如何促进受培训教师之间展开实质性对话，从而推动受培训教师的思考和学习的⑤。

---

① 金彦红，郭绍青，赵霞霞.技术支持的小学教师有效教学能力培养研究——以"中国—UNICEF'灾区教师培训'项目"为例[J].中国电化教育，2012(2)：53—62.

②③ 刘海华，徐晓东，杨飞.国外基于视频的教师学习研究新进展与启示[J].电化教育研究，2015(5)：108—113，120.

④ Copper Jenna, Semich George. YouTube as a Teacher Training Tool: Information and Communication Technology as a Delivery Instrument for Professional Development[J]. International Journal of Information & Communication Technology Education, 2014, 10(4): 30—40.

⑤ Julie Nicholson, Sarah Capitelli, Anna E. Richert, Anne Bauer, & Sara Bonetti. The Affordances of Using a Teacher Leadership Network to Support Leadership Development: Creating Collaborative Thinking Spaces to Strengthen Teachers' Skills in Facilitating Productive Evidence-Informed Conversations[J]. Teacher Education Quarterly, 2016, 43(1): 29—50.

切帕(Ciampa)等人对博客促进在职教师在协作探究过程中的专业学习与发展的应用进行了探究，该研究采用混合方法的设计，记录在职教师使用博客的频率和参与者对博客的看法等内容，研究结果表明参与者将博客视为促进知识分享、教学策略、评估实践以及同事间交流的工具，害羞、内向、爱思考的老师更容易从博客中受益，同时，缺乏使用博客的培训等问题也成了博客作为在职教师在协作探究过程中的专业学习与发展限制因素①。

默尔夫·肖尔(M.Mahruf C.Shohel)等人基于对孟加拉国一项国际教育发展项目的试点前干预研究，通过对教师访谈分析表明，在资源限制的环境下，使用苹果 iPod 用来支持教师在他们的学校环境中教学和学习，对校本教师专业发展的在职培训有明显的提升效果②。

西内姆·伊斯克塞利·唐克(Sinem Iskeceli-Tunc)等人探讨了以 WebQuests 设计为核心的教师专业发展模式，是否能提升教师的技术与教学能力。该研究采用个案研究的方法，证明了基于设计的活动能够提升在职教师的教学技能和运用技术的能力，并形成了有效提升在职教师专业发展的模型③。

莱格特(Leggatt)对英国初级教师培训的最佳方法进行了研究，该研究探讨了使用小组视频会议软件和平板电脑在向培训教师提供反馈、设定目标等方面，在多大程度上有可能成为最佳方法，从而克服距离障碍，促进教师培训效果④。

麦克斯韦·约克夫斯基(Maxwell M.Yurkofsky)等人对在线技术支持教师个性化专业发展进行了探讨，该研究以 Creative Computing Online Workshop (CCOW)为例，探讨教师认为有价值的成果：接触新思想、重新思考课堂实践以及与周围世界的新关系，并对结果的多样性、特异性和非线性是如何扩展教师专

① Ciampa Katia, Gallagher Tiffany. Blogging to enhance in-service teachers' professional learning and development during collaborative inquiry[J]. Educational Technology Research and Development, 2015, 63(6):883—913.

② M. Mahruf C. Shohel, Frank Banks. School-based teachers' professional development through technology-enhanced learning in Bangladesh[J]. Teacher Development: An international journal of teachers' professional development, 2012, 16(1):25—42.

③ Sinem Iskeceli-Tunc, Diler Oner. Use of webquest design for inservice teacher professional development[J]. Education and Information Technologies, 2016, 21(2):319—347.

④ Simon Leggatt. Overcoming the barriers of distance: using mobile technology to facilitate moderation and best practice in initial teacher training[J]. Journal of Further and Higher Education, 2016, 40(3):432—446.

业发展进行了研究，并提出了用于设计和评估在面对面和在线环境下的教师专业发展的扩展框架①。

综上所述，我们发现国内外对技术支持的教师学习的探索和实践还是非常丰富的：①从教师培训的视角，利用信息技术实现自上而下与自下而上相结合、示范引领与个体研修结合、培训结果与研修过程兼顾、线上研修与线下实践互补的方式，为受训教师创设良好的学习环境。②从教师专业发展视角，通过个体自主学习和学习共同体协助学习相结合的模式、面授和在线学习相结合的混合式学习模式、教师工作坊研修模式，拓宽教师的专业发展的空间与途径。③教师发展是外在环境与内生动力两部分因素共同作用的结果，面向智慧教育的教师专业发展体系需要从课程、工具、实践、指导、制度、文化等层面建构环境，并以学校为本提供实践解决方案，如基于项目学习的校本课程开发模式。④中小学—大学合作（School University Partnership，SUP）模式，为基础教育教师的自主学习、情境学习、行动研究等学习活动提供智力支持和理论引领。⑤更多的研究者是从策略、方法和措施层面探讨专业引领下的教师自主学习、行动研究中的教师学习、基于情境和问题解决的教师学习和基于群体交互的教师学习。

(四) 发现与启示

已有的技术支持的教师学习、教师学习环境和教师学习模式研究的丰富成果，为我们的研究提供了重要参考，同时也拓展了我们研究的思路。但是纵观这些研究，我们发现还存在如下不足，这给本研究提供了进一步探索的空间。

1. 从技术的功能特点出发研究技术在教师学习中的功效较多，但关于技术支持的中小学教师学习的实然状况研究不多。

2. 虽然针对技术支持的教师学习环境的相关研究在点上呈繁荣之势，但目前对技术支持的教师学习环境整体性研究还不多见。

3. 更多的研究者是从策略、方法和措施层面探讨技术支持的教师学习，对技术支持的教师学习模式的研究不具系统性。

综上，技术支持的教师学习环境的研究目前还比较少，对技术支持的教师学

---

① Maxwell M. Yurkofsky，Sarah Blum-Smith，Karen Brennan. Expanding outcomes：Exploring varied conceptions of teacher learning in an online professional development experience[J]. Teaching and Teacher Education，2019，82：1—13.

习进行大样本的调查研究难觅踪影。因此，编制一份科学有效的技术支持的教师学习的调查问卷，进行大样本的调查显得尤为必要。唯有了解了技术支持的教师学习的现状，才能构建起贴合广大教师需求的技术支持的教师学习环境并进行应用，从而给教师的学习提供更多的便利和更强有力的支持。

第一章
技术支持的教师学习理论基础

第一节　技术支持的教师学习的哲学基础

(一) 知识观:从客观确定性走向个体不确定性

知识观是人们对知识的根本看法与态度,在不同的时代、社会和文化背景下,人们的知识观会有很大的不同。

1. 理性主义知识观

在西方哲学史上,哲学家们对于“什么是知识”有着各种各样的回答。人类对知识研究的传统最早可以追溯到古希腊时期。古希腊著名的哲学家苏格拉底认为感觉的主观性、偶然性使得它并不能作为知识的标准,知识应该是客观的、普遍的,关于世界本质即“善”的知识。人们只有对社会中已有的概念进行澄清和细察,通过理性的抽象,逐步排除掉主观的因素去获得。寻求客观的、普遍的知识也即寻求道德知识。

柏拉图继承了苏格拉底的知识观。他将“知识”和“意见”相区分,认为知识是人类理性认识的结果,是人们对于事物本质的反映和表述,不同于人类感性认识所产生的“意见”。知识就是真理,就是“理性的作品”。所有的感觉经验都不能构成真正的知识。真正的知识只有一种:数学知识和数学真理①。

亚里士多德秉承了对知识是普遍的、公共性的观点,提出获取知识首先要通过感官来经验个别事物,然后从各种偶然性中抽象出本质和共相。他把知识分为理论知识、实践知识和制作的知识。这些知识都是可以通过逻辑的三段推论推导出来。

在西方哲学史上,柏拉图、亚里士多德的这种观点被一些哲学家所赞同。笛

① 石中英.知识转型与教育改革[M].北京:教育科学出版社,2007:13.

卡尔的著名论题“我思故我在”是其知识观的出发点。他以普遍怀疑为开端，不仅怀疑感觉经验，也怀疑柏拉图所认为的真正的知识，由此得出不可怀疑的第一原理即“我”作为一个“思想者”的存在。只有由思想获得的知识才是清晰可靠的，是人类所独有的①。

而继笛卡尔之后的哲学家，如斯宾诺莎(Spinoza)、莱布尼茨(Leibniz)以及康德(Kant)等人强调知识构成中的逻辑成分及知识形成中的理性作用。斯宾诺莎认为世界和人类生活的全部本质都可以用几何学的方法从自明的公理中逻辑地推导出来，只有纯粹的理性才能获得清晰、明确的知识。莱布尼茨作为现代数理逻辑的创始人，他认为凭借逻辑可以在形而上学和道德领域中进行推理，就像在数学领域内一样。康德较之二人，并未完全否认经验的作用，认为经验并不能被我们所有的知识所超越，只是提供了知识的材料，是否构成可靠的知识依赖于一些非从经验归纳而来的“先验范畴”和“分析判断”。

理性主义知识观将知识视为一套独立于人类经验之外的规则、既定的程序和不可置疑的真理，是对客观世界的绝对准确与真实的表述。因此，知识的特征表现为客观性、普遍性与价值中立。在这种观念下，教育即是传递既定的、普遍的、价值中立的知识。教师似乎成为知识与接受者之间的“桥梁”，没有主动生成自己知识的意识，教师的自我发展也必然受到阻碍。

2. 经验主义知识观

在西方知识哲学中，与理性主义知识观相对立的是经验主义知识观。经验主义知识观反对任何先验的观点和范畴，强调经验和感官的重要性，认为人类所有的知识都来源于感觉经验，都是对外部世界各种联系的反映，经过从个别现象到一般原理的提升，才可形成可靠的知识。其代表人物是弗兰西斯·培根(Francis Bacon)和约翰·洛克(John Locke)。

培根从知识的起源出发来考察知识，反对理性主义的观点，认为知识不是人大脑思辨的结果，也不是从权威结论中演绎得来。相反，知识是人们“深入到自然界里面，在事物本身上来研究事物的性质”而获得的东西。他认为“一切自然的知识都应求之于感官”②，倡导经验科学的道路，运用新的归纳法和实验法，建立科学知识和科学方法的权威。为了获得可靠的知识，培根呼吁人们抛弃长期

---

① 石中英.知识转型与教育改革[M].北京：教育科学出版社，2007：14.

② 黄玉顺.从认识论到意志论——西方近代哲学简论[J].北京理工大学学报，2000(1)：26—31.

以来控制人们思想的四种“假象”——“部落假象”“洞穴假象”“市场假象”“剧场假象”。各种“假象”即代表着让人陷入谬误的种种坏习惯，使得人们的观念没有一种是完全反映外界事物的本质，因而都是虚妄的、扭曲的和错误的。只有遵循自然，清除假象，才能获得真正的知识。真正的知识就是对外界事物忠实的反映。观察和实验是获得这些知识的最可靠途径①。

在培根的基础之上，洛克提出知识来源于感觉和反省。在他看来，人心生来如白纸一般，没有任何先验的观念，人们所知道的一切都是从“经验”而来。他并不否认理智在知识形成中的作用，但这也是建立在思维的材料和方法首先来自经验的基础之上，经验既包括感觉的经验也包括内省的经验。先形成简单的观念，再经过心灵的加工，观念得到拓展和丰富，建立起相互的联系，从而形成了复杂观念。而人类认识的道路也即是从个别现象的感知经验由归纳的途径逐渐获得对一般原理的认识。

可见，经验主义知识观强调个人的主观经验，蕴含自省与反思的萌芽，这对于教育的发展有着一定的影响，同时又使得教师在传授知识的过程中，注重经验的积累与传授。

3. 实用主义知识观

理性主义与经验主义的知识观在西方哲学史上存在了较长一段时间，到19世纪末20世纪初，实用主义知识观开始逐渐为人们所关注。实用主义知识观深受美国实用主义哲学的影响，主张批判传统哲学、坚持反基础主义。与理性主义知识观和经验主义知识观不同，实用主义知识观只是把知识当作一种行动的“工具”，因此也被称为是“工具主义”的知识观。其代表人物有皮尔士(Peirce)、詹姆斯(James)、杜威(Dewey)。

皮尔士坚决反对理性主义与经验主义知识观，他指出，人类的求知过程不是既定不变的，而是动态的探索的，是“怀疑—探索—信念”三个环节的不断循环，即从既定的现实信念开始，通过具体怀疑排除假信念，从而不断接近真理。可见，皮尔士眼中的真理并非认识的现实，而是一种理想状态下的目标，表明他尝试以一种相对的知识观取代绝对的知识观，这使认识论的宗旨发生了重要转变。

美国著名的心理学家詹姆斯则更为关注知识的现实意义，当假定一个观念或信念是真的，那么它的“真”在人们的实际生活中有什么作用，如何实现，又如

① 石中英.知识转型与教育改革[M].北京：教育科学出版社，2007：15—16.

何区别"假"的观念或信念。这是一种以结果、目的以及实效性为判断标准的知识观。知识的价值在于能够解决人们的实际问题，知识的获得不再仅仅依据理性推理而获得，而是与人类的实践经验相关，随着人们经验的变化而不断发展。因此，真理的发现更多地成为普通科学实践者的责任，而不仅仅是哲学家、思想家的责任。

杜威则在詹姆斯知识观的基础之上，进一步深化了实用主义知识观的内涵。他坚决反对传统的"真理"概念，推崇经验自然主义。他认为经验不是知识，而是主体和对象或有机体与环境之间相互作用；知识是经验的元素之一，知识的目标在于用当前的经验做材料来预期未来的经验。因此，知识对象、求知主体均包含于经验圈内，知识产生于经验圈①。这就大大扩展了知识的范畴，尤其是提升了自然科学知识以及科学技术知识在知识领域中的作用。知识的价值是一种外在的、实用的价值。知识是不断探究、发现而来，个人知识的增长是在原有知识的基础上的更新。

实用主义知识观给教育带来极大的影响，教育开始走向工具性与实用性，更为贴近实际。强调实验、情境与探究，通过观察与思考，解决情境当中的问题。教师也必然在思考与反思中获得相应的成长。

4. 后现代主义知识观

进入20世纪后，人们对知识的看法越来越多元，或是对此前的观点进行修正，或是从根本上予以抛弃，从新的角度来认识知识。逐渐打破知识的客观性、普遍性、绝对确定性与价值中立的神话，开始关注知识与社会、知识与人的关系问题，开始关注新的知识类型。质疑客观主义的知识观，关注知识的个体性、情境性与价值性，认为知识不再是客观而固定、遥远而冷漠、崇高而威严的绝对真理，即知识不再被认为是客观的、普遍的、价值中立的和完全外在于人的工具②。推崇此观点的有利奥塔(Lyotard)、福柯(Foucault)，等等。

利奥塔在《后现代状态：关于知识的报告》中，对知识所持有的流行看法表明了自己的另一番见解，认为知识并不等同于科学知识，它远非是一系列指示性陈述，还包括"技巧""对生活如何的了解""如何倾听"等。在此基础之上他提出"叙事知识"的观点。叙事知识由多种语言形式组成一个整体，通过不停地传授讲话

---

① 赵树峰.论实用主义科学知识观的演进[J].华中科技大学学报(社会科学版)，2001(1)：39—42.

② 姜美玲.教师实践性知识研究[D].上海：华东师范大学，2006：57.

者、听话者、涉物关系而进一步扩展形成了特定社会的制约关系，它也不需要特殊的程序使其合法化，有其自身的合法性。而科学知识需要通过西方哲学研究其合法性，而当其日益逼近叙事知识时，科学知识的局限性也日益明显。利奥塔的知识观体现出信息化、商品化、权力化、多元化的特点，从某种意义上来说，解构了原有科学知识观的体系。

福柯是后现代主义最有影响的人物。他采用考古学的方法，从知识与话语、知识与权力的关系入手，对知识有了新的理解。他认为，知识是由知识自身内部的“构成规则”与其他“可能性条件”，即话语、话语实践以及非话语实践构成的。因此，知识体系的真理性也就不在于能被客观证实的各种科学知识。话语体系的结构性变迁决定了知识体系的断裂与延续，变迁完成也即出现新型的知识结构，他否认科学知识增长的线性发展规律，将知识分成文艺复兴知识型、古典知识型和现代知识型。三种知识型之间不是连续性的，而是被描述为一种突然的和完全的断裂。在他看来，知识与权力是密切相关的，“所有门类的知识的发展都与权力的实施密不可分”①，二者联系起来从空间和时间上对人进行规训。知识不再是普遍的、客观的真理，而是保证权力实施的一种工具。由于知识通过不同的掌控者及其内在权力的相关斗争，权力与国家对此进行干预，知识也即“被纪律化”，这样的知识被称为是“被压迫的知识”。而要让知识得到解放，则需要通过自身的关切、自身的技术、自身对自身的治理。从认识自身到关切自身再到关心他人，成了教育情境中伦理主体的生存美学。

波普尔(Popper)对科学知识型也提出强烈的批判，质疑知识的“可证实性”。他提出所有的知识都只是一种猜测，是我们对某些问题所提出的暂时回答，需要我们在以后不断进行假设、试错、排除错误、再猜测进行修正和反驳。因此，我们只能在循环的过程当中增加知识，但却无法获得终极真理。尽管知识不能被证实，但却可以被证伪。波普尔对科学知识型的批判无疑对 20 世纪中叶以后人们的科学观念的转变起了重大作用。

从对知识的客观主义的解构与质疑到知识的不确定性，人们也开始关注个体的知识，波兰尼(Polanyi)则是其中的典型代表。他把知识分为显性知识与缄默知识，显性知识是可以系统表述的，即可以用书面文字或地图、数学公式来表示；相对的，缄默知识则是不能系统表述的，如关于我们自己行为的某种知识。

---

① [法]米歇尔·福柯.权力的眼睛——福柯访谈录[M].严锋，译.上海：上海人民出版社，1997：31.

不仅在我们的生活当中存在“不可言说的知识”，即使在理性化的科学研究当中也存在这种知识。这种知识不能以正规的形式加以传递，也不能加以“批判性反思”，但是它却是非常重要的一种知识类型，因为它们事实上支配着整个认识活动(包括科学认识活动)，为人们的认识活动提供了最终的解释性框架乃至知识信念①。波兰尼的缄默知识无疑引起人们对个体知识的重视，而他的理论也对后来个体性知识的形成与发展起到关键作用。

后现代主义知识观的各种观点，无疑对教师个体的发展提供了良好的理论基础。知识的不确定性以及对个体知识的关注，让教师学会不断的反思与质疑，学会从另一个角度看待知识的生成，重视个体知识的生成与发展。

纵观人类知识观的形成与发展，我们不难看出，知识的界定越来越宽泛、越来越具备不确定性。随着经验主义、实用主义的兴起，知识的内涵越来越丰富。原先“不登大雅之堂”的个体经验受到重视，知识突破了“形而上”的品质，知识获得的途径也不再局限于逻辑的思考，而是渗透在感觉、反省、行动中。后现代主义的思潮则进一步解构了技术理性的知识观，挖掘了知识的“个体性”一面，加剧了知识的相对性，揭开了知识“不可言说”的一面。

(二) 学习观:从被动接受到主动建构

学习观是人们对学习过程、规律、方法等内容的理解与看法，学习论建构的是关于人是如何学习的以及应当如何学习的理论。在关于学习论的100多年研究历史中，各种观点和流派层出不穷，从行为主义学习观到认知主义学习观、人本主义学习观，以及建构主义学习观，等等，不同学习观之间的承继、批判与发展，其内在的驱动力来源于人们对“学习”这一行为本质的不懈探索。

1. 行为主义学习观

在西方思想界，达尔文进化论的诞生，为心理学家提供了一种新的思考策略:人类的行为同动物一样，会受到外部环境、内部生理需求以及过往经验的影响。即有机体所有的行为都可以用简单“刺激—反应”之间的联结来解释，学习也是如此。受此影响，“刺激—反应”学习理论成为当时的行为主义心理学的重要研究内容，持此观点的行为主义者“把学习看作作用于有机体的刺激与其反应

① 石中英.知识转型与教育改革[M].北京:教育科学出版社，2007:226.

之间构成联结或行为改变的过程”①。因此行为主义学习观也被称为“刺激—反应”学说，对这一学说做出过杰出贡献的主要代表人物有桑代克(Thorndike)、巴甫洛夫(Pavlov)、华生(Watson)、斯金纳(Skinner)、班杜拉(Bandura)等。

19 世纪末，作为心理学史上第一位通过动物实验来研究学习的人，美国心理学家桑代克提出了最早的“刺激—反应”学习理论，在他看来，学习是通过不断尝试错误来完成的，学习就是刺激与反应的联结，因此在教学时需要以实现理想的联结为目的。桑代克还尝试总结可普遍适用的学习规律，1914 年他曾提出，有机体试误学习过程会受到“练习律、效果律、准备律”的影响，其中“效果律”指出若学习者对结果的满意度越强，则联结也会越强，反之亦然，也就是“奖励”与“惩罚”对学习的作用。桑代克的“刺激—反应”学习理论，尤其是“学习无需意识参与”的观点，极大地影响了后来的许多行为主义学习观研究者。

巴甫洛夫是 19 世纪末 20 世纪初俄国著名生理学家，同桑代克一样，他的“条件反射论”同样注重物质刺激在引起有机体行为反应中的作用。巴甫洛夫在实验过程中总结了“习得与消退、泛化与分化、高级条件作用”等有关学习的规律。他的“条件反射论”几乎成为 20 世纪上半叶学习理论的基础，后来的行为主义学家华生、斯金纳等人都曾受此影响。

美国心理学家华生是行为主义心理学的奠基人，受桑代克和巴甫洛夫行为主义学习理论的影响，他将行为主义与“刺激—反应”学说融为一体。他认为有机体的所有后天行为都可以通过“刺激—反应”来习得，包括人的行为、性格和情绪，只要刺激和反应之间的联系可以被确定，就可以通过设置环境和练习等手段来控制学习。但是他过分强调对“行为”的关注，忽视甚至否定了“意识”在学习过程中的作用，这种把人机械化的观点也是行为主义学习观被诟病的缺点之一。

斯金纳是行为主义心理学代表人物，在桑代克的联结学习理论基础上，斯金纳提出了著名的“操作性条件反射”学习理论。斯金纳认为条件反射有两类，一类是巴甫洛夫等人研究的应答性条件反射，是由已知刺激引起的，另一类就是操作性条件反射，就是有机体在没有已知刺激的情况下做出的反应。在此基础上他认为也存在对应的两种学习，其中“操作性条件反射学习”在实际学习中更有代表性。斯金纳非常肯定强化在操作性学习行为形成中的作用，他认为强化是控制学习的最有效手段，并据此提出了学习的强化理论，强化理论是斯金纳学习理论

① 成云.教育心理学[M].成都:西南交通大学出版社,2015:15.

的核心。20世纪50年代，斯金纳还以强化理论为基础提出了程序教学法，提出借助教学机器辅助程序教学。斯金纳这种重视强化手段、关注学生反馈以及对现代化教学手段应用的学习理论，在当时西方国家的教学改革中被广泛应用。

行为主义学习观认为，学习是刺激与反应之间联结的加强。行为主义学习理论者认为在学习过程中外部环境的作用对学习过程以及结果影响是最大的，甚至是决定性的，强化是控制学习的有效手段。在这种观念下，教师更加关注可能会对学习产生影响的各种外部因素，并更倾向于通过奖励或惩罚等手段引导和矫正学生在学习过程中的各种行为。在学校教育中，对于静态的、绝对的、固定的事实性知识的学习具有一定的效用。持行为主义学习观的教师认为反复练习、机械记忆才是掌握知识的方法。我们经常能够看到教师为了让学生掌握字词，要求学生抄写几十遍、甚至上百遍的情况。可见行为主义学习观对我国教学实践的影响之深。然而，当前信息时代的知识更新速度越来越快，不同领域的知识交融又形成了许多新兴学科，如果仍然遵从行为主义的学习观，那么学生获得的将永远是落后于时代的单一的知识，而且通过反复操练掌握的书本知识难以转变为应用中的实际能力。可见，这一学习观相对信息时代的学习具有很大的局限性，对学生是如此，教师亦然。

2. 认知主义学习观

行为主义认为学习是一个由外向内的过程，并且是被动接收的，认知主义则认为学习是学习主体在头脑内部通过原有的认知结构的帮助去构造组织新的认知结构，是主动的。因此在教学时重点应该放在如何帮助学习主体去完成这个构造过程，把外部知识内化为新的认知结构。认知主义学习观的主要观点有早期的格式塔学习理论、美国布鲁纳(Bruner)的发现学习论、奥苏伯尔(AuSubel)的有意义的接受学习论，以及加涅(Gagne)的信息加工理论等。

格式塔心理学起源于早期认知主义对德国构造心理学的挑战，其主要代表人物韦特默(Wertheimer)、柯勒(Kohler)等人。格式塔心理学认为人的意识是一个整体，任何一个整体都具有其特定的内在结构，而学习就是通过认知重组把握这种结构①。相比行为主义的“试误学习”，格式塔心理学强调学习是“顿悟”的过程，只有通过顿悟理解的内容才能成为学习者知识技能的一部分，而且这种学习内容也不容易被遗忘，学习者在顿悟学习的同时也会产生问题被解决的兴

① 施良方.学习论[M].北京：人民教育出版社，2001：154.

奋感，这种积极体验本身就有奖励的性质，因此学习不需要通过设置任何外部奖励来进行强化。

格式塔心理学为20世纪60年代初兴起的认知心理学奠定了基础，后来的认知心理学家布鲁纳对知觉和思维的研究就深受其影响。布鲁纳认为学习的实质不是“刺激—反应”的联结，而是主动地形成认知结构。他强调学习者应该通过主动探索获取问题的答案，即通过已有知识和新获得知识的联系来积极建构新的知识体系，发现学习法就是最合适的学习方法。这种方法强调对学习者内部动机与学习兴趣的调动，对创造性思维的发展有一定作用，但如何保证每个学习者的自我探索都能实现，这是个不小的挑战，毕竟学习者之间都存在或大或小的认知水平差异。

在学习的基本理论上，奥苏伯尔的意义学习和布鲁纳的发现学习都十分注重学习者的主观能动性，都强调新知识的学习依赖于已有的知识结构，以及认知结构的可变性。奥苏伯尔认为学习是有意义的接受学习，相较于布鲁纳对教师讲解知识的反对，奥苏伯尔认为讲解与合理的指导可以帮助学习者尽快获取系统、完整并且精确的知识体系，而且这种方式更利于知识的存储。不过奥苏伯尔也强调接受学习不是被动学习，学习者在获取新知识结构的过程中仍然是通过已有知识结构来实现对新知识结构的同化与内化，只是这一过程需要依靠教师的推动与帮助。

许多认知心理学家把人看作是信息加工的机制，把认知看作是对信息的加工①。20世纪50年代计算机科学的兴起，为心理学家分析、推断和进一步了解心理过程提供了重要工具。这种把学习者看作信息加工主体的认知学习观点已渐渐取代把学生当作知识灌输对象的行为主义观点。不过，信息加工理论虽然主要探究的是学习者头脑内发生的学习过程，但研究方法上多采用行为主义重实验的态度，因此也被看作是行为主义与认知主义相结合的理论。信息加工学习理论众多，美国教育心理学家加涅曾总结学习的信息加工模式，指出信息进入学习者的短时记忆后，会通过编码进入长时记忆即被永久储存，需要时这些信息可以经过检索再被提取出来回到短时记忆。根据这种模式，加涅还将学习过程划分为“动机、领会、习得、保持、回忆、概括、作业、反馈”等八个阶段，这种划分为教学过程的安排、设计等提供了可操作性的思路。

---

① 施良方.学习论[M].北京：人民教育出版社，2001：250.

认知主义学习观认为学习是知识的获得。认知理论聚焦于学习者的心理活动，这些活动引导着学习者做出反应以及掌握有关心理计划、设立目标和组织策略等过程。在信息时代，认知主义学习观具有较强的合理性和适应性，但由于这一学习理论以个体学习者为研究对象，以个体心理学为基础，因此忽视了人的社会文化属性，在信息社会体现出一定的缺憾。

3. 人本主义学习观

20 世纪 60 年代，西方国家开展教育改革，行为主义和认知主义学习理论是当时的主流，但是这些理论都未能实际解决当时教育改革中所存在的矛盾，有些教育学家对斯金纳的程序教学法和布鲁纳的发现学习法提出了批评，认为它们忽视了学生的主观能动性。这一时期正值人本主义心理学思潮兴起，人本主义学习理论认为行为主义学习观将人类与动物学习行为混同，忽视了人本身的特性，认知主义学习观虽然关注内在认知结构，但是又很少看到情感、态度等因素对学习的影响。人本主义强调人是一个整体，研究人的学习不能只关注行为和意识，人的需求、情感、态度、价值观、自我概念等都应被纳入研究范围。不过，学习理论的研究并不是人本主义心理学的主要研究内容，人本主义对学习的看法，大多与人的自我价值与自我意义的实现有关。其中，对这一学习理论贡献最为突出的主要是罗杰斯(Rogers)的自由学习理论。

罗杰斯的学习理论受存在主义哲学的影响较大，即生活的意义和价值不在于事物本身，而是由个人知觉赋予的。他认为个人的成长是一个不断成就自我、摆脱外部控制的过程，而人的内部具有强大的潜能，只需要一个良好的环境就能自我实现，学习也是如此①。罗杰斯的自由学习理论强调，真正意义上的学习不仅应该引起行为或者知识结构的变化，更应使学习者的行为、态度、个性、价值观等发生积极变化，并且这种学习是可以在“做”中学的。

人本主义学习观以学习者为中心、尊重学习者的自我实现潜能、关注学习者的整体发展等特点对教育理论产生了很大的影响，但过于强调学习的自由以及对学习者自我潜能的放大，也难免过于片面。

4. 建构主义学习观

建构主义是认知主义心理学的一个分支，不同于行为主义学习观将学习看作是个体对外部的反应，又或是认知主义学习观把学习看作是个体的内部信息

---

① 张大均主编.教育心理学[M].北京：人民教育出版社，2015：91.

加工过程，建构主义学习观强调学习是个体内部与外部不断交互作用的过程。在教育心理学中，建构是指学习者通过新旧知识经验之间反复、双向的相互作用，形成、丰富和调整自己的经验结构的过程①。建构主义学习观最早由瑞士心理学家皮亚杰（Piaget）提出，其后列·维果茨基（Lev Vygotsky）、冯·格拉斯菲尔德（Von glassfield）等人也对建构主义的发展做出深入的研究。

皮亚杰的建构主义学习观建立在他所创立的“发生认识论”的基础之上，“发生认识论”则诞生于他对德国哲学家康德提出的“真理性知识”来源的思考。康德认为，真理性知识不能简单地被界定为“外源的”或是“内源的”，而应该是作为认识主体的人通过“先天综合判断能力”对“后天经验”的综合获得的。受此影响，同时作为一名曾经的生物学家，皮亚杰将生物学的观察融入心理学的观点，提出了著名的“发生认识论”：认识是有机体与环境双向共建中生成和发展的。皮亚杰用认知图示来揭示认知规律，他认为人的认知发展可以归纳为三个过程：同化、顺应与平衡。同化就是学习者将外部信息整合到自己原有认知结构的过程，当现有图示不能同化新信息时，学习者会修改和创造新图示去顺应变化以实现新认知结构的建构，同化和顺应是学习者用来使内部知识结构与外部信息达到平衡的工具，学习或者说认知过程就是通过不断同化和顺应的循环来逐步建构起来的②。

列·维果茨基是俄国著名心理学家，主要研究思维和语言、儿童学习与发展等问题。他认为人心理结构过程的变化是由语言等特殊工具为中介，并且只能产生于人际交往过程之中。维果茨基同皮亚杰一样，都尝试解释认识的产生与发展，但皮亚杰更倾向于通过个体的生物机制以及心理的数学逻辑结构来解释，而维果茨基更加强调语言等社会文化的中介作用③。

同大多数建构主义心理学家一样，冯·格拉斯菲尔德也十分关注学习发生的内部机制，但他也肯定社会交流的重要性。冯·格拉斯菲尔德是激进建构主义的代表人物，这一理论对传统教育提出了极大的挑战，他认为学习不是将书本中或教师掌握的知识简单获取的过程，而是学习者通过感知和交流主动建构知识的意义，并生成自己的解释和假设的过程④。同时学习也是学习者在一定环

① 吴庆麟.教育心理学——献给教师的书[M].上海：华东师范大学出版社，2003：195.

② 欧阳芬.多元智能与建构主义理论在课堂教学中的应用[M].北京：中国轻工业出版社，2006：111.

③ 张奎明.建构主义视野下的教师素质及其培养研究[D].华东师范大学，2005：25.

④ 白文倩.冯·格拉斯菲尔德的激进建构主义教学思想研究[D].浙江大学，2016：88.

境里与他人交流并不断反思从而促进思维发生变化的结果。

建构主义学习观认为学习是人特有的高级心理结构与机能，产生于人们的协同活动及人与人的交往之中，在协同、交往活动中逐渐内化，成为人的内部各种复杂心理过程和结构。学习者在认知、解释、理解世界的过程中建构自己的知识，在人际互动中通过社会性的协商进行知识的社会建构。建构主义学习观符合信息时代对知识的情境化、合作建构性和应用性的新的理解。

纵观学习观的演变历程，人们对学习的理解发生了重大变化，从原来的“学习是大脑的生化活动”“学习是相对持久的行为变化”“学习是信息加工”到“学习是意义的协商”“学习是思维的技能”“学习是知识建构”“学习是境脉的变化”“学习是活动”“学习是根据环境给养调适感知”①等，如诺贝尔奖获得者赫伯特·西蒙(Herbert Simon)所阐释的“求知(Knowing)的意义已从能够记忆和复述信息转向能够发现和使用信息”②。由此我们认识到信息时代对学习的理解表现出以下三个方面的转变：一是学习者在学习过程中的地位由被动变为主动；二是学习的过程由以记忆为主的知识掌握转变为以发现为主的知识建构；三是知识的习得由个人的、机械性的记忆转变为社会的、互动的、体验的过程。技术支持的学习作为信息时代的主要学习方式，正体现了上述三个方面的特点，即学习者的主动性、学习的建构性和社会性。

第二节　技术支持的教师学习的心理学基础

(一) 新建构主义学习理论

建构主义学习理论自 20 世纪 90 年代引入我国以来，在教育理论界产生了巨大的影响，也带来了一定的成效。然而，面对互联网时代的日新月异和网络时代学习碎片化的挑战，即网络化学习导致所学知识比较零散、不系统的问题，王竹立于 2011 年在建构主义理论的基础之上提出了一个新的学习理论，并将其命名为“新建构主义”(New Constructivism)。

---

① 乔纳森，等.学会用技术解决问题——一个建构主义者的视角[M].任友群，等，译.北京：教育科学出版社，2007：4.

② Herbert A Simon. Observations on the sciences of science learning[J]. Journal of Applied Developmental Psychology, 2000, 21(1).

在王竹立看来，网络时代的学习面临两大挑战：信息超载和知识碎片化[①]。一方面信息如排山倒海般扑面而来，应接不暇，远远超出了人们处理信息的能力；另一方面互联网打破了传统知识体系的线性结构，将知识以网状立体三维的结构形式呈现在人们眼前，并且永远处于变动之中。人们获得的知识不再完整、系统，而变为零散、无序和互不关联。如何将海量信息和碎片化的知识变成对自己有用的知识，形成新的个人化知识体系，是目前人们面临的重要挑战。

新建构主义是在信息技术突飞猛进的时代提出来的，其核心思想就是应对网络时代的挑战、实现知识创新。应对挑战是该理论的出发点，知识创新则是该理论关注的终极目标。新建构主义主张"学习就是建构，建构蕴含创新"，提出"为创新而学习、对学习的创新、在学习中创新"，认为在网络时代，学习、应用和创新可以三步并作一步，创新是学习的最高也是最终的目标。新建构主义提出的一系列策略与方法，都是围绕如何应对挑战、实现知识创新这个中心的。可以说，新建构主义是网络时代学习与知识创新有机结合的重要理论流派之一[②]。

新建构主义认为知识就像一棵有生命的榕树，其形成过程是一个有机生长、变化过程。并且提出了知识的三级结构假说（见图 1-1），认为知识可分为一级结构（感性认识）、二级结构（理性认识）和三级结构（联想），三者构成一个类似于榕树的结构。三级结构构成了人类完整的个人知识体系，知识的三级结构互相紧密相连，不可或缺。把知识看作一棵有生命的树，意味着知识有一个生长和变化过程，可以诞生、成长，也可以凋谢、死亡。新陈代谢同样是知识树的生命特征[③]。

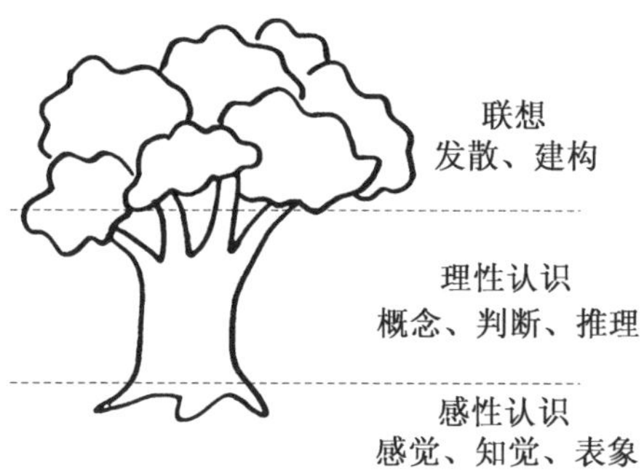

图 1-1　新建构主义理论的知识三级结构假说示意图

---

① 王竹立.新建构主义：网络时代的学习理论[J].远程教育杂志，2011(2)：11—18.

②③ 王竹立.新建构主义的理论体系和创新实践[J].远程教育杂志，2012(6)：3—10.

基于知识的三级结构假说，新建构主义进一步提出了知识“嫁接”理论。认为教育(教学)是一个知识嫁接的过程，即将前人的知识(属于理性知识、间接知识)如同果树嫁接一样，“嫁接”到后人(学习者)头脑中的知识二级结构中去。嫁接是一个不完全等同于主动建构的过程，有一定程度的“接受”性质，后人在一定程度上接受了前人的知识结构与知识体系，而不是一切都从头开始、自主建构；同时嫁接的目的是为了结出新的果实，即实现知识创新。

新建构主义认为受教是“被嫁接”，自学是“自嫁接”，教与学技术是知识嫁接技术①。信息技术为知识嫁接提供了更多的工具、方法和手段，使得嫁接的内容不仅是前人的知识，还有计算机与网络加工处理过的知识，并且嫁接的方式越来越趋于碎片化与渐进性。在网络时代，让学习者学会“自嫁接”尤其重要。

同时，网络时代的知识结构也与以往发生了较大的变化。曾经像金字塔一样按部就班、循序渐进、主要来自学习者外部的学科知识体系，已经开始向以个人兴趣爱好、需求和问题解决为核心的蜘蛛网形知识体系转变。它打破传统的学科界限，主张知识本是整体的、不可分割的。在网络时代，每个人要根据自己的需要像蜘蛛织网一样，围绕一个核心，一圈一圈地向外扩散，建构个性化的知识体系。随着知识、经验的不断积累，每个人的知识之网会越织越大，其解决问题的能力也会获得相应的提高。这种蛛网式结构紧紧围绕兴趣与需要而建立，较少冗余的信息，更具有针对性与实用性，并且与个人的实践与经验紧密结合，效率更高，结构更科学合理。由于每个人的知识结构都有所不同，人和人之间更容易协作与互补，更容易产生思想的碰撞，激发创新的火花。

新建构主义提出了“零存整取”的学习策略。核心思想就是将网络视为一个虚拟的知识银行，而个人博客好比自己在知识银行中的账户，通过对同一主题的博文的不断“改写”，以实现化整为零、知识创新的目标。其实质就是持续不断地积累知识碎片，通过不断地改写、整合，使碎片化的知识逐渐整合起来，并与个人原有的知识体系实现对接，从而达到化零为整的目的，最终通过将碎片化知识进行创造性重构而实现知识创新②。

零存整取式学习策略分为积件式写作、个性化改写和创造性重构三个步骤。“积件式写作”阶段：学习者将获取的原始信息以及碎片化的知识进行简单的整

① 王竹立.碎片与重构2：面向智能时代的学习[M].北京：电子工业出版社，2015：216.

② 王竹立.碎片与重构2：面向智能时代的学习[M].北京：电子工业出版社，2015：86.

理与复述，这就是一个原始的素材与小小的积件。“个性化改写”阶段：当积件累积到一定数量时学习者会对碎片化的知识形成初步的认识，根据自己的理解用自己的语言对某个或多个积件进行个性化“改写”，并对多个知识“积件”进行初步重组，同时与自己原有的个人知识体系进行对接。“创造性重构”阶段：经过个性化改写之后会产生一些新知识，新知识与新知识、新知识与旧知识之间，有的会被接纳，有的不被接纳，那些不被接纳的则暂时处于游离状态。当越来越多游离的知识不断碰撞，并冲击原有的知识体系，则有可能会带来新知识或旧知识发生变形与重构，产生出全新的组合。

新建构主义还提出了一种新的思维“包容性思维”，是指将一些看似互不关联，甚至互相矛盾的思想、观点、理论经过一定的加工改造，使之互相兼容、有机组合、融为一体的思维方法。具体做法是：在一种理论或观点前加上一个定语、修饰词或限定条件，使之能与另一种理论或观点和平共处、互为补充。包容性思维可以把信息与知识碎片整合在一起，主张从正面发掘一切观点中的“合理内核”，并将其“包容”在一起。

根据以上内容，可以总结出新建构主义理论模式图(见图 1-2)：

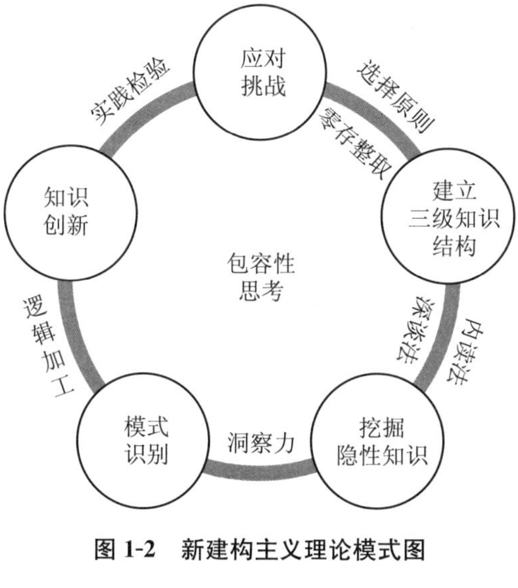

图 1-2 新建构主义理论模式图

如今我们的教师学习也面临着信息超载与碎片化学习的问题，新建构主义提出的零存整取学习策略以及包容性思维、三级知识结构体系等，对当下教师学习的认识也非常有价值和意义。

（二）情境认知学习理论

情境认知与学习理论最早是由瑞兹尼克(Resniek) 1987 年在美国教育研究协会就职演说中所发表的《学校内外的学习》一文中提出的。她认为校内学习是个体化的、抽象的，而校外学习是合作的、情境化的、具体的。她的这些分析及她随后发表的著作极大地推动了以情境理论为重点的研究。随后，布朗、科林斯与杜吉穗(Brown, Collins & Duguid)发表了《情境认知与学习文化》(*Situated Cognition and the Culture of Learning*)完整地阐述了情境认知与学习理论，成为当时情境认知学习理论的权威指导之作。与其同时期的以莱夫(Lave)为代表的人类学家也从人类学的视角对情境认知与学习进行研究，提出了"认知学徒模式"。随着情境学习在认知领域的出现，研究者们将人类对于学习的研究提升到了一个新的高度。情境认知与学习理论的研究正是植根于这样的背景，初步形成了其理论体系。

情境学习不仅仅是一种使教学必须"情境化"或"与情境密切相关"的建议，而是有关人类知识本质的一种理论。它是研究人类知识如何在活动过程中发展的，特别是人们如何去创造和解释他们正在做什么的表征。情境认知是不同于信息加工理论的另一种学习理论。它试图纠正刺激反应和符号学说的失误，特别是完全依靠于规则与信息描述的认知，仅仅关注有意识的推理和思考的认知，而忽视了文化和物理背景的认知。情境认知理论关注的是知与行的交互，强调个体、认知和意义是在互动中被社会性和文化性地建构的。它把个体学习者、社会情境等统一考虑进去，认为学习的实质是个体参与实践的过程，是与环境互动的。情境学习理论与传统学习理论的比较见表 1-1①：

表 1-1　情境学习理论与传统学习理论的比较

	行为主义	认知主义	情境学习理论
学习目的	行为的改变与养成	获取客观、结构化的知识	自我建构有意义的知识
学习过程	被动的外在增强与反应、尝试错误与练习	积极地处理与建立知识结构与知识记忆库	积极地、主动地与互动地建构有意义的知识
知识论	知识是客观存在的	知识是客观存在的	知识是主观建构形成的
心智论	不可观察的黑箱	可观察学习的中介	可观察学习的主宰

① 朴雪.基于情境认知理论的网络课程学习环境建设研究[D].辽宁师范大学，2003：11.

(续表)

	行为主义	认知主义	情境学习理论
学生与环境的关系	消极被动	积极主动	积极主动与互动
影响学习的主因	刺激的增强、练习	认知策略、知识基模	有意义的社会情境脉络、理解
学习迁移	行为相似性	知识结构相似	情境脉络相似、结构相似
教学策略	提供练习与反馈	教导有效认知策略与技能	安排有意义的情境与引导
教师角色	指导与训练	教导与启发	引导与近侧启发
学生角色	被动吸收知识练习	主动联结与产生结构知识	主动、互动与合作学习
情境角色	不被重视	不强调与处理	强调并重视

情境认知与学习理论非常重视学习环境对于学习的重要意义，关注的是个体与物理的、社会的场景之间的交互作用。它把个体、环境以及社会作为一个整体来考虑，把学习看成是一个社会文化现象，认为学习的实质是个体参与实践，进行体验并与他人、环境等进行相互作用的过程，是个体形成实践活动的能力、提高社会水平的过程，而不是仅仅从非情境化的知识主体中获取一般信息。学习要在一定的情境或文化中发生才有效，由此可见，学习本质上就是一个社会对话过程。这样的学习有利于学习者提高问题解决的能力，获取积极思考的能力并有利于学习实践行为的生成。因此，学习者要能寻求真实或逼真的情境与活动，将学习置于知识产生的特定的物理或社会情况中，参与具体情境中的真正的文化实践。

情境认知理论不把知识作为心理内部的表征，而是将知识视为个人和社会或物理情境之间联系的属性以及互动的产物，并试图通过真实实践中的活动和社会性互动促进学生的文化适应。情境认知理论认为，所有的知识都和语言一样，其组成部分都是对世界的索引。知识来源于真实的活动和情境，并且只有在运用的过程中才能被理解。因而，只有在丰富的社会真实情境中运用知识，人们才能真正理解它的内涵并正确、灵活地使用知识。知识是活动、背景和文化产品的一部分，它正是在活动中，在丰富的情境中，在文化中不断地得到运用和发展的。情境学习理论要求注意知识表征的多元化问题，并加强各种知识表征语义的、情节的和动作的之间的联系，同时注意使知识表征与多样化的情境关联，并要求处理好情境化与非情境化之间的平衡。

在教育心理学家与人类学家看来，情境认知学习理论的要素也各不相同。

在《情境学习的观点》一书中，希拉里·麦克莱伦在其论文《情境学习：多种观点》中识别出教育心理学研究领域情境学习的要素有：故事、反思、认知学徒制、合作、辅导、多种实践、清晰表述学习技能与技术。而莱夫和温格从人类学领域的视角，认为情境认知与学习的要素有：社会实践与社会生活、合法的边缘性参与、实践共同体、学习课程、远程学徒。二者对情境认知与学习的研究①见表 1-2：

表 1-2 教育心理学和人类学对情境认知与学习的研究

		教育心理学	人类学
认识论		二元论	一元论
构成要素		故事 反思 认知学徒制 合作 辅导 多种实践 清晰表述学习技能 技术	社会实践 社会生活 合法的边缘性参与 实践共同体 学习课程（生成性课程） 远程学徒
知识的本质观		知识是抽象具体的表征 知识是事实与规则 知识是具体的事情	知识是基于社会情境的一种活动 知识是动态的建构与组织 知识是人类协调一系列行为、适应动态变化发展的环境的能力
理论研究	研究重点	认知	个体与共同体的关系
	学习者	学生	实践共同体中的成员
	分析单位	情境活动	共同体中的个体
	互动中的产出	意义	意义、身份和共同体
	学习场所	学校	日常生活世界
	学习目标	为未来任务做准备	满足即时的共同体/社会需求
	情境的作用	背景与手段	生态系统中的要素
	教育学意义	实习场	实践共同体

由上表可以看出，无论是教育心理学还是人类学的研究，都注重任务和实践，认为知识根植于情境脉络当中，学习者只有通过积极参与实际活动吸收知识，才能自然地促使学习迁移发生，才能真正掌握知识。情境认知学习理论从教育心理学向人类学领域的转变又称为“从实习场到实践共同体”（From Practice

① 王文静.基于情境认知与学习的教学模式研究[D].华东师范大学，2002：30.

Field To Communities of Practice)的转变①。

实习场(Practice Field)是指为了达到一种学习目标而设置、创设的功能性学习情境或环境。"实践共同体"(Communities of Practice)由莱夫和温格提出，他们认为"一个实践共同体包括了一系列个体共享的、相互明确的实践和信念以及对长时间追求共同利益的理解"②。一个实践共同体不是简单地把许多人组合起来为同一个任务而工作，拓展任务的长度和扩大小组的规模都不是形成共同体最主要的因素；关键是要与社会联系——要通过共同体的参与在社会中给学习者一个合法的角色(活动中具有真实意义的身份)或真实的任务③。可见，实践场的创设是为了能够为学习者提供能达到学习目标的背景与支撑，以促进学习迁移的产生。但实践场也仅仅是一个背景，它与真实生活是分开的，在不同的实践场中，学习依然还是一种个体的行为。而实践共同体既强调学习是通过参与有目的模仿活动而建构的，同时它也同样地强调实践与共同体的重要性。学习者正是在这样一种实践共同体之中获得该共同体具体体现的信念和行为的。随着学习者作为一个初始者或新手逐渐从该共同体的边缘向中心移动，他们会较多地接触共同体中的文化，行动也会变得比较积极，随后，开始更为广泛地接触并进入成熟的实践舞台，扮演专家或熟手的角色。

情境认知理论认为，学习的实质是个体参与实践并与他人、环境等相互作用的过程，是个体形成实践活动的能力、提高社会水平的过程，学习要在一定的情境或文化中发生才有效。教师学习具有很强的专业性和实践性，只有在具体的问题情境中，才能赋予教师学习的意义，激发教师主动学习的动机，寻找分析问题和解决问题的方法，并在学习过程中产生意义感与成就感。

(三) 分布式认知理论

20 世纪 90 年代，认知心理学主要是对个体进行研究。这种研究强调个体的独立性，却忽视了在认知活动中个体与外部事物、环境的相互作用关系。同时由于信息技术的迅猛发展，人类的认知活动也越来越依赖于信息技术，认知过程也受到信息技术极大的影响。于是，20 世纪 80 年代中后期，加利福尼亚大学的赫钦斯(Edwin Hutchins)提出了分布式认知理论。在传统认知观点注重个体研

---

① Jonassen, David H.Land, Susan[M]. USA: Laurence Erlbaum Associate, 1999.

② Wenger, E.Communities of Practice: Learning, Meaning and Identity[M]. London: Cambridge University Press, 1998.

③ 王文静.基于情境认知与学习的教学模式研究[D].华东师范大学，2002：28.

究的基础之上，更加强调人与人、人与技术、人与外界环境相互作用而实现某一活动的观点。

分布式认知源于认知科学、认知人类学以及社会科学。它是一个包括认知主体和环境的系统，是一种包括所有参与认知的事物的新的分析单元——功能系统①。

分布式认知强调认知现象在个体参与者、人工制品和内外部表征之间的分布性。认知不仅在个体内分布，也在个体间分布。不仅在媒介中分布，也在社会、文化中分布，还在时间中分布。

(1) 认知分布于个体内部。认知神经科学研究表明，人脑的不同区域具有不同的功能和结构，认知是人脑不同模块之间的相互作用，认知在人脑内部是分布的。

(2) 认知分布于个体之间。个体的认知结构、认知能力与认知方式不仅受遗传因素的影响，还受个体所处的环境、教育、动机及风格的影响。没有两个个体的认知是完全相同的，知识在个体间是不均匀分布的。例如在课堂里，教师与学生之间、不同的学生之间，知识分布都是不均匀的。认知存在于个体之间的交流互动过程当中，通过交流，使得知识与经验在不同的个体间传递，丰富个体的认知世界。

(3) 认知分布于媒介中。媒介不仅是外部环境中的实物媒介(如计算机、书面、地图等)，也可以是内部的非实物媒介(如个体的表情、动作、记忆)。知识经验既可以通过实物媒介进行外显表达，也可以通过内部媒介进行内部表征。如图 1-3 所示，认知在不同的媒介之间相互传递。正是有了媒介的存在，才让知识经验得以传播与存储。

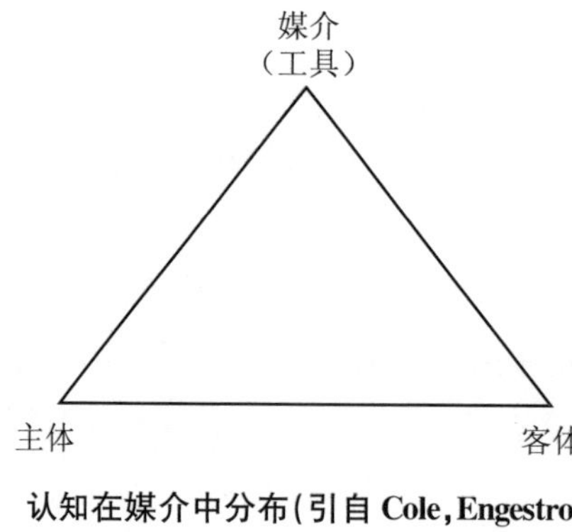

图 1-3 认知在媒介中分布(引自 Cole, Engestrom, 1993)

① 周国梅，傅小兰.分布式认知——一种新的认知观点[J].心理科学进展，2002(10):147—153.

(4) 认知分布于社会中。社会是指为了共同利益、价值观和目标的人的联盟。如图 1-4 所示,认知会受社会环境的影响。在具体情境中(例如在餐厅),记忆、决策等认知活动不仅分布于工具(菜单、椅子和桌子的布置、桌号)中,而且分布于规则(例如,就餐后离开餐厅前付账等)中,分布于负责着不同性质工作的人(例如,是服务员,而不是洗碗工,负责餐厅内就餐的各项事务)中①。

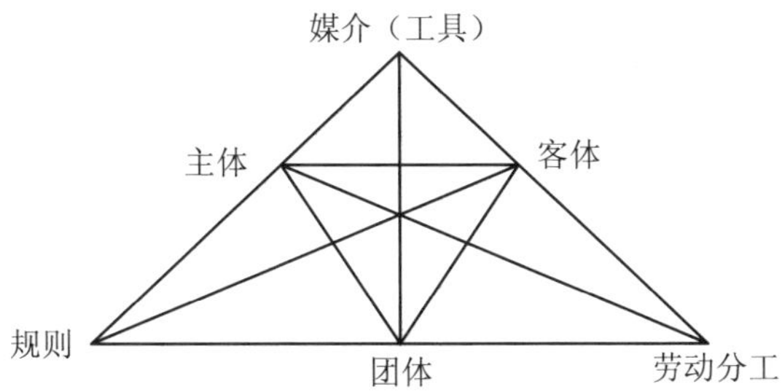

图 1-4　认知在社会中分布(引自 Cole, Engestrom.1993)

(5) 认知分布于文化中。文化是指一个群体或社会共同具有的价值观、意义体系及其在物质形态上的具体化。科尔(Cole)认为,文化以间接的方式影响着认知,人类活动不断重复的社会性,使得人们的行为似乎有一种文化约束。不仅约束着个体的认知行为,而且为个体的认知活动提供了基础。文化在面对面的实地交流中才能被体会或感受到,不同文化背景下人可能具有不同的认知风格。

(6) 认知分布于时间上。从个体角度而言,认知分布于人类的过去、现在和将来——即历史之中,历史意味着人类所经历过的事情。例如,成人常常根据他们自己过去的或文化上的经验来解释儿童的一些行为。从社会角度而言,人的认知活动离不开人工制品,而不同历史时代的人工制品,都会有各自不同的物质性(满足个体需要)和观念性(历史时代特征),人工制品的创造过程就是一个时间分布的过程。

分布式认知依旧强调个体的主体性。分布式认知作为认知活动的一种,是无法脱离个体谈认知的。可见个体的认知活动依旧是分布式认知的主体。另一方面,并非所有的认知过程都能轻易地分布出去,例如高级的智慧活动。所罗门(Salomon)提出了一个描述分布式认知的交互模型,如图 1-5 所示,认为个体之

① 周国梅,傅小兰.分布式认知——一种新的认知观点[J].心理科学进展,2002(10):147—153.

间既相互独立，又相互影响，认知是一个在分布式环境中螺旋式上升的过程①。

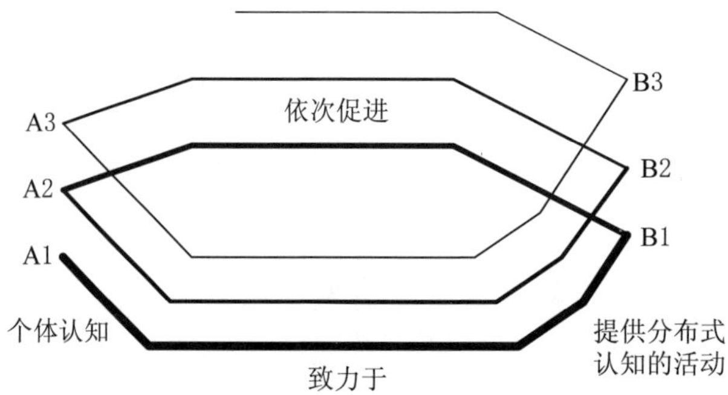

图 1-5　个体认知和分布式认知的交互关系（引自周国梅，傅小兰.2002）

分布式认知在教学活动当中比较典型的应用实践是教室活动分析。海奇(Hatch)和加德纳(Gardner)认为，学生在教室里的认知活动受到三方面的影响：文化力、地域力与个人力。他们在此基础上提出了一个描述教室中认知活动的同心圆模型，如图 1-6 所示。这几种力相互依赖，缺一不可。个体的智力和兴趣等是在与同伴、家庭成员及老师的交往中形成的，受当时所提供的资源的限制，受文化价值和期望的影响。儿童带入情境中的技巧和兴趣则会使老师或父母重新安排本地情境并提供不同的物质资源。文化价值和期望会随着时间、

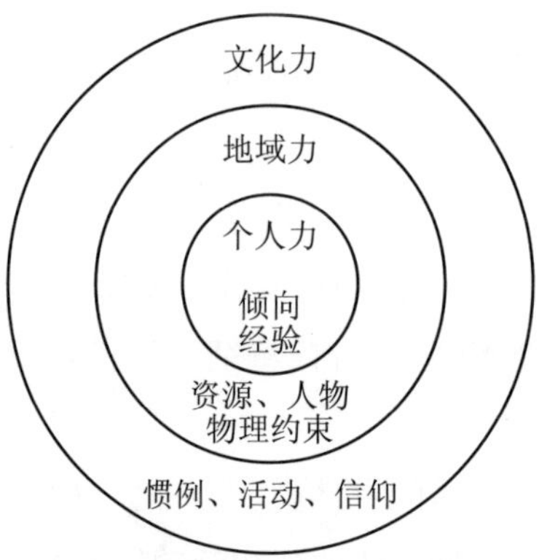

图 1-6　影响认知的各种力的同心圆模型（引自周国梅，傅小兰.2002）

---

① Solomon G. No distribution without individuals' cognition: A dynamic interactional view. In: Salomon G. ed. Distributed cognitions: psychological and educational considerations[M]. London: Cambridge University Press, 1993.

个人兴趣和技巧、本地情境结构的变化而变化。甚至在同一文化中，这些力对不同个体的影响也有所不同[①]。

分布式认知跳出了传统认知强调个体认知的局限，以功能系统为新的分析单元，认为智能存在于学习环境、学习者使用的工具、学习者之间的交互以及所有学习者之中，强调交流、合作的重要性，以及构建学习环境的重要性，这对教师学习共同体具有重要启发意义。同时这也与当下互联网信息技术以及移动学习下教师的认知过程不谋而合。也即从分布性认知的视角来看教师的学习，技术并非只是传递知识与经验的一种媒介，也是分布性认知系统中的有机组成部分，是支持学习者进行认知和学习活动的工具。借助于分布式认知可以更好地实现学习者认知活动的社会性延伸和物质性延伸，促进学习者与导师、同伴、其他社会成员以及社会文化的互动，同时以丰富、便捷的信息资源和多样、完善的认知工具来支持学习者的认知活动。学习者和技术之间形成了新型的认知伙伴关系[②]。

(四) 关联主义理论

如今我们生活的互联网时代是一个信息大爆炸的时代。知识呈现海量化、多变化、速衰化、复杂化的特点。人们既是知识被动的接收者，也是知识主动的创建者。学习内容也越来越呈现混沌性、复杂性和不确定性等特征。然而，人类的认知能力却并没有随之而增强。相对于知识的无限性来说，人们的时间与精力是极其有限的，这就会导致信息过载、认知负荷加重、理解不全等一系列问题的发生，这使得人们在网络时代的学习面临着严峻挑战。在新时代背景下，新的学习理论也应运而生，关联主义理论就是其中的一种。

2004 年，加拿大学者乔治・西蒙斯(George Siemens)对网络时代学习的学习行为机制进行了综合的分析和高度的抽象，率先在国际上提出了“关联主义”(Connectivism)概念[③]。他认为传统的学习理论，如行为主义、认知主义、建构主义，都认为学习是发生在学习者个体内部的事情，但都不能有效地提示学习的社会机制。如果说行为主义的学习隐喻是“强化”，认知主义是“习得”，建构主义是

---

① 周国梅，傅小兰.分布式认知——一种新的认知观点[J].心理科学进展，2002(10)：147—153.

② 陈琦，张建伟.信息时代的整合性学习模型[J].北京大学教育评论，2003，1(3)：90—96.

③ George Siemens. Connectivism: A Learning Theory for the Digital Age[J]. Instructional technology & distance learning, 2005, 2(1).

“建构”,那么,关联主义的学习隐喻是“连接”。

关联主义认为,学习不再是个体的内部活动,知识也不再以线性的模式获得,学习(被定义为动态的知识)不仅发生在学习者内部,还可存在于学习者自身之外的组织、社群或数据库中,学习是一个连接专门节点或信息源的过程。作为数字时代的学习理论,在确切定义和解释人们是如何学习这方面,关联主义的核心观点认为“学习就是形成网络(Network Forming)”①,见图 1-7。

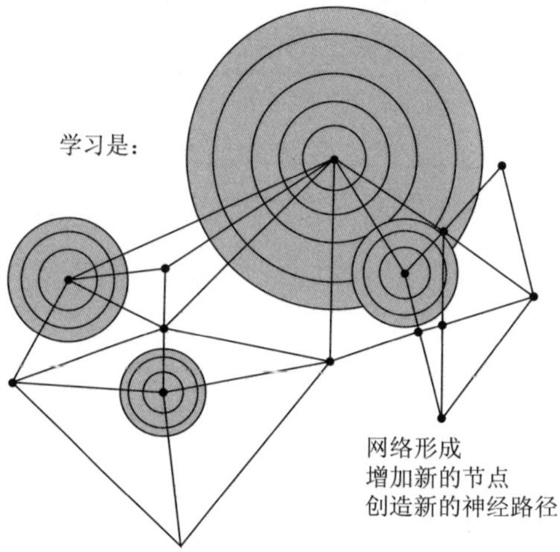

图 1-7　学习即网络的形成

该理论的核心包括节点(Node)、关系/连接(Connection)和网络(Network)。①节点是任何可以连接到其他实体的实体。无论是数据、信息、思想、行为,还是个人、组织、社会,都可以被看作是节点。而节点本身,相对于其他的实体而言,它是独立存在的②。②连接就是这些节点之间的关联。连接的建立是网络形成的必要条件,会受到动机(Motivation)、情感(Emotions)、暴露(Exposure)、模式(Pattern)、逻辑(Logic)、经验(Experience)等因素的影响。③网络就是由节点和连接组成。网络一旦建立,信息(知识)流就在网络中流动,把不同领域、不同节点连通起来。连接越强,信息(知识)流越快,网络的效率越高。而个人的知识网络与组织机构的知识网络相互作用,不断更新完善,如图 1-8 所示。

---

①② Siemens, G.Connectivism: Learning as Network Creation[DB/OL]. 2005, http://www.astd.oeg/LC/2005/1105_siemens.htm.

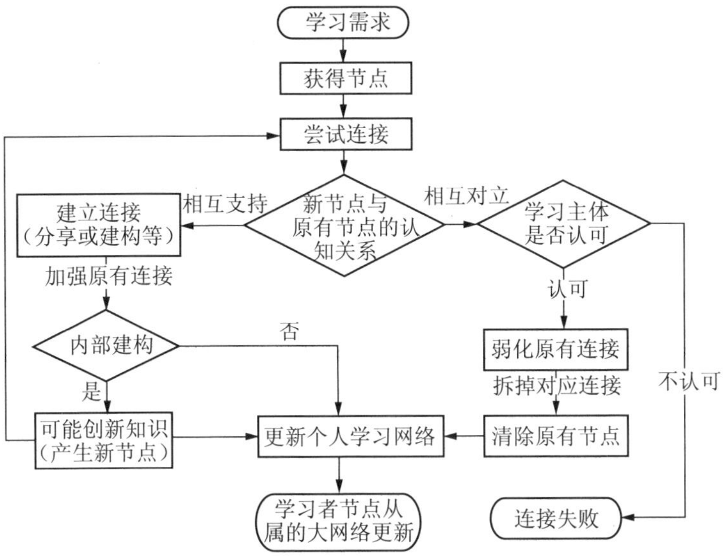

图 1-8　关联主义视角下的学习网络的变动

西蒙斯认为知识可以描述，但知识无法定义。知识经历了从分类、层次描述到网络、生态的变革过程，从传统的静态的层次和结构到今天动态的网络和生态。我们原来所持有的知识观——静态的、有组织的和专家定义的知识正处于更加动态的、多元化观点并存的状态中。在网络时代，知识被众多的人创造、传播、挑战、修改、完善、更新、扬弃。因此，西蒙斯引入了一个知识流的概念，认为知识就像输油管中的石油，在网络中循环流动。管道（连接）比管道中的内容（一定时空条件下的具体知识）更重要（见图 1-9）。这与英国著名作家、评论家塞缪尔・约翰逊（Samuel Johnson）关于知识划分的著名言论相呼应。

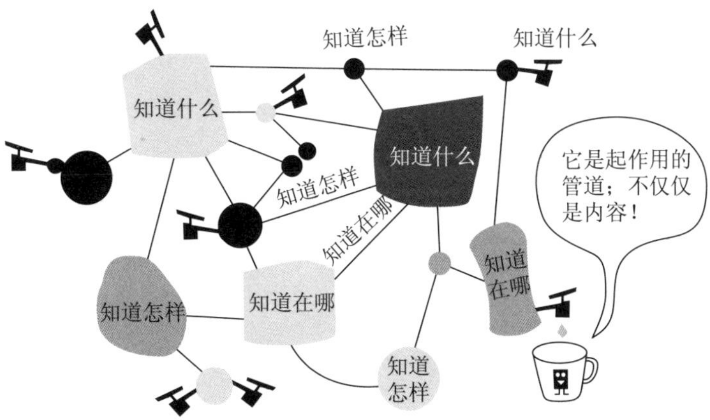

图 1-9　管道比管道中的内容更重要

塞缪尔认为知识有两种：我们自身掌握的学科知识，或者我们知道在哪里能够找到有关信息的那部分知识。人类是通过一个具有偏见的、争议性的、错综复杂的、自我纠正的、预先假定的和夸张的网络得到知识。知识由不同类型组成：知道什么(Knowing About)、知道怎么做(Knowing to Do)、知道如何成为(Knowing to Be)、知道在哪里(Knowing Where)和知道怎样改变(Knowing to Transform)。

西蒙斯总结了关联主义学习理论的八个基本原理[①]：①学习与知识建立于各种观点之上；②学习是一种将不同专业节点或信息源连接起来的过程；③学习可能存在于非人的工具设备中；④持续学习的能力比当前知识的掌握更重要；⑤促进持续学习，需要培养与保持各种连接；⑥看出不同领域、理念与概念之间联系的能力至关重要；⑦流通(精确的、最新的知识)是所有关联主义学习活动的目的；⑧决策本身是一种学习过程。

而西蒙斯在他的著作《知晓知识》(*Knowing Knowledge*)里，用了图1-10四象限图来说明关联主义的学习理论。他将知识分为传送性学习(Transmission Learning)、自现性学习(Emergence Learning)、摄取性学习(Acquisition Learning)、生成性学习(Accretion Learning)。这四个学习形式体现了学习者从被动到主动、从个体到协作再到网络的过程。

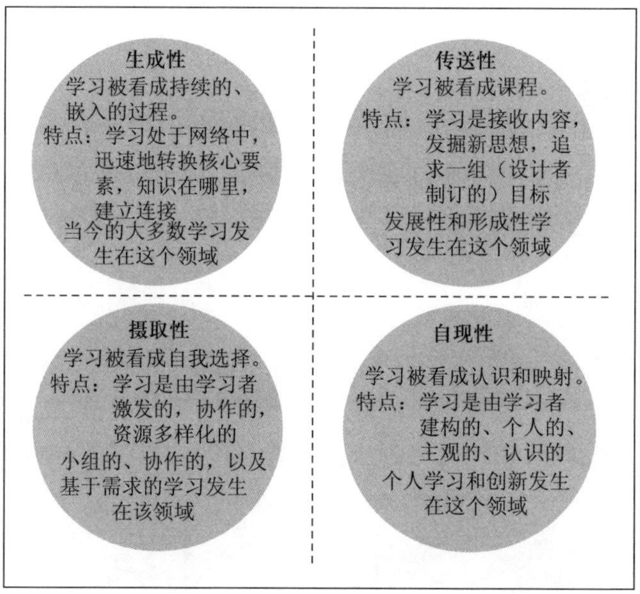

图1-10 学习和知识领域

① 西蒙斯，李萍译.关联主义：数字时代的一种学习理论[J].全球教育展望，2005(8)：9—13.

西蒙斯的关联主义比较典型的应用实践是关联主义 MOOC。除拥有大规模、开放、在线、免费等 MOOC 的基本特点外，关联主义 MOOC 还具有以下主要特征：基于社交网媒的互动式学习、非结构化的课程内容、注重学习通道的建立、学习者高度自主、学习具有自发性①。关联主义 MOOC 的一般结构如图 1-11 所示，主要包括学习者、课程网站、社交媒体、群组、RSS 聚合工具、每日邮件、专家、协调员等要素。

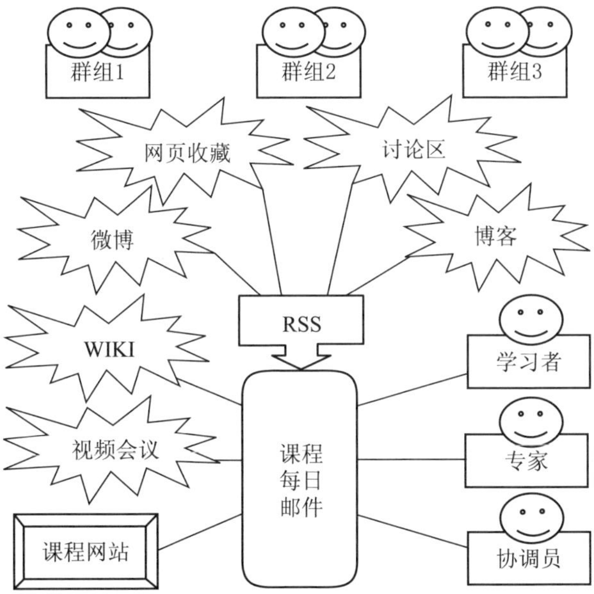

图 1-11　关联主义 MOOC 的一般结构

关联主义对于当今的学习，包括教师的学习，需要不同的方法和个人能力。教师不仅要有"活到老学到老"的终身学习能力，还需要具备智商与情商相结合的能力、应用能力或实践能力、关联能力、搜寻能力、分布式学习能力、协作学习能力、信息素养、兼容和整合能力、知识管理能力、决策与创新能力。与此同时，应变能力、问题求解能力、迁移能力、沟通交流能力、批判性思维、可持续发展等高阶能力也是关联主义下学习者必须具备的学习能力②。

作为教师，一方面可以利用学校内部的资源形成自己的学习网络，另一方面

① 樊文强.基于关联主义的大规模网络开放课程(MOOC)及其学习支持[J].远程教育杂志，2012(3)：31—36.

② 卢洪艳，钟志贤.关联主义视域下的个人知识管理[J].远程教育杂志，2012(2)：51—56.

可以利用丰富的互联网资源进行不同知识节点的连接。要学会通过社会网络和媒体手段构筑自己的知识生态圈，并且保持与这个网络的连接，这样才可以不断更新完善自己的知识体系，得到进一步的专业发展。同时还能帮助学生构筑多维、开放的知识联结，编织社会知识网络。在这样的背景下，教师既要掌握专业知识，又要具有连接网络的能力；教师的角色不仅仅是学习的促进者，更是学生缔结知识网络的促进者，教师要主动去加强他们与学习者之间的关系以及学习者之间的关系①。

第三节　技术支持的教师学习的教育学基础

(一) 终身教育理论：教师学习的可持续性

尽管现代终身教育发端于20世纪中期，但古代的教育思想和实践中已有终身教育的萌芽。到近代以后，随着各国成人教育的发展，终身教育思想初见端倪，直至20世纪中叶，经过一系列国际会议、学术论坛及各国政府的努力，掀起终身教育的思潮。

1. 终身教育思想的产生与发展

“终身教育”虽然是近现代才提出的概念，但广义上来说，教育作为传递社会生活经验和培养人的各种活动，它与人的一生共始终这一观念，却早已有之。我国相传已久的俗语“活到老，学到老”即是这种思想的体现。

西方教育史上，古代哲学家、教育家的著作中便蕴含着丰富的终身教育思想。古希腊著名的哲学家、教育家苏格拉底、柏拉图和亚里士多德都提出自己对终身教育的看法。苏格拉底曾说：“只要一息尚存，我永不停止哲学的实践，要继续教导、劝勉我所遇到的每一个人。”柏拉图在《理想国》中培养“哲学王”的教育理念，提出统治者在接受一系列的教育成为“哲学王”，任职之后，除了进行国家的统治和管理，也需要在余下的岁月里研究哲学，不断学习。亚里士多德也曾表明，需要教育的各种年龄的人都应受到训练，最好使全城邦的公民都“受到同一的教育”②。著名教育家夸美纽斯在其著作《大教学论》中也提出了类似终身教

① 张秀梅.关联主义理论述评[J].开放教育研究，2012(6)：44—49.

② 巨瑛梅.终身教育的理论与实践：渊源、演变及现状[D].北京师范大学，1999：10.

育的思想，他认为“学校教育应该是普遍的…… 人人应该受到一种周全的教育……我们应该集中我们的精力，一生一世，在学校里面……”①。

中国著名教育家孔子也曾提出“吾十有五而志于学，三十而立，四十而不惑，五十而知天命，六十而耳顺，七十而从心所欲，不逾矩”，便反映了他的终身教育思想。宋代理学之集大成者朱熹，提出教育的目的是“存天理，灭人欲”，达到这一目的需要人们进行长期的教育和自我修养。他将教育的过程分为“小学”与“大学”两个阶段，构成了从儿童到成年的完整的教育过程。

可见，古代的哲学家、教育家都普遍认为教育应贯穿于人的一生。他们倾向于从人性的发展与自我的完善来论述终身教育，具有朴素性和自发性。

近代资本主义制度的确立，工业革命的发展与一系列的政治改革和社会运动，使得终身教育有了进一步的发展。

工业革命以前，出于宗教的目的，为使贫穷的人能够识字，阅读圣经，许多宗教团体创办夜校，教授圣经的同时，讲授习字、算术等。学习时间一般都是在晚间或其他工作之余的时候。工业革命开始后，需要越来越多拥有一定知识和技能的劳动力，促使资本家对工人施以补习教育。由此，各式各样的学会开始盛行。如英国 1781 年在曼彻斯特设立哲学会，1789 年在伯明翰设立星期日学会，1796 年格拉斯哥大学的约翰·安德森创立的安德森学院等，都利用各种渠道和方式对人们以授课和学习。

受空想社会主义的影响，一些空想社会主义家也谈到了终身教育思想。欧文(Owen)着手创办了专门的教育机构“新馆”，即后来的“性格形成学院”。该学院既对儿童实施教育，也对成人开放。他还开办“工业和农业学校”，强调通过劳动和学习使工人得到更好的发展。

一战后，为恢复国内的生产，提升人们的文化水平，成人学校开始出现，并确立了相关的成人教育法案，创建了成人教育协会，极大推进了成人教育和终身教育的发展。

在我国，著名的人民教育家陶行知所提出的生活教育理论从一定意义上来说也是终身教育的体现。他说：“生活教育是给生活以教育，用生活来教育。”(《谈生活教育》)这样的教育“与生俱来，与生同去。出世便是破蒙，进棺材才算毕业”(《普通现代生活教育之路》)。它无处不在，无处不有，而且人人皆可以做

---

① [美]夸美纽斯，大教学论[M].傅任敢，译.北京：教育科学出版社，2004：40.

先生，人人皆可以做学生，“大家共同追求真理，活到老，教到老，干到老”（《民族解放大学校》）。由此可见陶行知也认为教育应贯穿于人的始终，体现其终身教育的思想。

现代终身教育思想的产生与当时的社会背景以及政治、经济、教育的发展有关。随着义务教育的普及，扫盲运动的开始，为了实现美好生活，现代终身教育首先在发达国家突显出来。

英国《1944 年教育法》中体现了终身教育的思想，1956 年法国的议会立法文件第一次出现了“终身教育”这一概念。直至 1965 年，联合国教科文组织国际成人教育促进委员会讨论了保尔・朗格朗（Paul Lengrand）关于终身教育的提案，首次明确提出终身教育的概念，把法文终身教育一词译成英文（Life Long Education），成为国际会议的议题。至此，终身教育开始向理论深度及制度化方向发展①。

20 世纪 70 年代之后，《终身教育入门》一书的出版，奠定了终身教育理论与实践的基础。1972 年，联合国教科文组织出版了《学会生存》一书，确定把终身教育作为各国制定教育政策的主导思想。1973 年，《回归教育——为终身教育的战略》中也明确把义务教育、在职教育和成人教育融为一体，形成新的教育体制。之后，联合国召开了几次有关终身教育的专题会议，尤其是 1977 年 12 月的“使终身教育成为大学正规活动的一部分”专家会议，将终身教育思想拓展至教育领域的具体层面。由此，终身教育作为一种国际教育思潮进入理论化的高度，引起各国的关注与重视，开始各种实践。1996 年《教育——财富蕴藏其中》把终身教育定义为“与生命有共同外延并已扩展到社会各方面的连续性教育”②，从而把终身教育与个人职业发展紧密相连。

2. 终身教育思想的基本理论探讨

朗格朗是法国著名的成人教育家，终身教育理论的积极倡导者和奠基者。在 1965 年联合国教科文组织召开的“第三届促进成人教育国际委员会”的会议上，朗格朗所做的终身教育报告引起极大反响。在此基础上他出版《终身教育引论》一书，该书成为终身教育理论的代表作。

朗格朗的终身教育理论主要反映在五个方面：（社会）要为人的一生（从生至

① 时伟.专业化视野下教师继续教育的理论与实践[D].华东师范大学，2003：19.

② 雅克・德洛尔.教育——财富蕴藏其中[M].联合国教科文组织总部中文科，译.北京：教育科学出版社，1996：90.

死)提供教育或学习的机会;从人的发展和综合的统一性观点出发,各级各类教育的实施必须协调和统合;小学、中学、大学及其地区性的社会教育设施、文化中心所发挥的教育功能、(政府)应予以支持和鼓励;(政府或社会)应为本国公民有关劳动日的调整、教育休假、文化休假等措施的实施起促进作用;为了对以往的教育观念作根本的改变,应使这一理念(终身教育)渗透到教育的各个领域①。

在朗格朗看来,现代社会应承担终身教育推广的责任,无论个人在何地何阶段所接受的教育过程,都应给予必要的援助。在他看来,教育的目的在于人的发展,注重职业的技能、艺术的表现力以及不断的自我完善与充实。他强调,这种教育应当渗透在人们生活的各个领域,在人的发展的全过程中不间断地进行。

朗格朗的终身教育思想,极力主张对既有的教育进行重新组合和体系化,同时也强调尊重个人的主观能力性,即人格的整体形成。他的观点极大地影响了终身教育的发展,为后人所继承和发扬。

《学会生存——教育世界的今天和明天》是继朗格朗之后又一部关于终身教育的力作,是联合国教科文组织在总结多次会议与实地考察的基础上完成的著作。该书中,委员会对终身教育作了权威性的界定:"终身这个概念包括教育的一切方面,包括其中的每一件事情。整体大于部分的总和。世界上没有一个非终身的而又分割开来的'永恒'的教育部分。"并认为"终身教育并不是一个教育体系,而是建立一个体系的全面组织所根据的原则,而这个原则又是贯串在这个体系的每一部分的发展过程之中的"②。

该书中对终身教育做了进一步的论证与阐述,提出了二十一条革新教育的建议,其中最主要的一条建议是"把终身教育作为发达国家和发展中国家在今后若干年内制订教育政策的主导思想"③。也即要求各国以此为原则对教育进行改革。重视成人教育,把成人教育看作是终身教育的"顶点"。

《学会生存》还提出科学的人文主义教育的目的,"科学训练和培养科学精神看来乃是当代任何教育体系的主要目的之一"④,教育还要培养创造性及承担社会义务的态度,教育要培养完人,"把一个人在体力、智力、情绪、伦理各方面的因

---

① 吴遵民.关于现代国际终身教育理论发展现状的研究[J].华东师范大学学报(教育科学版),2002(3):38—44.

②③ 联合国教科文组织国际教育发展委员会.学会生存——教育世界的今天和明天[M].北京:教育科学出版社,2000:241.

④ 联合国教科文组织国际教育发展委员会.学会生存——教育世界的今天和明天[M].北京:教育科学出版社,2000:203.

素综合起来，使他成为一个完善的人，这就是对教育基本目的的一个广义的界说。”[①]“教育的目的在于使人成为他自己，‘变成他自己’”[②]，这种科学的人文主义教育目的与朗格朗的培养“完人”的目标是一致的。

由雅克·德洛尔(Jacques Delors)任主席的国际21世纪教育委员会经过三年研究，于1996年向联合国教科文组织提交的报告——《教育——财富蕴藏其中》，对终身教育作了更为深入的分析与阐述。《教育——财富蕴藏其中》从更为广阔的国际背景来论述教育问题，从更广阔的视野提出了一些极有价值及可行性的教育革新建议和行动计划。充分肯定的教育的地位与作用，对终身教育的认识也更趋于理性化。

该书明确指出终身教育是21世纪的关键所在，必须放在社会的中心位置之上。对终身教育的内涵也做了进一步的提示，主张“把与生命有共同外延并已扩展至社会各个方面的这种连续性教育称之为‘终身教育’”[③]。关于终身教育的目的，该书赞同终身教育应以人的发展为目的，但不是作为生产手段而得到充分的发展，应重视终身教育在铸造人格、发展个性以及增强批评精神和行动能力方面的意义。

该书还指出教育将承担发展人的认识水平、掌握相应的知识和技能以及标出判断事物的标准使人不至于迷失方向等双重任务。为此，应转绕学会认知(learning to know)、学会做事(learning to do)、学会共同生活(learning to live together)、学会生存(learning to be)四种学习加以安排，这四种学习是每个人一生中的知识支柱，也是终身教育建立的基础。

至此，从20世纪70年代的保尔·朗格朗的《终身教育引论》至联合国教科文组织的《学会生存——教育世界的今天和明天》《教育——财富蕴藏其中》，终身教育思想由确立到发展到后期的探索实践，最终形成完整的终身教育理论体系。

终身教育的发展对教师教育产生了巨大的影响。它将学习的外延与内涵得以丰富化，强调教师学习的延续性，为教师实践性知识的生成提供了有利条件。

---

① 联合国教科文组织国际教育发展委员会.学会生存——教育世界的今天和明天[M].北京：教育科学出版社，2000：213.

② 联合国教科文组织国际教育发展委员会.学会生存——教育世界的今天和明天[M].北京：教育科学出版社，2000：16.

③ 雅克·德洛尔.教育——财富蕴藏其中[M].联合国教科文组织总部中文科，译.北京：教育科学出版社，1996：90.

虽然终身教育强调了学习型社会中，个体（教师）通过学习实现可持续发展，并强调了学习的四个支柱（学会认知、学会做事、学会共同生活、学会生存），突破了传统对固定知识的学习。但在成人学习或发展上并没有提出具体而微的建议。

（二）成人学习理论：教师学习的自我导向性

教师作为成人，其学习与儿童也有着不同的特点。自 20 世纪 20 年代成人教育专业确立以来，成人如何学习便成为学者及其成人教育者考虑的中心问题。虽然至今没有一个统一的结论，但成人教育学和自我导向学习这两个基本理论构成了成人学习的两大支柱。

1. 成人教育学理论

1928 年，美国著名心理学家桑代克出版《成人学习》（*Adult Learning*）一书，标志着西方成人学习理论研究的开始。20 世纪中叶以来，由于成人学习和成人教育运动的广泛开展，人们开始关注并重视成人的学习问题，形成了若干理论流派，其中较为著名的则为诺尔斯（Knowles）的成人教育学理论。

诺尔斯的成人教育学理论建立在关于成人学习者的五个基本假设上[①]：

（1）随着个体的不断成熟，成人的自我概念将从一个依赖型人格转向一个自我导向的人。在成人的学习活动中，学习者的自主性和独立性在很大程度上取代了对教师的依赖性。成熟的成人学习者在多数情况下更倾向于独立自主地进行学习。因此，课堂的环境与氛围都应具备“成人特征”，让成人感受到认可、尊重与支持。成人变得具有自我导向性意味着成人学生能够参与诊断自身的学习需求、规划、实施和评估自身的学习。

（2）成人积累了不断增加的经验库，它们是学习的丰富资源。对于基本完成社会化过程的成人学习者，其学习活动不是以教师传授为主要途径，更多的是借助于自己的经验来理解和掌握知识。因此，成人自身的个体经验就是一种学习资源，这种资源即能为己所用，也能为他所用。成人新旧知识有机结合使得成人的学习更有效也更有动力。但同时成人的经验有时也会形成思维定式而对成人的学习带来消极的影响。因要在成人教育中需要使用个体化教学策略，充分利用成人的已有经验，加强教学与社会实践活动的联系，并帮助成人克服学习定

---

① ［美］雪伦·B.梅里安，罗斯玛丽·S.凯弗瑞拉，成人学习的综合研究与实践指导［M］.黄健，等，译.北京：中国人民大学出版社，2011：249.

势的消极影响①。

(3) 成人的学习准备度是与其自身社会角色的发展任务紧密相关的。与青少年时期学习任务以身心发展为主不同,成人的学习任务是以完成一定的社会职责为主,也即促使成人能够更有效地完成他所承担的社会职责。因此,了解成人学习的需求显得尤其重要,这是开展成人学习的前提工作之一。同时,由于具有相同学习需求的成人能够在学习中互相交流、互相帮助,教师也应努力创造条件促进这种交流,如开展小组讨论、案例教学、模拟练习等。

(4) 随着个体的成熟,个体的时间观会发生一种变化,从知识的未来应用转向立即应用。因此,成人学习更多的就是一种问题中心的学习而不是学习中心的学习。成人学习的目的非常明确,即直接运用所学知识解决当前的社会生活问题。他们带有强烈的解决实际问题的愿望,教育活动对他们来说就是学以致用的过程。因此,成人的学习具有较强的目的性和自觉性,所学知识也较容易被理解和掌握。这也决定了成人教育应注重教育活动的针对性、适用性和可接受性。

(5) 成人更多的是受到内在因素而非外在因素的驱动而学习。青少年学习的动机主要来自外部的刺激,如分数、教师的褒奖以及父母的压力。对成人而言,尽管成人对外部的刺激因素反应积极,如工作的提升、薪水的增加等,但最有力的激励仍是内在的压力,如增加工作满意度、提升生活质量等。因此,成人教育应是积极创造一种有利于学习者获取知识的环境并引导学习者与环境相互作用,以便使学习者学到的知识达到最大化。

诺尔斯的成人学习理论带有浓重的人本主义色彩,明确了成人教育与普通学校教育(青少年教育)的区别,具有很强的实践性。正因如此,他也忽视了成人教育与普通教育之间的共性;片面强调教育对个人的适应,而忽视个人对教育的适应;过分强调学生在教学中的作用而忽视了教师的主导作用。

2. 自我导向学习理论

在诺尔斯引进成人教育学的同时,自我导向学习作为另外一种模式出现了。塔夫(Tough)第一次把自我导向作为学习方式进行了全面的阐述。在他看来,作为成人日常生活的一部分,自我指导学习是广泛发生的、系统的,然而又不依赖教师或教室。这种学习方式的揭示和证明,在成人教育领域产生了重要的研

① 宋尚桂.当代西方成人学习理论述评[J].济南大学学报,1998(3):37—41.

究推动力。

不同的理论取向对自我导向学习的目标也有不同的认定。人本主义哲学认为自我导向学习的目标是提高成人学习者在学习中的自我导向能力。改造主义哲学认为自我导向学习的目标是培养作为自我导向学习核心的质变学习。麦基罗(Mezirrow)认为,学习的关键就是学习者通过重新理解自身的需求、兴趣而发生变化。布鲁克菲尔德(Brookfield)则认为自我导向学习的目标在于解放学习和社会运动。

自我导向学习是一种学习过程,人们在其中积极主动地计划、实施和评估自身的学习经验。它的学习过程有诸多模式,其中讨论较为广泛的是线性模式、交互式模式和指导性模式。

塔夫和诺尔斯对自我导向学习过程的研究,受到众多学者的关注,也是最受大众接受的研究。塔夫和诺尔斯提出的早期自我导向学习模型在本质上都是线性模式的:需求分析、资源评定和结果评估。塔夫认为一系列相关的学习时段(学习时段是指一个人在这一时段的主要意图就是学习)加起来不少于 7 个小时,包括以下 13 个步骤[①]:①决定学习哪些具体知识和技能;②决定具体的学习活动、方式、资源或设备;③决定在哪里学习;④确定明确的学习期限或中间目标;⑤决定何时开始一个学习阶段;⑥决定在一个学习阶段中的学习速度;⑦评估当前知识和技能水平或在获取预期知识和技能过程中所取得的进步;⑧探查任何曾经阻碍学习的因素或发现当前程序中的无效方面;⑨获取预期的资源、设备,或找到预期的地点、教具;⑩准备或布置一个进行学习的房间(或一定的资源、家具、设备),或为学习而安排一定的其他物质条件;⑪节约或获取使用一定的人力或非人力资源所必需的资金;⑫寻找学习时间;⑬采取措施增强特定学习阶段的学习动机。

诺尔斯也把自我导向的学习过程分为六个主要步骤:①营造氛围;②诊断学习需求;③形成学习目标;④识别学习的人力和物质资源;⑤选择和实施恰当的学习策略;⑥评估学习结果。

自我导向学习过程的第二种模型是交互型模型,学习过程在本质上并非是计划好或线性排列。这种模型仅重视两个或再多一点的因素,如人们在周围环

---

① [美]雪伦·B.梅里安,罗斯玛丽·S.凯弗瑞拉,成人学习的综合研究与实践指导[M].黄健,等,译.北京:中国人民大学出版社,2011:270.

境中找到的机会、学习者的个性特征和学习情境,正是这些因素的协同交互作用促成了自我导向学习的不同阶段。

自我导向学习过程的第三种模型是指导性模型,即正式环境中的指导者能够借此将自我导向学习方法融入他们的项目和活动中。这种组织教学的方式允许学习者在这些情境中有更多的控制和独立性,代表人物是格罗与哈蒙德。格罗提出的分层自我导向学习模型勾画了教师如何帮助学生在他们的学习中变得更有自我导向性。他将学习者分为四种层级,每一层级中,根据学习者的状态,描述了教师的可能角色。哈蒙德则阐述了一个由七个步骤组成的框架,在这个框架下,学习者能够主动完成以下事情:①构建一种合作学习氛围;②分析和批判反思自身及其所处社会、经济与政治环境;③为自身设定能力标准;④在个人和社会环境框架中诊断学习需求;⑤形成同社会和个人相关的学习目标,产生学习契约;⑥实施和管理学习活动;⑦反思和评估学习活动。该模型最大的区别是通过对影响学习活动的社会、政治和环境背景的调查,有目的地把批判视角包含进来并强调形成个人和社会学习目标①。

无论是成人教育学理论还是自我导向学习理论,都从不同的角度分析了成人学习的特点与机制。对于作为成人的教师而言,成人学习理论为教师实践性知识的生成提供了一定的理论依据。

(三) 教师专业发展理论:教师学习的路径

20 世纪 80 年代,教师职业的专业化与教师专业发展引起众多学者的关注。他们从不同的角度对教师专业发展进行研究,形成不同的流派。根据研究取向的不同,分为理智取向研究、实践—反思取向研究和生态—合作文化取向研究。

1. 理智取向研究

理智取向研究者认为,专业的存在就在于其坚实的知识技能基础,医学与法律专业皆如此。教学之所以还不能成为一个公认的专业,原因就在于教学职业缺乏一套未经专门训练的局外人难以掌握的专门的知识技能系统。因此,教学要成为一个专业,也就必须拥有坚实的知识技能基础。

霍姆斯小组 20 世纪 80 年代发表的《明日之教师》和卡内基教学专业专项小

---

① [美]雪伦·B.梅里安,罗斯玛丽·S.凯弗瑞拉,成人学习的综合研究与实践指导[M].黄健,等,译.北京:中国人民大学出版社,2011:279.

组发表的《准备就绪的国家:21世纪的教师》报告,都明确表示提高教师的专业水准是确保教育质量的关键。霍姆斯报告中还进一步指出,提高教师专业水准的重点所在,乃是明确教师专业的知识基础,使教师拥有更为坚实的理智基础。

教师专业发展的理智取向假设知识基础的获得是行为变化的基础,理论能够指导自己的实践,借助于理论的掌握和应用,教师能将学到的基础知识转化成良好的实践。教师首先要自己掌握知识,其次要知道怎样将这些知识有效地传递给学生。即教师要具备两类最基本的知识,一是自己要拥有"内容"(知识、技能、价值观等),即学科知识;二是要具有帮助学生获得这些"内容"的知识和技能,即教育知识①。目前进行的教师教育或是培训,一般都采用这种理智取向的教师专业发展策略。

理智取向的典型代表人物为美国斯坦福大学的教育学教授舒尔曼。他提出了以学科知识、学科教学法知识和课程知识为主要内容的教师知识框架,认为教师知识由如下七个方面构成②:

表 1-3　舒尔曼的教师知识分类

知识类型	说明
学科知识	学科的内容知识
一般教学法知识	超越于各学科之上的关于课堂管理和组织的广义的原则和策略,即普遍适用于各个学科的教与学的原则和技能,如教学大纲等
课程知识	对教材和教学计划的掌握
学科教学法知识	为了促进学生理解而使用类比、图示、演示和解释等方法,有效地表征学科知识
学习者的知识	包括学习者的特征和认知,学习者的发展和动机
教育背景的知识	指对学生的家庭、学校以及社会等环境对教学影响的认识
教育的目的、目标和价值的知识	对学生的学习目的是以提升个人品质还是以升学为取向的个人认识等

在以上七个知识范畴中,舒尔曼尤其强调学科教学法知识和学科知识。在

① 胡惠闵.校本管理[M].成都:四川出版社,2005:62.

② Shulman, L.S. Knowledge and teaching Foundations of the new reform[J]. Havard Education Review, 1987(1):1—22.

他看来，成功的教学不仅需要教师掌握学科理论知识，而且需要娴熟的、能够根据学生需要将学科理论知识加工、转化为学生能够理解的学科教学法知识①。

在舒尔曼的基础之上，格罗斯曼也对教师知识进行了较为系统的研究。她把教师知识分为六个领域：学科内容知识、学习者和学习的知识、一般教学法知识、课程知识、情景知识以及自我的知识②。格罗斯曼也强调学科内容知识和学科教学法知识的重要性，这两者处于中心地位，并与其他四种知识相互作用。

莱因哈特的研究认为，教师知识主要有两大方面：学科知识和课堂结构知识。学科知识不仅包括学科概念之间的联系，还包括教师对学生错误类型的理解以及教师对课程的表述。而课堂结构知识则包括教师合理的教学设计、教师顺利地进行课堂教学、从一个阶段自然地过渡到另一个阶段、清晰地解释教学内容所需的技术③。可见，莱因哈特的学科知识、课堂结构知识与舒尔曼等人所说的内容知识及学科教学法知识基本一致。

总而言之，教师专业发展的理智取向研究关注教师的知识学习与传授，这是教师专业发展的重要途径与方式。

2. 实践—反思取向研究

实践—反思取向反对理智取向的观点。这一取向的基本假设是：教师的工作绝不仅仅就是把在大学里所获取的理论应用于学校实践；决定教师工作的，不是外部给予教师的理论知识，而是存在着内隐于教师实践之中的“行动中的知识”。

在教师专业发展的实践—反思取向看来，对于影响教师专业活动的知识、理解或信念，无法通过外部的培训或专家所获得，而是教师通过个人或合作的探究所获得；认为应当关注实践，强调实践本身所包含的丰富内涵，关注教师实际上知道什么，在此基础之上才能提出专业发展的设想；认为教师专业发展的目的不在于外在的技术性知识的获得，而在于促成教师对自己、自己的专业活动乃至于相关的事物进行深入的理解，发现其中的意义，以促成所谓的“反思性实践”。

最早提及教师反思的是杜威。他所谓的“反思”是指拥有不同于逻辑思维形态的特征，在直面实践情境的经验之中产生的犹豫、困惑、疑问之中成长，探讨解

---

① 徐碧美.追求卓越[M].北京：人民教育出版社，2003：60.

② Grossman, P. L. Teacher's Knowledge In T. Husen & T. N. Postlethwaite (Eds.). The International Encyclopedia of Education(2nd ed)[M]. New York: Pergamon Press, 1994, 6117—6122.

③ 范良火.教师教学知识发展研究[M].上海：华东师范大学出版社，2003：17.

决这种困惑、疑问的思维①。而教师反思的过程始于他所体验到的一种困难和麻烦的事件，始于他所不能马上解决的问题，也即“实践的困境”②。教师受这种困境的影响开始回头分析他们的经验，这种分析可能发生在行动中间，也可能发生在行动结束之后。杜威所理解的教师的反思性行为是一种有意识的、有目的的、持续的、动态的有着严密的逻辑性的活动。教师在教育教学实践中，根据自我行为的表现，不断解析和修正行为中的“异位”，进而不断提高自己的教育教学效能和素养。

而把反思性实践作为一个正式的术语用于教育教学，主要是受到美国学者舍恩的影响。他在其著作《反思性实践——专家是如何思考的》中系统阐述了自己对反思及反思性实践的理解。他认为反思有两种时间框架：一种是“对行动的反思”，即反思发生在行动前或行动后。在教学中，这种反思体现在课前备课、对课堂教学的思考和教学设计上，以及发生在课后对课堂发生的一切思考当中；另一种是发生在行动过程当中的反思，即当实践工作者在努力参与改进实践时，通常会试图提出和解决当时的问题，如课堂教学时必须应对意料之外的事情而及时进行调整，这就是舍恩的“在行动中反思”。在他看来，反思性实践者既对行动反思，也在行动过程中反思。他重视教师在日常教学实践中本能地运用一些教育理论和教育经验的知识，这种知识被称之为“行动中的知识”，也即内隐知识，教师事先并没有经常仔细地思考为什么这样做。而反思就是要使教师学会如何将这类知识通过归纳和总结外化和发展为显性的知识。

在舍恩的基础之上，英国教育者格里菲斯(Griffiths)和唐(Tann)提出了五种反思维度构架。他们认为，教师是在不同的时间速度和知觉水平上进入行动、观察、分析和计划循环的。反思共有五个维度：快速反思、修正、回顾、研究、理论的重构和重建。这五种维度的反思对教师而言都是需要的，如果教师能够进行不同水平的反思，则能更为充分地说明、批判并检验他们自己的实践理论，同时还能与其他替代的理论相比较并加以提炼，而这无疑为促进教师的实践和反思提供了一种很好的方法。格里菲斯和唐的研究充实了舍恩的理论，这也让教师的反思更具体、更有操作性③。

教师专业发展的实践—反思取向将教师的专业性建立于个人的、实践的知

① 钟启泉.教学实践与教师专业发展[J].全球教育展望，2007(10)：8—14.

② 卢真金.反思性实践是教师专业发展的重要举措[J].比较教育研究，2001(5)：53—59.

③ 卢真金.反思性教学及其历史发展[J].全球教育展望，2001(2)：57—63.

识之上，教师通过在教学实践中不断进行反思，实现专业发展。

3. 生态—合作文化取向研究

生态—合作取向的研究较之前面两种取向，其视角更为宏观。它不再集中于“知识”“实践”“反思”等，而转向“文化”“社群”“合作”。不再仅仅关注于教师个体本身，而转向教师所处的环境与群体以及其中的各种因素，关注一个动态的、宽广的生长环境中教师成长的问题，包括其中的人、事、物等之间的关系。关注的重心及落脚点是教师如何更好地与他所处的日常工作环境中的各因素相融合，以获得专业上的成长和发展①。

生态—合作取向认为教师在实际的教学过程中，教学风格、教学行为是个人化的，教师在其实践中亦多处于孤立的状态之中。但就教师的专业发展而言，教师发展其专业知识与能力并不全然依靠自己，而会向他人（如校外专家或同事）学到更多；教师更并非孤立的形成与改进其教学的策略与风格，这种策略与风格的形成与改进更大程度上有赖于“教学文化”或“教师文化”，正是教学文化为教师的工作提供了意义、支持和身份认同②。

生态—合作取向研究常用的术语中，“文化”是它所关注的核心术语。“社群”“背景”“合作”都是文化的表现形式。当教师处于群体之中，来自群体或组织的文化，以及其他成员的言行和观念，都会对教师产生影响。而教师所处群体的环境以及教师自身成长的历程、职业发展经历等背景，也对教师专业的发展有所影响。而“合作”是生态—合作取向的教师专业发展最理想的方式。

合作即由小组的教师通过相互合作，实现自己的发展目标。因此，生态取向的教师专业发展主要的注意力不是学习某些学科知识或教育知识，也不是个别教师的所谓“反思”，而是教师之间如何更好地合作，如何构建合作的教师文化。

哈格理夫斯（Hargreaves）是生态—合作取向的代表。他认为教师文化有四种：个人主义文化，在这种文化中，教师之间相互隔离，教师的主要精力用于处理自己课堂里的事务；分化的文化（派别主义文化），教师工作处于相互分立、有时为争取权利与资源而相互竞争的群组之中；自然合作的文化，基于教师之间的开放、互信与支持；人为合作的文化，教师被要求围绕行政人员的意图和兴趣进行

---

① 胡惠闵.指向教师专业发展的学校管理改革——上海市打虎山路第一小学个案研究[D].华东师范大学，2003：21—22.

② 教育部师范教育司.教师专业化的理论与实践（修订版）[M].北京：人民教育出版社，2003：30.

"合作"①。在他看来,合作的文化有自然合作和人为合作两种。理想中的教师文化应该是一种自然合作的教师文化,这种文化是通过各项措施保证下的人为合作的实现而逐渐内化形成的教师自发、自愿、自主、超越时空、不可预测的合作文化。

可见,生态—合作文化取向的教师专业发展从更为广阔的视角,探讨教师专业的社会、政治、经济、文化背景及其相互间的关系,强调合作发展,构建合作的教师文化。

对教师而言,教师学习离不开对日常经验的反思与重建,这种反思与重建从某种意义上来说也即为教师的成长。教师专业发展的过程其实就是教师不断学习,提升自我和完善自我的过程。

上述三个理论为教师学习提供了重要的教育学基础。首先,终身学习理论从整体设计中,提出了教师持续发展的重要意义,并且"发展"的内涵超越了单纯理论知识的获得。其次,成人学习理论揭示了成人学习的特点,并研发出成人学习的若干模型。对于教师如何学习有着具体的指导。再次,教师专业发展理论着重探讨了教师这一职业的发展特点与形式。从三个理论的历史发展脉络中可以看出,教师学习与发展是符合终身教育的理念的,也是成人教育和教师专业发展理论试图传递的重点所在。

综合上述哲学视角、心理学视角、教育学视角,可以看出教师学习已经具备了较为成熟的理论基础。

从哲学视角来看,知识观从客观确定性走向个体不确定性,具体从"理性主义"向"经验主义""实用主义""后现代主义"转变时,知识的"经验性""情境性""相对性""个体性"逐层显现;学习观从被动接受到主动构建,具体从"行为主义"向"认知主义""人本主义""建构主义"转变,学习者的主动性、学习的建构性和社会性逐渐得到凸显。

从心理学视角来看,认知现象分布在个体参与者、人工制品和内外部表征之间,即认知不仅在个体内分布,也在个体间分布,不仅在媒介中分布,也在社会、文化中分布,还在时间中分布。所以学习也不再是个体的内部活动,学习不仅发生在学习者内部,还可存在于学习者自身之外的组织、社群或数据库中,学习就是学习者在与学习环境、工具、学习者之间的交互、合作的过程中发生,可见学习

① 教育部师范教育司.教师专业化的理论与实践(修订版)[M].北京:人民教育出版社,2003:30.

环境的构建极其重要。另外教师学习具有很强的专业性和实践性，只有在具体的问题情境中，才能赋予教师学习的意义，激发教师主动学习的动机，寻找分析问题和解决问题的方法，故在学习环境构建中需要关注教师学习活动的设计。

从教育学的视角来看，教师作为成人学习者，赋予其所处场域的职业特征，同时教师又是终身学习者。教师在接受一定的专业教育之后，以“实践者”身份服务于特定人群的从业者及其研究者，其学习带有专业属性。教师学习是基于经验的、建构的和反思的学习。

由此可见，哲学、心理学、教育学从不同视角揭示了教师学习“是什么”“怎样学”以及“在哪里学”的问题，为技术支持的教师学习环境的构建打下良好的理论基础。

第二章
技术支持的教师学习现状调查

通过调查问卷来了解和分析当前技术支持的教师学习的总体状况，编制一份技术支持的教师学习和环境的调查问卷是研究的前提和基础。调查问卷编制完成后要进行多次验证修改，以确保问卷的信度、效度，然后才能发放到学校进行调查。最后，我们对回收上来的问卷进行数据分析，得出调查结果。

第一节　分析框架的设计

（一）教师学习、技术支持的教师学习

研究一个问题的定义对研究的顺利开展有着非常重要的意义，即定义是所有研究领域的核心，任何一种定义都会清楚或者暗含界定自己研究领域的框架、研究阈和焦点。通过分析和归纳有代表性的教师学习、技术支持的教师学习与技术支持的教师学习环境的定义，就可以更准确、更便捷地描述出技术支持的教师学习及其环境的研究领域。

1. 教师学习

界定教师学习，首先需要厘清“教师”与“学习”的内涵。教师，中国古代称“师”。“师”，作为动词，为效法之意；作为名词，指值得效法的人，或教人以道者，或指艺有专长者①。《辞海》中“习”注，《礼记·月令》：“（季夏之月）鹰乃学习。”学，效；习，鸟频频飞起，指小鸟反复学飞。《汉语大辞典》第四卷的“学习”注释中有一条为：从阅读、听讲、研究、实践中获得知识或技能。若将教师学习视为“教师”与“学习”内涵的简单叠加，则可得出教师学习是教师从阅读、听讲、研究、实践中获得知识或技能的过程。为了使本研究更加聚焦，本文所述教师专指在中小学承担学科教学任务的教职人员。

① 陈桂生.普通教育学纲要[M].上海：华东师范大学出版社，2008：325.

教师学习的研究缘起于成人教育、终身教育等思潮对教师教育理论的冲击①,已有国内外不少研究者对其概念内涵进行了探讨。

国外研究者对教师学习内涵研究较具代表性的观点有:教师学习是指教师个体在原有知识的基础上对新信息进行评价、筛选、吸收、内化、适应或摒弃,从而构建新理解②。教师学习是教师对自身教学和生活实践的思考,对各种专业知识的梳理,以及反思这些知识如何对自身实践产生积极影响③。教师学习是教师通过学习和运用专业理论来提高自身认识、改变专业技能,在专业性、交互性、情感性和正式性的发展过程中,实现动态性、张力性和多层面的专业发展④。教师学习是教师在与社会环境对话的同时获得对自我的认识、对学生的认识、课程知识、学科知识以及环境知识的过程⑤。教师学习是教师作为学生和作为教师职业从业者掌握各种社会经验的总和⑥。联合国教科文组织 2007 年颁布的教育规划中,主张把教师学习视为一个连续体,认为教师学习应包括教师用来获得和提升教学能力的所有活动,不仅包括教师入职前所接受的师范教育和入职后所开展的在职学习,还包括他们在中小学阶段作为学生时从自己的老师及学习经历那里习得的教育知识⑦。

国内从 20 世纪 90 年代开始关注教师学习研究,较具代表性的观点有:教师学习主要指在一定人为努力或外部干预下的教师专业知识、能力的生长变化⑧。教师学习是教师个体出于自身需求和发展需要,采用自学和在群体中指导合作

---

① 张攀.教师学习的研究:价值、进展与趋势[J].教育导刊,2010(11):65—67.

② Williams, M. & Burden R.Psychology for Language Teachers[M]. London: Cambridge University Press, 1997.

③ Connelly, F.M. & Clandinin, D.J.Personal practical knowledge and the modes of knowing: Relevance for teaching and learning[A]. Eisner E.Learning and teaching the ways of knowing[C]. Chicago: University of Chicago Press, 1985:162.

④ Jennifer L.Snow-Gerono. Locating supervision—A reflective framework for negotiating tensions within conceptual and procedural foci for teacher development[J]. Teaching and Teacher Education, 2008, 24(6):1502—1515.

⑤ Johnson, K.E. & Golombek, P.R. "Seeing" teacher learning[J]. Tesol Quarterly, 2003, 37(4): 729—737.

⑥ Freeman, D.Reconceptualizing the Knowledge-Base of Language Teacher Education[J]. Tesol Quarterly, 1998, 32(3):397—417.

⑦ 杨彦军,童慧,郭绍青.ICT 支持教师专业学习的典型案例、核心要素与关键措施[J].开放教育研究,2014, 20(3):98—110.

⑧ 刘学惠,申继亮.教师学习的分析维度与研究现状[J].全球教育展望,2006(8):54—59.

的方式，实现经验的丰富和内在的长期的积极改变[①]。教师学习是对自身教学实践的反思与总结，完善自身对教育的理解，再经过教学实践进行检验与修正的过程[②]。教师学习是在充分了解教师个体对于教师专业发展的需求，依据教师学习水平与能力，有计划地实现教师个体经验的丰富与更新[③]。教师学习是由众多学习类型集合构成的复杂学习过程，教师从案例中提炼指导实践的经验，从共享的教师学习群体中获取多重经验，对自己的教学实践进行研究性学习[④]。此外，也有研究者指出，教师学习是指教师在外部环境支持下主动寻求自身整体素质的提升，持续追求专业发展和个人发展相互统一的整体性活动[⑤]。

通过对已有文献的归纳可知，教师学习主要是指教师个体通过学习和运用专业理论，在吸收和理解新信息的基础上，结合经验对自身教学实践进行反思并不断完善的复杂过程，旨在促进专业发展，提高专业能力。

教师作为学习者，其学习特点有与普通学习者共性的地方，也有其作为成人专业学习者的独特的特点。教师学习的特点具体表现在如下四个方面：

第一，教师学习是基于经验的。

美国心理学家罗杰斯区分了两种类型的学习：基于认知的（无意义的）学习和基于经验的（有意义）学习，这两者的区别是基于经验的学习是根据学习者的需求。罗杰斯列出了基于经验学习的特点：个体参与的、自我驱动的、自我评价的和对学习者有普遍影响的。基于经验的学习等同于个体的变化和成长。他认为，人类本身具有学习的倾向，教师的角色就是促进这种学习，具体包括：①设置活跃的学习氛围；②厘清学习者的目标；③制作和组织可获得的学习资源；④平衡学习中智力和情绪的关系；⑤和其他学习者以非控制的方式分享学习的感受和想法[⑥]。从根本上说，教师的学习是基于经验的。教师多数工作在很大程度上都是周期性重复的。教学过程的基础模型是一个备课、实施、评价的循环，并将形成性“反馈”的评价应用于后续的课程计划中。正如 UNESCO《教师专业

---

① 裴森 & 李肖艳.成人学习理论视角下的“教师学习”解读：回归教师的成人身份[J].教师教育研究，2014，26(6)：16—21.

② 陈振华.论教师的经验性学习[J].华东师范大学学报(教育科学版)，2003，21(3)：7—24，35.

③ 孙福海.关于教师学习的理论与调查研究[D].广州：华南师范大学.2005：15.

④ 胡庆芳.教师专业发展背景下的学习与学习文化的重建[J].上海教育科研，2005(3)：19—22.

⑤ 孙传远.教师学习：期望与现实——以上海中小学教师为例[D].上海师范大学，2010：22.

⑥ Carl Rogers. Experiential Learning[DB/OL]. http://www.instructionaldesign.org/theories/experiental-learning.html.

发展:国际文献综述》(*Teacher professional development: an international review of the literature*)中提到的,教师专业发展包括正式的经验(如参加座谈会和专业会议等)和非正式的经验(如阅读专业读物,观看和学科有关的学术专题片等),当我们考虑教师专业发展时,必须审视经验所包含的内容、专业发展的过程和情境。

第二,教师学习是动态的。

教师学习是动态的包含了两方面的内容:一方面教师知识是动态的而非固定的。教师知识被认为是一种复杂的、由"知道怎样"(程序性知识)和"知道是什么"(陈述性知识)组成的。教师知识的动态性决定了教师学习的动态性。

舒尔曼把教师知识分为七类,后来随着技术的发展,Mishr 等学者①提出了 TPCK(Technological Pedagogical Content Knowledge),将技术(technology)元素补充到 PCK 中去。TPCK 代表着教师能够根据具体教学情境的需要,综合考虑学科知识、教学方法和技术支持,设计出恰当的教学方案。换句话说,TPCK 就是把技术转化为解决教学问题的方案的知识。

C.Angeli 等人对 TPCK 又做出了进一步的发展,提出了 ICT-TPCK(Information Commucation Technology),它由 TPCK 中的三种知识即学科知识、教学知识和技术知识再加上两种新的知识即关于学生的知识和关于学习环境的知识构成②。ICT 是指如何操纵电脑设备、如何使用大量的工具(软件)以及当出现故障时解决办法的知识。所以 ICT-TPCK 是指能使教师设计出技术因素发挥重要作用的学习活动这样一种独特的知识,它阐明了融合工具及其教学功用、教学法、学科内容、学习者、学习环境于一体的关于学生难以理解或教师难以呈现的特定知识要点是如何借助技术加以转化和传授的。

另一方面教师的学习方式也是动态的。教师知识紧跟时代的发展,不断地注入新的内容,学习的方式也因为技术的发展而变化。通过主动的、经验性的学习和技术支持的学习,教师个人的知识被生成、建构和修正,所以说教师学习不是静态的,而是动态的过程。

---

① Punya Mishra, Matthew J.Koehler. Technological pedogogical content knowledge: A new framework for teacher knowledge[J]. Teachers College Record, 2006, 108(6):1017—1054.

② Charoula Angeli, Nicos Valanides. Epistemological and methodological issues for the conceptualization, development, and assessment of ICT-PCK: Advances in technological pedagogical content knowledge(TPCK)[J]. Computers & Education, 2009, 52(1):154—168.

第三，教师学习是建构的。

建构主义理论认为学习是一个建构的过程，作为学习者的教师是建构性的学习者，他们逐渐地从自己的经验中获得意义。钟启泉教授曾指出：知识不是游离于认识主体之外的纯粹客观的东西；学习过程也不是打开“知识百宝箱”向学生移植信息那么简单机械①。学习是学生建构他们自身对于客体的理解，也就是说知识是由学习者主动建构的。倘若没有学生积极地参与他们自身的知识表达，学习就不存在。教师的学习也是如此，只有当教师主动参与知识的构建，教师的学习才会发生。

认知建构主义认为，教师学习集中在教师个体的心智运作过程和理解的基础之上。社会建构主义认为人的智力结构和思维过程来自和其他人的社会交往，这些交往不只影响到认知发展，实际上创造了认知结构和思维发展。认识活动的社会本源性说明高级心理过程首先在人与人之间的协作活动中共同建构出来，然后被人内化成为自己认知发展的一部分②。社会建构主义有两种形式，即处境认知和社会互动。处境认知强调教师学习是在教师与环境互动中建构的，学习与环境不可分离。社会互动观则认为，教师其实处在各种不同的集体当中，通过对话所产生的观念和知识是个人思考和专业对话的认知工具，这些认知工具不仅能够刺激和鼓励个人进行知识建构，而且也是影响教师能够学到什么和如何学习的决定性因素。教师与他人，特别是与比自己水平更高、能力更强的人互动的时候，会使他们产生更多、更高水平的洞察力、更深入的理解力、更敏锐的批判性思维，帮助教师形成更丰富、更复杂的认知结构。所以有学者认为，建构主义教师学习是教师主动发现和探究的态度与过程，在拓展和提升原有知识和经验基础上获得丰富教育理想和知识、增进专业理解和技能，不断更新自我，培育创造性生命力的成长过程③。

第四，教师学习是基于反思的。

教师对自己的教学活动过程进行考察，详细地分析自己的行为、决策和由此产生的结果，主动地获取知识、应用知识，解决实践中遇到的问题。反思能够展现教师的学习过程和结果，使教师不断进步与成长。

---

① 钟启泉.概念重建与我国课程创新——与《认真对待“轻视知识”的教育思潮》作者商榷[J].北京大学教育评论，2005(1)：48—57.

② [美]阿妮塔·伍德沃克.教育心理学[M].南京：江苏教育出版社，2005：48—49.

③ 赵明仁，黄显华.建构主义视野中教师学习解析[J].教育研究，2011(2)：83—86，109.

舍恩认为,反思是指专业者在工作过程中能够建构或重新建构遇到的问题,并在问题背景下进一步探究问题①。舍恩的"反思性实践"主要是指实践者从实践中的问题出发反思自己的实践,以便使问题得到解决。舍恩提出的"行动中反思"(Reflection-in-Action)和"对行动的反思"(Reflection-on-Action)的概念,对后面的研究者产生了重要影响。行动中反思是个体有意识地或潜意识地、不断地对与以往经验不符合的、未曾预料的问题情境的重新建构。行动后反思是个体对已经发生的行为的回顾性思考,其中包括对行动中反思的结果与过程的反思。

因为教师的反思是基于经验的,具有很强的实践性,所以"反思"这个概念在教师学习中占据着重要的位置。对行动的反思是从经验中学习的一个途径,它有助于教师实际经验的发展。这种知识可应用于未来的不确定的情境中,以指导教师自主的专业判断。

2. 技术支持的教师学习

技术一词,是由希腊语 techne 和 logos 结合而成的,是指关于技艺的完美与实用的演讲。17 世纪,当技术最初出现在英语中时,它只是被用来意指对各种实用技艺的讨论,后来这些"技艺"逐渐成了它们自身名称的客体。到 20 世纪初,技术一词已被普遍使用,除了工具和机器之外,它还包括工艺程序、技术思想的意思。进入 20 世纪下半叶,技术是工具、装备、工艺的经典解释,应扩充为技术是满足整个公共需要的物质工具、知识和技能的集合。技术不仅仅是为改造自然,而且是为满足公共需要。在当下的信息领域,两个术语较多地进入人们的视线,信息技术(Information Technology,简称 IT)和信息和通信技术(Information Communication Technology,简称 ICT),IT 主要包括传感技术、计算机技术和通信技术等。ICT 更加强调统一标准的通信以及远程通信与计算机、软件(中介软件和必要的软件)、视听和存储系统的整合。ICT 比 IT 更通用,一般认为 ICT 由 IT 和远程通信、传播媒体、所有类型的音视频处理和传输、和具有监控功能的网络组成。其实在很多时候 ICT 与 IT 是混用的,为了防止概念的混淆,本研究将 ICT 与 IT 统称为"技术"。技术是指以互联网为主导技术形成的现代信息通信技术群,既包括无线技术、数字技术、视频技术等基础技术,也包括个人电脑、数字电视等硬件技术以及在此基础上衍生的视频点播、即时聊天、在

① 申继亮.教学反思与行动研究——教师发展之路[M].北京:北京师范大学出版社,2006:63.

线论坛、视频会议等软件技术及应用服务的总称。

在信息时代，技术既是教师学习的内容，也是教师学习方式变革中不可或缺的有力支撑。其中，作为学习内容，技术主要指向教师的信息素养，即教师有效利用技术促进教学、促进自我专业发展以及帮助学生提升信息素养等的能力；作为变革支撑，技术可以为教师的自主学习和社会交互提供支持。由于技术支持的教师学习，在中国还是个比较新的研究领域，现有文献对技术支持的教师学习的研究通常隐含在"信息技术环境下教师的专业发展""教师远程教育""面向信息化的教师专业发展"等的研究中。故扩大文献搜索范围，以期作为技术支持的教师学习内涵界定时的参考。

焦建利等认为技术支持的教师专业发展是指以技术，尤其是信息技术为环境、手段、途径、方式和方法，促使作为专业人员的教师，在专业知识、教学技能、职业态度等方面不断完善的一个系统的、动态的、复杂过程。其目标在于帮助教师适应信息化教学，促进教师发展，进而提升教育质量①。

牟智佳认为技术支持教师专业发展的外延是信息技术环境下教师知识、能力、态度等方面的改善，具体包括教师教育技术能力、教师远程教育、教师信息化教学能力等方面的内容②。

陈莉等指出，技术支持下的教师专业学习已从以课程为中心、以知识传递为特点的网络远程培训，逐渐转向扁平化的以在线交流互动为核心、在线课程材料为补充，以及以知识共享和知识建构为特点的在线协作学习，最终目标是在技术的支持下把学校和教师群体建设成"学习型组织"，最大限度地促进教师自主、创新学习，使教师学习常态化③。

综上，我们认为技术支持的教师学习主要指教师个体在技术的支持下通过学习和运用专业理论，在吸收和理解新信息的基础上，结合经验对自身教学实践进行反思并不断完善的复杂过程，旨在促进专业发展，提高专业能力。

技术支持的教师学习的特点表现在如下几个方面：第一，教师学习带有明显的技术特征。焦建利等认为技术支持的教师专业发展，不仅要受到教师专业发

① 焦建利，汪晓东，秦丹.技术支持的教师专业发展：中国文献综述[J].远程教育杂志，2009，17(1)：18—24.

② 牟智佳.国内外技术支持教师专业发展的研究现状与问题分析[J].中国远程教育，2012(12)：47—54.

③ 陈莉，刘颖.从教师培训到教师学习：技术支持教师专业成长的途径与策略[J].中国电化教育，2016(4)：113—119，127.

展的一般规律的制约，也和技术发展的阶段密切相关，每一代技术的兴起，都会为教师专业发展带来新的契机，将技术支持的教师专业发展推向新的高度①。第二，技术使教师学习更便捷。潘丽芳认为，当代数字技术支持下的教师学习相较以前，更方便、形式更加丰富、自主性有了一定的改善、交流范围更广了②。林秀钦等认为“技术支持的教师教育可以适应教师繁忙的日程，突破地域局限实现优秀资源共享，提供基于网络的及时支持等”③。第三，技术使教师学习更具包容性。陈莉等认为，技术支持的教师学习实现了三个融合，即“线上学习和线下实践的融合、正式学习和非正式学习的融合、个体学习与群体协同发展的融合”④。第四，技术支持的教师学习是循序渐进的。魏宁认为教师在信息化教育环境中会经历“学习体验阶段”“实践反思阶段”和“研究创新阶段”⑤；顾小清认为会经历“了解、应用、整合、创新”等四个阶段⑥；余胜泉认为会经历“学习模仿、尝试使用、怀疑困惑、专业进化融合、创新发展”⑦五个时期。

（二）分析框架

1. 技术支持的教师学习分析框架理论基础

技术已经越来越多地被用于为教师提供学习机会。通过已有文献分析，技术既是教师学习的内容，也是教师学习方式变革中不可或缺的有力支撑。其中，作为学习内容，技术主要指向教师的信息素养，即教师有效利用技术促进教学、促进自我专业发展以及帮助学生提升信息素养等的能力；作为变革支撑，技术可以为教师的自主学习和社会交互提供支持。

为了更好地理解技术对教师学习所发挥的作用，托尼等基于活动理论提出

① 焦建利，汪晓东，秦丹.技术支持的教师专业发展：中国文献综述[J].远程教育杂志，2009，17(1)：18—24.

② 潘丽芳.技术支持的教师学习之历史演进[J].开放教育研究，2012(6)：56—60.

③ 林秀钦，黄荣怀，张宝辉.技术支持的国际教师教育项目对我国教师教育发展与变革的启示[J].中国电化教育，2008(5)：8—13.

④ 陈莉，刘颖.从教师培训到教师学习：技术支持教师专业成长的途径与策略[J].中国电化教育，2016(4)：113—119，127.

⑤ 魏宁.让技术有效地支持学习——北京市面向信息化教师专业发展基地综述[J].信息技术教育，2005(6)：5—7.

⑥ 顾小清.面向信息化的教师专业发展研究——一个行动研究的框架[D].上海：华东师范大学，2004：62.

⑦ 余胜泉.教育信息化生态观与新技术教育应用的科学发展[J].基础教育参考，2006(9)：5—8.

了教师学习的“活动系统”模型①，如图 2-1 所示。其中，教师被看作是在有目的的任务中，运用协调工具（包括技术）来完成目标和任务，包括经验、思考或知识建构；教师和工具不是孤立存在的，而是在特定情境中教师参与到带有目的性的活动中，会受到协调工具、劳动规则、机构组织的影响，以及活动所发生的社会群组的控制。换言之，教师个体并非只是单独学习，还要与所处情境进行交互，包括与他人、预期、组织、工具等进行交互。由该模型可知，技术工具是在发挥中介作用的情境中支持教师学习的工具，扮演“协调工具”的角色。

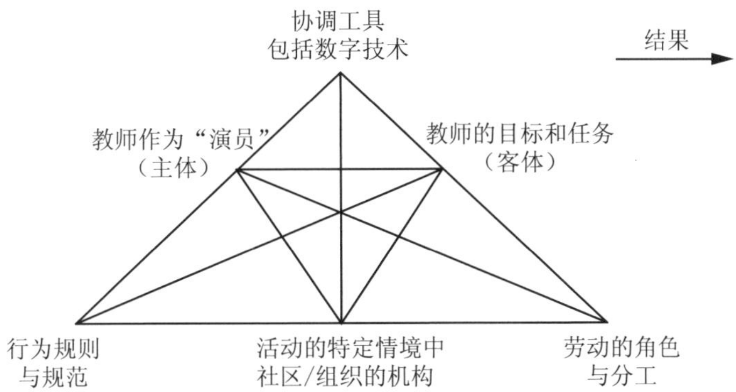

图 2-1　技术支持的教师学习活动系统

2. 技术支持的教师学习的效能维度

已有文献对技术支持教师学习所发挥的功效进行了探讨，也有学者提出了技术支持的教师学习模型②。舒尔曼等认为教师学习的特点包括有准备（愿景）、有意愿（动机）、有能力（理解和实践）、反思与社群等要素，并基于个体、社群和政策三个层面提出了分析模型。哈蒙德和布兰斯福德提出了一个包括学习愿景、理解、倾向、实践、工具和学习社群等要素的教师学习框架。郭绍青等认为，信息时代下教师学习的影响要素主要包括学习需求和动机、学习实践共同体、学习环境与资源、专业理解、专业实践，其中专业实践是核心要素。通过文献调研和归纳发现，技术支持教师学习所发挥的功效主要表现在以下几方面：1.支持教师对教育愿景的发展、激发教师学习的动机、支持教师对专业知识和实践的理解、支持教师的反思；2.支持教师学习内容和资源的获取；3.促进思维和知识的

①②　Tony Fisher，Chris Higgins，焦建利，等.数字技术支持的教师学习：研究与项目综述（上）[J].远程教育杂志，2008(04)：4—11.

建构;4.作为学习讨论、学习反馈、答疑或求助工具;5.用于学习管理、资源管理和虚拟学习环境的创建。

舒尔曼等所提出的教师学习模型从不同层面描述了技术支持的教师学习,能够用于“设计、诊断或解释教师学习的成就”,与本研究目标十分吻合。因此,本研究借鉴该模型,以愿景、动机、能力、反思、社群作为调查问卷的核心框架,用于调查技术支持的教师学习。另外,政策保障也是教师学习重要的外部条件,为了设计和诊断教师学习的成就,框架也将政策保障和影响因素纳为外部要素,框架如图 2-2 所示。

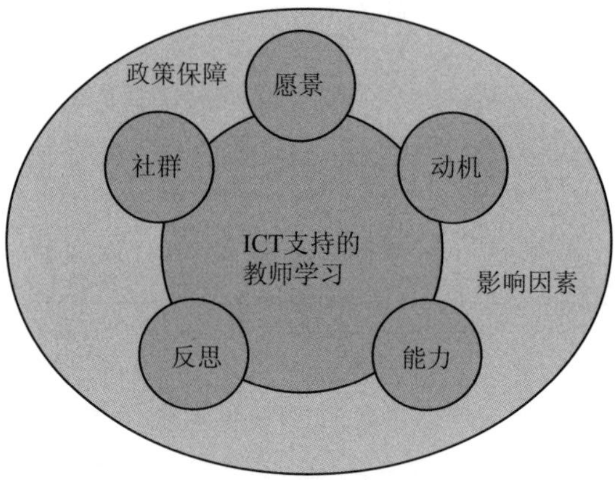

图 2-2 技术支持的教师学习现状调研问卷的基本框架

其中,在教师学习情境下,愿景是指教师对准备建构学习社群的课堂或学校的追求,包括社会中教育目的的观点、学习与教学的观点,以及教师对自身专业身份及贡献广阔前景的表达;动机是指教师愿意受技术支持的激发,积极地拓展能力和持久力以满足和维持愿景所追求的教学,是维持教师学习持续性的主要原因;能力包括教师的专业知识建构、理解和实践等方面,技术可以作为知识的表征工具、质疑和理解概念的协助工具,以及实践的变革工具,支持教师对自身专业的价值进行判断、对职业实践对象进行理解,从而将知识、技能和态度整合于教学实践中;批判性和分析性的反思是教师学习和实践的核心,技术能够有助于教师在教学实践和技术应用中进行自我掌握、观察和评论,也可以在社群中对材料或其他教师专家的经验进行分析和反思,并将不同情境下的反思进行关联,从而提升专业发展;社群是指教师学习的组织实体,也被称为教师专业共同体,技术能够支持教师在社群(共同体)中通过合作分工、探究、经验分享等方式与其他成员开展协作知识建构。技术支持的教师学习效能维度及其基本内涵如表 2-1 所示。

表 2-1　技术支持的教师学习的效能维度及其基本内涵

效能维度	基　本　内　涵
愿　景	关于技术与教学的观点;关于技术与学习和发展的观点
动　机	对于技术与教师学习的态度;对于技术激发教师学习的意愿
能　力	技术支持教师的知识建构和理解;技术支持教师学习的方式和途径;技术支持教师学习的实践
反　思	技术支持教师对自我实践和经验的反思;技术支持教师对他人实践和经验的反思;技术支持教师群体的实践反思
社　群	技术支持教师学习共同体的发展;技术支持教师的同侪合作学习

第二节　调查问卷的设计与调查过程

(一) 题项编制和初步验证

根据前期大量国内外文献调研,发现目前尚没有现成的技术支持的教师学习方面的问卷可供借鉴,所以编制一份合适的调查问卷是开展本研究的前提和基础。在文献研究的过程中已经对技术支持的教师学习的效能维度及其基本内涵进行了梳理,据此明确了问卷的基本框架,主要从技术支持的教师学习在愿景、动机、能力、反思、社群等方面设计调查问卷,针对每一个维度编制合适的题项,初步形成问卷。然后通过预调研进行初步验证,以改进和优化问卷。

1. 问卷的题项编制

题项主要通过文献研究和访谈获得,通过专家评议进行题项的筛选。通过文献研究,每一个维度获取了若干个题项(见表 2-2)。

表 2-2　文献研究获得的题项数

维　度	题项数	维　度	题项数
愿　景	4 题	社　群	3 题
动　机	3 题	政策保障	3 题
能　力	12 题	影响因素	4 题
反　思	4 题		

考虑到文献研究所获的题项可能无法完全反映出实际情况，根据研究内容设计了访谈提纲，通过质的方法收集和充实题项。通过访谈，一方面获得了一些新的题目，另一方面收集了丰富的选项，其中政策保障维度和影响因素维度中的选项大多数皆来源于访谈。

通过文献研究和访谈，形成了问卷的题目，而问卷的形成还需要对题目进行筛选。对此主要采用专家评议法筛选题目，形成初步的问卷。邀请了 5 位专家（教师教育专家 2 位、教育信息 ICT 专家 2 位、教育统计学专家 1 位）对题项做出评议。经过专家评议，删除部分意义不准确、模糊、重复和无必要的题项，形成了包含 43 道题目的问卷。

2. 问卷的初步验证

为了验证问卷的信度和效度，对初步形成的 ICT 支持的教师学习问卷进行了预调研。预调研抽取了 55 位教师作为样本，共回收有效问卷 50 份，回收率 99%。问卷的初步验证结果如下。

（1）信度

对于问卷的信度分析，一般采用内部一致性 Alpha 系数法，系数越高，则代表其测验的内容越趋于一致。信度系数应该在 0～1 之间，如果问卷的信度系数在 0.9 以上，表示问卷的信度很好；如果问卷的信度系数在 0.8～0.9 之间，表示问卷的信度可以接受；如果问卷的信度系数在 0.7～0.8 之间，表示问卷有些项目需要修订；如果问卷的信度系数在 0.7 以下，表示问卷有些项目需要抛弃。如果对整个量表的所有项目进行内部一致性分析，信度系数在 0.9 以上，说明量表的信度非常好，整体上不需要修改，每个项目都可以保留。经检验，本量表的 Alpha 系数在 0.7～0.8 之间（见表 2-3），表示问卷有些题目需要修订。

表 2-3　ICT 支持的教师学习调查问卷总体样本的内部一致性

量　表	有效样本数	题目数	Alpha 系数
ICT 支持的教师学习	50	36	.709

（2）效度

效度是指一个测量实际测到所要测量的理论结构和特征程度，在效度分析方面主要采用结构效度的检验方法。结构效度的测量可以通过因素分析的方法获得，其原理是：通过对一组测验进行因素分析，找出影响测验的共同因素。每个因素在共同因素上的负荷量（即测验与各因素的相关），就是测验的因素效度，测验分数总变异中来自有关因素的比例就是该测验结构效度的指标。ICT 支持的教师学习的调查问卷所设计的题项涉及七个方面，因素分析结果表明，问卷中的 36 道题目涉及九个因素，说明本问卷的结构不够合理，需要调整和修订题项。

（二）问卷的再次验证

为了验证问卷的信效度，需要对问卷展开预调研。预调研的问卷通过区域负责培训的教师进行发放和回收，调研周期为一周。其中发放问卷 145 份，回收有效问卷 142 份，问卷有效率 97.9%。预调研问卷中的量表数据用于项目分析、探索性因素分析和信度分析。

1. 项目分析

为了验证问卷的信效度，对预试问卷展开了预调研并对预调研中的量表数据进行了项目分析和探索性因素分析。其中，项目分析采用临界比值法和同质性检验法，旨在检测问卷题项的适切性。分析结果显示，所有题项的 T 检验均达到显著水平，并且没有题项的共同性和因素载荷值低于标准要求，说明所有题项均具有较好的适切性和鉴别度和适切性。

2. 探索性因素分析

探索性因素分析旨在验证问卷的建构效度，即问卷能够测量出理论的特质或概念的程度。首先对数据进行了 KMO 和 Bartlett 球形检验，分析结果显示 KMO 值为 0.951，Bartlett 球形检验的 Sig 值为 0.000。当 KMO 值高于 0.9 时说明非常适合做因素分析，因此该数据样本非常适合进行因素分析。然后采用主成分分析法进行因素分析，以正交法进行因素转轴，对因素载荷值低于 0.45、且在两个因素上载荷值超过 0.45 的题项进行删除，同时保证每个因素题项不少于 2 道。基于此原则，经过多次探索，最终删除 3 个题项，得到 3 个因子，可解释方差的累积贡献率为 67.187%，旋转后成分矩阵如表 2-4 所示。根据分析结果，结合前期的维度设计，将因子 1、2、3 分别命名为愿景和动机、能力、反思和社群，并形成包含 37 题的调查问卷。

表 2-4　旋转后的成分矩阵

	成　　分		
	1	2	3
23	0.769		
16	0.753		
22	0.75		
35	0.745		
37	0.693		
32	0.678		
28		0.779	
30		0.71	
27		0.702	
29		0.693	
12			0.865
19			0.697
11			0.478
提取方法:主成分分析法。 旋转方法:凯撒正态化最大方差法。 旋转在 5 次迭代后已收敛。			

3. 信度分析

克隆巴赫 Alpha 值是检验问卷内在一致性信度的重要指标,组合信度也常作为模型内在质量的判断标准。在形成正式问卷前,为了检验问卷的信效度,基于预调研数据对删除后的题项进行信度分析。当克隆巴赫 Alpha 值大于 0.9 时,说明问卷信度最佳,处于 0.8 左右说明非常好。潜在变量的组合信度在 0.6 以上,说明该潜在变量的题项内在质量良好。分析结果显示(如表 2-5 所示),删除题项后的问卷总体的克隆巴赫 Alpha 值为 0.924,分量表的克隆巴赫 Alpha 值达到了 0.73 以上,说明该问卷题项内部一致性较好,内在质量佳。

表 2-5　调研问卷内部一致性检验

因　素	题项数	克隆巴赫 Alpha 值
愿景与动机	6	0.897
能　力	3	0.73
反思与社群	4	0.871
共　计	13	0.924

（三）正式问卷形成及调查实施

在以上分析基础上，形成正式的“ICT 支持的教师学习现状调查问卷”，包含题项 37 道，其中预试和正试的问卷结构如表 2-6 所示。

表 2-6　ICT 支持的教师学习现状调查问卷题项分布

<table>
<tr><td rowspan="2">初始维度</td><td colspan="2">预试题项数</td><td rowspan="2">正试维度</td><td colspan="2">正试题项数</td></tr>
<tr><td>调查问卷</td><td>量　表</td><td>调查问卷</td><td>量　表</td></tr>
<tr><td>基本信息</td><td>7</td><td>0</td><td>基本信息</td><td>7</td><td>0</td></tr>
<tr><td>愿　景</td><td>2</td><td>3</td><td rowspan="2">愿景与动机</td><td>2</td><td rowspan="2">6</td></tr>
<tr><td>动　机</td><td>3</td><td>2</td><td>3</td></tr>
<tr><td>能　力</td><td>8</td><td>5</td><td>能　力</td><td>8</td><td>3</td></tr>
<tr><td>反　思</td><td>0</td><td>4</td><td rowspan="2">反思与社群</td><td>0</td><td rowspan="2">4</td></tr>
<tr><td>社　群</td><td>1</td><td>2</td><td>1</td></tr>
<tr><td>政策保障</td><td>2</td><td>0</td><td rowspan="2">政策保障与影响因素</td><td>2</td><td rowspan="2">0</td></tr>
<tr><td>影响因素</td><td>1</td><td>0</td><td>1</td></tr>
<tr><td rowspan="2">共　计</td><td>24</td><td>16</td><td rowspan="2">共　计</td><td>24</td><td>13</td></tr>
<tr><td colspan="2">40</td><td colspan="2">37</td></tr>
</table>

为了了解 ICT 支持的教师学习现状，本研究基于正式问卷开展了正试调研，采用整群抽样的方式，并充分考虑了地域分布问题，参与调研的教师均来自上海市区、城乡接合部和郊区学校。问卷通过区域负责培训的教师进行发放和回收，调研周期均为 2 周。其中发放问卷 6 000 份，回收有效问卷 5 919 份，问卷有效率 98.65%。为了避免预试问卷的干扰效应，参与预试和正试的被试教师不重合。正试教师的基本情况如表 2-7 所示。调查数据的描述性统计结果将在下一节进行详细阐述。

表 2-7　正试教师基本情况统计表

基本信息	维　度	人　数	比　例
性　别	男	1 331	22.49%
	女	4 588	77.51%
教　龄	1—6 年	1 323	22.35%
	7—25 年	3 117	52.66%
	25 年以上	1 479	24.99%

（续表）

基本信息	维　度	人　数	比　例
学　历	专科及以下	343	5.79%
	本　科	4 989	84.29%
	硕士及以上	587	9.92%
学校所在地域	市　区	1 575	26.61%
	郊　区	3 405	57.53%
	城乡接合部	939	15.86%
学校类型	小　学	1 781	30.09%
	初中	1 368	23.11%
	九年一贯制	1 481	25.02%
	高　中	1 289	21.78%
职　称	未评级	519	8.77%
	小学二级至高级	2 095	35.39%
	中学二级至高级	3 289	55.57%
	特级教师及以上	15	0.25%
所教学科	语　文	1 466	24.77%
	数　学	1 147	19.38%
	外　语	1 007	17.01%
	综合文科(政、史、地)	468	7.91%
	综合理科(理、化、生)	622	10.51%
	其　他	1 209	20.43%

第三节　调查结果分析

（一）关于技术支持的教师学习愿景

1. 教师对技术与教学关系的认识

半数以上教师认为技术可以对部分教学活动进行改良，且不同学历、学校类型的教师对于技术与教学的关系的认识存在差异。如图 2-3 所示，对于技术与教学的关系的认识，65.57％的教师认为技术可以对部分教学活动进行改良；31.05％的教师认为技术可以变革教学；只有少数(3.38％)教师认为技术不能从根本上改变教学。

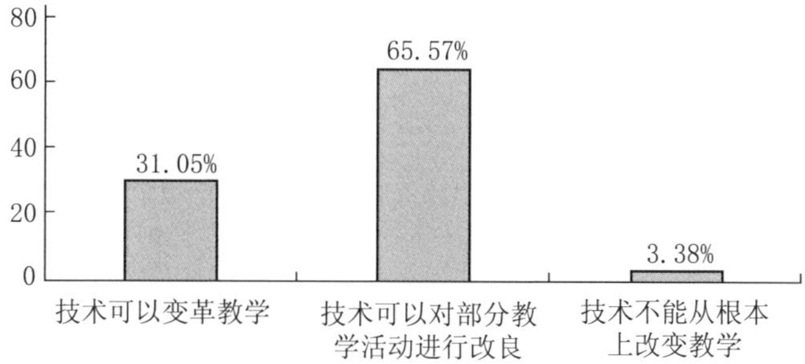

图 2-3　技术与教学关系的认识

通过单因素方差分析，发现不同学历、学校类型的教师对于技术与教学的关系的认识存在显著差异。

在学历上，根据单因素方差分析的结果(见表 2-8)，表明不同学历教师对技术与教学关系的认识存在显著差异(P＜0.05)。通过多重比较分析(见表 2-9)，发现专科及以下与本科、硕士及以上学历教师对技术与教学关系的认识有显著差异，本科与硕士及以上学历教师间也有显著差异，且学历越低的教师更加认可技术对于教学的变革和改良意义。

表 2-8　不同学历教师对技术与教学关系认识的单因素方差分析表

	平方和	df	均方	F	显著性
组间	5.085	2	2.542	9.521	.000
组内	1 579.622	5 916	.267		
总数	1 584.707	5 918			

表 2-9　不同学历教师对技术与教学关系认识的多重比较分析表

学　历		均值差	标准误	显著性
专科及以下	本　科	−.090*	.029	.008
	硕士及以上	−.153*	.035	.000
本　科	专科及以下	.090*	.029	.008
	硕士及以上	−.063*	.023	.020
硕士及以上	专科及以下	.153*	.035	.000
	本　科	.063*	.023	.020

在学校类型上，根据单因素方差分析的结果(见表 2-10)，表明不同学校类型教师对技术与教学关系的认识存在显著差异(P<0.05)。通过多重比较分析(见表 2-11)，发现小学与初中、九年一贯制、高中教师对技术与教学关系的认识有显著差异，初中与九年一贯制、九年一贯制与高中教师间也有显著差异，而初中与高中教师间没有显著差异。相对而言，高中、初中、九年一贯制、小学教师对于技术对教学的变革和改良意义的认可逐渐降低。

表 2-10　不同学校类型教师对技术与教学关系认识的单因素方差分析表

	平方和	df	均方	F	显著性
组间	22.842	3	7.614	28.835	.000
组内	1 561.865	5 915	.264		
总数	1 584.707	5 918			

表 2-11　不同学校类型教师对技术与教学关系认识的多重比较分析表

学校类型		均值差	标准误	显著性
小　学	初　中	−.119*	.018	.000
	九年一贯制	−.053*	.018	.033
	高　中	−.161*	.019	.000
初　中	小　学	.119*	.018	.000
	九年一贯制	.065*	.019	.010
	高　中	−.042	.020	.213
九年一贯制	小　学	.053*	.018	.033
	初　中	−.065*	.019	.010
	高　中	−.108*	.020	.000
高　中	小　学	.161*	.019	.000
	初　中	.042	.020	.213
	九年一贯制	.108*	.020	.000

2. 教师对技术促进学生学习的认识

多数教师认为技术可以促进学生的学习，且不同教龄、学历、区域、学校类型的教师对于技术可以促进学生的学习的认可存在显著差异。如图 2-4 所示，对于技术可以促进学生学习的认识，49.06%的教师认为技术对于促进学生学习是比较有帮助的；28.21%的教师认为技术对于促进学生学习是非常有帮助的；21.2%的教师认为技术对于学生学习的促进要看情况而定；还有极少数(1.52%)的教师认为技术对于促进学生学习是不太有帮助或没帮助的。

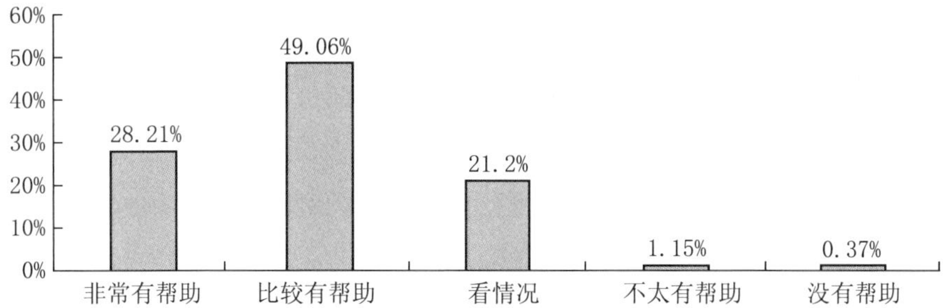

图 2-4　技术促进学生学习的认识

通过单因素方差分析，发现不同教龄、学历、区域、学校类型的教师对于技术与教学的关系的认识存在显著差异。

在教龄上，根据单因素方差分析的结果（见表 2-12），表明不同教龄教师对技术可以促进学生学习的认识存在显著差异（$P<0.05$）。通过多重比较分析（见表 2-13），发现 1—3 年与 7—25 年、26—33 年教龄教师对技术促进学生学习的认识有显著差异。

表 2-12　不同教龄教师对技术促进学生学习的认识的单因素方差分析表

	平方和	df	均方	F	显著性
组间	9.692	4	2.423	4.242	.002
组内	3 377.643	5 914	.571		
总数	3 387.335	5 918			

表 2-13　不同教龄教师对技术促进学生学习的认识的多重比较分析表

教龄		均值差	标准误	显著性
1—3 年	4—6 年	−.040	.042	.926
	7—25 年	−.096*	.031	.045
	26—33 年	−.121*	.035	.019
	34 年以上	−.017	.052	.999
4—6 年	1—3 年	.040	.042	.926
	7—25 年	−.056	.034	.618
	26—33 年	−.082	.039	.345
	34 年以上	.022	.054	.997
7—25 年	1—3 年	.096*	.031	.045
	4—6 年	.056	.034	.618
	26—33 年	−.025	.026	.913
	34 年以上	.078	.046	.573

（续表）

教龄		均值差	标准误	显著性
26—33年	1—3年	.121*	.035	.019
	4—6年	.082	.039	.345
	7—25年	.025	.026	.913
	34年以上	.104	.049	.346
34年以上	1—3年	.017	.052	.999
	4—6年	−.022	.054	.997
	7—25年	−.078	.046	.573
	26—33年	−.104	.049	.346

在学历上，根据单因素方差分析的结果（见表2-14），表明不同学历教师对技术可以促进学生学习的认识存在显著差异（P<0.05）。通过多重比较分析（见表2-15），发现专科及以下与硕士及以上学历教师对技术促进学生学习的认识有显著差异，且学历越低的教师更加认可技术可以促进学生学习。

表2-14　不同学历教师对技术促进学生学习的认识的单因素方差分析表

	平方和	df	均方	F	显著性
组间	4.498	2	2.249	3.934	4.498
组内	3 382.837	5 916	.572		3 382.837
总数	3 387.335	5 918			3 387.335

表2-15　不同学历教师对技术促进学生学习的认识的多重比较分析表

学历		均值差	标准误	显著性
专科及以下	本科	−.089	.042	.108
	硕士及以上	−.144*	.051	.020
本科	专科及以下	.089	.042	.108
	硕士及以上	−.055	.033	.249
硕士及以上	专科及以下	.144*	.051	.020
	本科	.055	.033	.249

在区域上，根据单因素方差分析的结果（见表2-16），表明不同区域教师对技术可以促进学生学习的认识存在显著差异（P<0.05）。通过多重比较分析（见表2-17），发现市区与郊区、城乡接合部教师对技术促进学生学习的认识有显著差异，且郊区的教师比市区的教师更加认可技术可以促进学生学习。

表 2-16 不同区域教师对技术促进学生学习的认识的单因素方差分析表

	平方和	df	均方	F	显著性
组间	23.237	2	11.618	20.432	.000
组内	3 364.098	5 916	.569		
总数	3 387.335	5 918			

表 2-17 不同区域教师对技术促进学生学习的认识的多重比较分析表

学校地域		均值差	标准误	显著性
市区	郊区	.147*	.023	.000
	城乡接合部	.088*	.031	.019
郊区	市区	−.147*	.023	.000
	城乡接合部	−.059	.028	.107
城乡接合部	市区	−.088*	.031	.019
	郊区	.059	.028	.107

在学校类型上，根据单因素方差分析的结果（见表 2-18），表明不同学校类型教师对技术可以促进学生学习的认识存在显著差异（$P<0.05$）。通过多重比较分析（见表 2-19），发现小学、初中、九年一贯制、高中四种学校类型教师间对技术促进学生学习的认识都有显著差异，且学段越低的教师更加认可技术可以促进学生学习。

表 2-18 不同学校类型教师对技术促进学生学习的认识的单因素方差分析表

	平方和	df	均方	F	显著性
组间	118.342	3	39.447	71.377	.000
组内	3 268.993	5 915	.553		
总数	3 387.335	5 918			

表 2-19 不同学校类型教师对技术促进学生学习的认识的多重比较分析表

学校类型		均值差	标准误	显著性
小学	初中	−.265*	.027	.000
	九年一贯制	−.152*	.026	.000
	高中	−.376*	.027	.000
初中	小学	.265*	.027	.000
	九年一贯制	.112*	.028	.001
	高中	−.112*	.029	.002

（续表）

学校类型		均值差	标准误	显著性
九年一贯制	小学	.152*	.026	.000
	初中	−.112*	.028	.001
	高中	−.224*	.028	.000
高中	小学	.376*	.027	.000
	初中	.112*	.029	.002
	九年一贯制	.224*	.028	.000

3. 教师对技术在教师学习过程中发挥的作用的认识

多数教师认为技术在教师学习过程中发挥资源收集与管理的作用，且不同教龄、学历的教师对于技术在教师学习过程中发挥的作用的认识存在显著差异。如图 2-5 所示，对于技术在教师学习过程中所发挥的作用，61.46％的教师认为技术发挥着资源收集与管理的作用；15.48％的教师认为技术发挥着材料呈现的作用；11.96％的教师认为技术发挥着答疑或求助工具的作用；6.84％的教师认为技术发挥着学习研讨的作用；还有 4.26％的教师认为技术发挥着学习任务管理的作用。

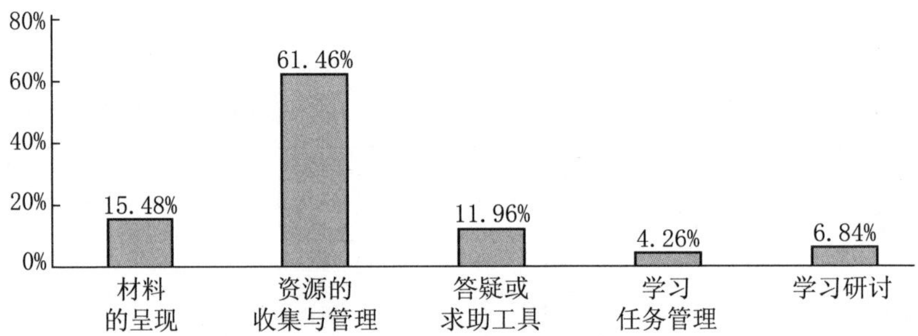

图 2-5　技术在教师学习过程中发挥的作用

通过单因素方差分析，发现不同教龄、学历的教师对于技术在教师学习过程中发挥的作用的认识存在显著差异。

在教龄上，根据单因素方差分析的结果（见表 2-20），表明不同教龄教师对技术在教师学习过程发挥的作用的认识存在显著差异（$P<0.05$）。通过多重比较分析（见表 2-21），发现 1—3 年与 7—25 年、26—33 年、34 年以上教龄，4—6 年与 7—25 年、26—33 年、34 年以上教龄，7—25 年与 26—33 年、34 年以上教龄教

师对技术在教师学习过程中发挥的作用的认识有显著差异。

表 2-20　不同教龄教师对技术在教师学习过程中发挥的作用的认识的单因素方差分析表

	平方和	df	均方	F	显著性
组间	80.816	4	20.204	20.564	.000
组内	5 810.456	5 914	.982		
总数	5 891.273	5 918			

表 2-21　不同教龄教师对技术在教师学习过程中发挥的作用的认识的多重比较分析表

教龄		均值差	标准误	显著性
1—3 年	4—6 年	−.031	.055	.988
	7—25 年	−.172*	.040	.001
	26—33 年	−.337*	.046	.000
	34 年以上	−.402*	.068	.000
4—6 年	1—3 年	.031	.055	.988
	7—25 年	−.141*	.045	.046
	26—33 年	−.305*	.051	.000
	34 年以上	−.371*	.071	.000
7—25 年	1—3 年	.172*	.040	.001
	4—6 年	.141*	.045	.046
	26—33 年	−.164*	.034	.000
	34 年以上	−.230*	.060	.006
26—33 年	1—3 年	.337*	.046	.000
	4—6 年	.305*	.051	.000
	7—25 年	.164*	.034	.000
	34 年以上	−.066	.064	.904
34 年以上	1—3 年	.402*	.068	.000
	4—6 年	.371*	.071	.000
	7—25 年	.230*	.060	.006
	26—33 年	.066	.064	.904

在学历上，根据单因素方差分析的结果（见表 2-22），表明不同学历教师对技术在教师学习过程发挥的作用的认识存在显著差异（$P<0.05$）。通过多重比较分析（见表 2-23），发现专科及以下与本科、硕士及以上学历教师对技术在教师学习过程中发挥的作用的认识有显著差异。

表 2-22　不同学历教师对技术在教师学习过程中发挥的作用的认识的单因素方差分析表

	平方和	df	均方	F	显著性
组间	20.918	2	10.459	10.540	.000
组内	5 870.354	5 916	.992		
总数	5 891.273	5 918			

表 2-23　不同学历教师对技术在教师学习过程中发挥的作用的认识的多重比较分析表

学历		均值差	标准误	显著性
专科及以下	本　科	.218*	.056	.000
	硕士及以上	.308*	.068	.000
本　科	专科及以下	−.218*	.056	.000
	硕士及以上	.090	.043	.119
硕士及以上	专科及以下	−.308*	.068	.000
	本　科	−.090	.043	.119

4. 教师对技术支持的学习对于教师个人发展的帮助的认识

多数教师认为技术对于教师个人发展的帮助较大，且不同教龄、区域、学校类型、职称的教师对于技术帮助教师个人发展的认识存在显著差异。如图 2-6 所示，关于技术对教师个人发展的帮助，54.96％的教师认为帮助较大；21.42％的教师认为帮助很大；21.86％的教师认为帮助一般；极少数（1.76％）教师认为帮助较小或没有帮助。

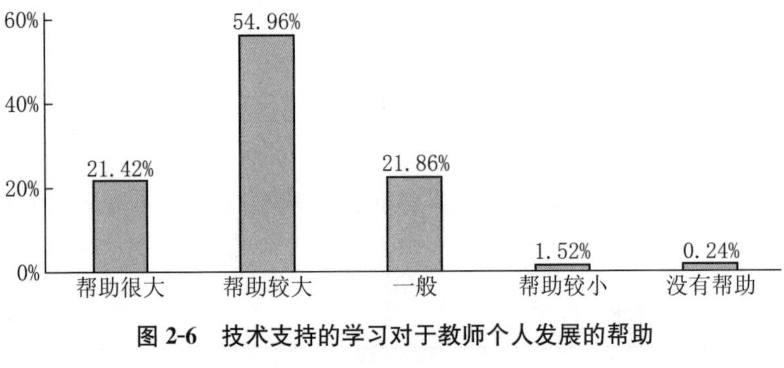

图 2-6　技术支持的学习对于教师个人发展的帮助

通过单因素方差分析，发现不同教龄、区域、学校类型、职称的教师对于技术在教师学习过程中发挥的作用的认识存在显著差异。

在教龄上，根据单因素方差分析的结果（见表 2-24），表明不同教龄教师对技术帮助教师个人发展的认识存在显著差异（P＜0.05）。通过多重比较分析（见

表 2-25)，发现 1—3 年与 7—25 年、26—33 年，4—6 年与 26—33 年教龄教师对技术帮助教师个人发展的认识有显著差异。相比较而言，教龄越短的教师认为技术对于个人发展的帮助越大。

表 2-24　不同教龄教师对技术帮助教师个人发展的认识的单因素方差分析表

	平方和	df	均方	F	显著性
组间	19.871	4	4.968	9.734	.000
组内	3 017.736	5 913	.510		
总数	3 037.607	5 917			

表 2-25　不同教龄教师对技术帮助教师个人发展的认识的多重比较分析表

教	龄	均值差	标准误	显著性
1—3 年	4—6 年	−.040	.040	.905
	7—25 年	−.118*	.029	.002
	26—33 年	−.188*	.033	.000
	34 年以上	−.062	.049	.813
4—6 年	1—3 年	.040	.040	.905
	7—25 年	−.078	.033	.218
	26—33 年	−.147*	.036	.003
	34 年以上	−.021	.051	.996
7—25 年	1—3 年	.118*	.029	.002
	4—6 年	.078	.033	.218
	26—33 年	−.069	.024	.091
	34 年以上	.057	.043	.787
26—33 年	1—3 年	.188*	.033	.000
	4—6 年	.147*	.036	.003
	7—25 年	.069	.024	.091
	34 年以上	.126	.046	.118
34 年以上	1—3 年	.062	.049	.813
	4—6 年	.021	.051	.996
	7—25 年	−.057	.043	.787
	26—33 年	−.126	.046	.118

在区域上，根据单因素方差分析的结果(见表 2-26)，表明不同区域教师对技术帮助教师个人发展的认识存在显著差异($P<0.05$)。通过多重比较分析(见表 2-27)，发现市区与郊区、郊区与城乡接合部的教师对技术帮助教师个人发展的认识有显著差异。相比较而言，郊区教师认为技术对于个人发展的帮助更大。

表 2-26　不同区域教师对技术帮助教师个人发展的认识的单因素方差分析表

	平方和	df	均方	F	显著性
组间	13.805	2	6.902	13.502	.000
组内	3 023.803	5 915	.511		
总数	3 037.607	5 917			

表 2-27　不同区域教师对技术帮助教师个人发展的认识的多重比较分析表

学校地域		均值差	标准误	显著性
市　区	郊　区	.107*	.022	.000
	城乡接合部	.029	.029	.612
郊　区	市　区	−.107*	.022	.000
	城乡接合部	−.078*	.026	.013
城乡接合部	市　区	−.029	.029	.612
	郊　区	.078*	.026	.013

在学校类型上，根据单因素方差分析的结果(见表 2-28)，表明不同学校类型教师对技术帮助教师个人发展的认识存在显著差异($P<0.05$)。通过多重比较分析(见表 2-29)，发现小学、初中、九年一贯制、高中教师间对技术帮助教师个人发展的认识都有显著差异。且学段越低的教师认为技术对于个人发展的帮助更大。

表 2-28　不同学校类型教师对技术帮助教师个人发展的认识的单因素方差分析表

	平方和	df	均方	F	显著性
组间	88.140	3	29.380	58.910	.000
组内	2 949.467	5 914	.499		
总数	3 037.607	5 917			

表 2-29　不同学校类型教师对技术帮助教师个人发展的认识的多重比较分析表

学校类型		均值差	标准误	显著性
小　学	初　中	−.229*	.025	.000
	九年一贯制	−.130*	.025	.000
	高　中	−.324*	.026	.000
初　中	小　学	.229*	.025	.000
	九年一贯制	.099*	.026	.003
	高　中	−.096*	.027	.007

（续表）

学校类型		均值差	标准误	显著性
九年一贯制	小学	.130*	.025	.000
	初中	−.099*	.026	.003
	高中	−.195*	.027	.000
高中	小学	.324*	.026	.000
	初中	.096*	.027	.007
	九年一贯制	.195*	.027	.000

在职称上，根据单因素方差分析的结果（见表 2-30），表明不同职称教师对技术帮助教师个人发展的认识存在显著差异（P＜0.05）。通过多重比较分析（见表 2-31），发现未评级、小学一级、小学二级与中学二级、中学一级、中学高级，小学高级与中学一级、中学高级教师间对技术帮助教师个人发展的认识有显著差异。

表 2-30　不同职称教师对技术帮助教师个人发展的认识的单因素方差分析表

	平方和	df	均方	F	显著性
组间	82.069	7	11.724	23.444	.000
组内	2 955.538	5 910	.500		
总数	3 037.607	5 917			

表 2-31　不同职称教师对技术帮助教师个人发展的认识的多重比较分析表

职称		均值差	标准误	显著性
未评级	小学二级教师	.102	.046	.680
	小学一级教师	.066	.042	.926
	小学高级教师	−.030	.038	.999
	中学二级教师	−.156*	.041	.040
	中学一级教师	−.208*	.035	.000
	中学高级教师	−.231*	.040	.000
	特级教师	−.128	.185	1.000
小学二级教师	未评级	−.102	.046	.680
	小学一级教师	−.035	.044	.999
	小学高级教师	−.132	.041	.161
	中学二级教师	−.257*	.043	.000
	中学一级教师	−.310*	.038	.000
	中学高级教师	−.332*	.042	.000
	特级教师	−.230	.186	.981

（续表）

职	称	均值差	标准误	显著性
小学一级教师	未评级	−.066	.042	.926
	小学二级教师	.035	.044	.999
	小学高级教师	−.097	.036	.391
	中学二级教师	−.222*	.038	.000
	中学一级教师	−.275*	.033	.000
	中学高级教师	−.297*	.037	.000
	特级教师	−.195	.185	.993
小学高级教师	未评级	.030	.038	.999
	小学二级教师	.132	.041	.161
	小学一级教师	.097	.036	.391
	中学二级教师	−.125	.034	.063
	中学一级教师	−.178*	.028	.000
	中学高级教师	−.200*	.033	.000
	特级教师	−.098	.184	1.000
中学二级教师	未评级	.156*	.041	.040
	小学二级教师	.257*	.043	.000
	小学一级教师	.222*	.038	.000
	小学高级教师	.125	.034	.063
	中学一级教师	−.053	.031	.898
	中学高级教师	−.075	.036	.733
	特级教师	.027	.184	1.000
中学一级教师	未评级	.208*	.035	.000
	小学二级教师	.310*	.038	.000
	小学一级教师	.275*	.033	.000
	小学高级教师	.178*	.028	.000
	中学二级教师	.053	.031	.898
	中学高级教师	−.022	.030	.999
	特级教师	.080	.183	1.000
中学高级教师	未评级	.231*	.040	.000
	小学二级教师	.332*	.042	.000
	小学一级教师	.297*	.037	.000
	小学高级教师	.200*	.033	.000
	中学二级教师	.075	.036	.733
	中学一级教师	.022	.030	.999
	特级教师	.103	.184	1.000
特级教师	未评级	.128	.185	1.000
	小学二级教师	.230	.186	.981
	小学一级教师	.195	.185	.993
	小学高级教师	.098	.184	1.000
	中学二级教师	−.027	.184	1.000
	中学一级教师	−.080	.183	1.000
	中学高级教师	−.103	.184	1.000

(二) 技术支持教师学习的动机

1. 教师对技术支持的教师学习的态度

大多数教师对技术支持下的学习持支持态度，且不同教龄、区域、学校类型、职称的教师对于技术支持下的学习的态度存在显著差异。如图 2-7 所示，对于技术支持教师学习的态度，49.64%的教师持比较支持的态度；34.82%的教师持非常支持的态度；14.77%的教师持一般支持的态度；只有极少数(0.77%)的教师持不太接受或比较排斥的态度。

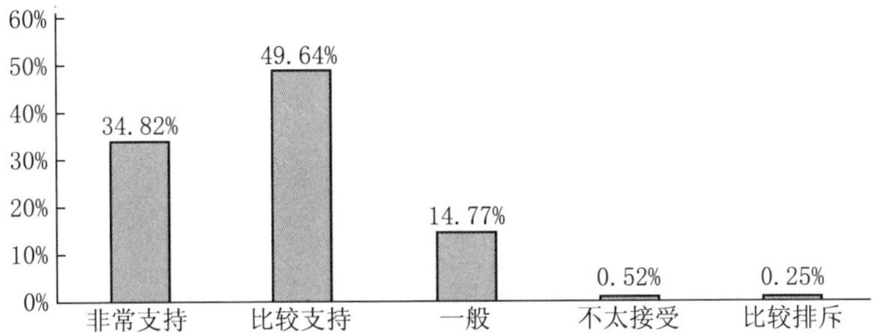

图 2-7　教师对技术支持的教师学习的态度

通过单因素方差分析，发现不同教龄、区域、学校类型、职称的教师对于技术支持的教师学习的态度存在显著差异。

在教龄上，根据单因素方差分析的结果(见表 2-32)，表明不同教龄教师对技术支持的教师学习的态度存在显著差异(P<0.05)。通过多重比较分析(见表 2-33)，发现 1—3 年与 7—25 年、26—33 年教龄教师对技术支持的教师学习的态度有显著差异。相比较而言，教龄越短的教师更加支持技术支持的教师学习。

表 2-32　不同教龄教师对技术支持的教师学习的态度的单因素方差分析表

	平方和	df	均方	F	显著性
组间	12.695	4	3.174	6.288	.000
组内	2 984.212	5 913	.505		
总数	2 996.906	5 917			

表 2-33　不同教龄教师对技术支持的教师学习的态度的多重比较分析表

教　龄		均值差	标准误	显著性
1—3 年	4—6 年	—.054	.039	.758
	7—25 年	—.117*	.029	.003
	26—33 年	—.142*	.033	.001
	34 年以上	—.040	.049	.956

（续表）

教	龄	均值差	标准误	显著性
4—6 年	1—3 年	.054	.039	.758
	7—25 年	−.063	.032	.442
	26—33 年	−.087	.036	.214
	34 年以上	.015	.051	.999
7—25 年	1—3 年	.117*	.029	.003
	4—6 年	.063	.032	.442
	26—33 年	−.025	.024	.904
	34 年以上	.077	.043	.526
26—33 年	1—3 年	.142*	.033	.001
	4—6 年	.087	.036	.214
	7—25 年	.025	.024	.904
	34 年以上	.102	.046	.300
34 年以上	1—3 年	.040	.049	.956
	4—6 年	−.015	.051	.999
	7—25 年	−.077	.043	.526
	26—33 年	−.102	.046	.300

在区域上，根据单因素方差分析的结果（见表 2-34），表明不同区域教师对技术支持的教师学习的态度存在显著差异（$P<0.05$）。通过多重比较分析（见表 2-35），发现市区与郊区教师对技术支持的教师学习的态度有显著差异。相比较而言，郊区教师比市区教师更加支持技术支持的教师学习。

表 2-34 不同区域教师对技术支持的教师学习的态度的单因素方差分析表

	平方和	df	均方	F	显著性
组间	12.828	2	6.414	12.714	.000
组内	2 984.078	5 915	.504		
总数	2 996.906	5 917			

表 2-35 不同区域教师对技术支持的教师学习的态度的多重比较分析表

学校地域		均值差	标准误	显著性
市 区	郊 区	.108*	.022	.000
	城乡接合部	.057	.029	.150
郊 区	市 区	−.108*	.022	.000
	城乡接合部	−.051	.026	.149
城乡接合部	市 区	−.057	.029	.150
	郊 区	.051	.026	.149

在学校类型上，根据单因素方差分析的结果(见表 2-36)，表明不同学校类型教师对技术支持的教师学习的态度存在显著差异(P<0.05)。通过多重比较分析(见表 2-37)，发现小学与初中、九年一贯制、高中，九年一贯制与小学、初中、高中教师对技术支持的教师学习的态度都有显著差异。

表 2-36 不同学校类型教师对技术支持的教师学习的态度的单因素方差分析表

	平方和	df	均方	F	显著性
组间	67.037	3	22.346	45.105	.000
组内	2 929.869	5 914	.495		
总数	2 996.906	5 917			

表 2-37 不同学校类型教师对技术支持的教师学习的态度的多重比较分析表

学校类型		均值差	标准误	显著性
小学	初中	-.212*	.025	.000
	九年一贯制	-.115*	.025	.000
	高中	-.277*	.026	.000
初中	小学	.212*	.025	.000
	九年一贯制	.096*	.026	.004
	高中	-.065	.027	.125
九年一贯制	小学	.115*	.025	.000
	初中	-.096*	.026	.004
	高中	-.162*	.027	.000
高中	小学	.277*	.026	.000
	初中	.065	.027	.125
	九年一贯制	.162*	.027	.000

在职称上，根据单因素方差分析的结果(见表 2-38)，表明不同职称教师对技术支持的教师学习的态度存在显著差异(P<0.05)。通过多重比较分析(见表 2-39)，发现未评级与中学一级、中学高级，小学二级、小学一级和小学高级与中学二级、中学一级、中学高级教师间对技术支持的教师学习的态度都有显著差异。

表 2-38 不同职称教师对技术支持的教师学习的态度的单因素方差分析

	平方和	df	均方	F	显著性
组间	4.498	2	2.249	3.934	.020
组内	3 382.837	5 916	.572		
总数	3 387.335	5 918			

表 2-39　不同职称教师对技术支持的教师学习的态度的多重比较分析表

职　称		均值差	标准误	显著性
未评级	小学二级教师	.106	.046	.626
	小学一级教师	.047	.042	.989
	小学高级教师	—.008	.038	1.000
	中学二级教师	—.147	.040	.067
	中学一级教师	—.195*	.035	.000
	中学高级教师	—.165*	.039	.014
	特级教师	—.070	.184	1.000
小学二级教师	未评级	—.106	.046	.626
	小学一级教师	—.059	.044	.971
	小学高级教师	—.114	.040	.342
	中学二级教师	—.253*	.043	.000
	中学一级教师	—.301*	.038	.000
	中学高级教师	—.271*	.042	.000
	特级教师	—.175	.185	.996
小学一级教师	未评级	—.047	.042	.989
	小学二级教师	.059	.044	.971
	小学高级教师	—.055	.035	.933
	中学二级教师	—.194*	.038	.001
	中学一级教师	—.242*	.033	.000
	中学高级教师	—.212*	.037	.000
	特级教师	—.117	.184	1.000
小学高级教师	未评级	.008	.038	1.000
	小学二级教师	.114	.040	.342
	小学一级教师	.055	.035	.933
	中学二级教师	—.139*	.034	.020
	中学一级教师	—.187*	.028	.000
	中学高级教师	—.157*	.033	.002
	特级教师	—.061	.183	1.000
中学二级教师	未评级	.147	.040	.067
	小学二级教师	.253*	.043	.000
	小学一级教师	.194*	.038	.001
	小学高级教师	.139*	.034	.020
	中学一级教师	—.048	.031	.932
	中学高级教师	—.018	.036	1.000
	特级教师	.077	.184	1.000
中学一级教师	未评级	.195*	.035	.000
	小学二级教师	.301*	.038	.000

（续表）

职	称	均值差	标准误	显著性
中学一级教师	小学一级教师	.242*	.033	.000
	小学高级教师	.187*	.028	.000
	中学二级教师	.048	.031	.932
	中学高级教师	.030	.030	.994
	特级教师	.126	.183	1.000
中学高级教师	未评级	.165*	.039	.014
	小学二级教师	.271*	.042	.000
	小学一级教师	.212*	.037	.000
	小学高级教师	.157*	.033	.002
	中学二级教师	.018	.036	1.000
	中学一级教师	−.030	.030	.994
	特级教师	.096	.183	1.000
特级教师	未评级	.070	.184	1.000
	小学二级教师	.175	.185	.996
	小学一级教师	.117	.184	1.000
	小学高级教师	.061	.183	1.000
	中学二级教师	−.077	.184	1.000
	中学一级教师	−.126	.183	1.000
	中学高级教师	−.096	.183	1.000

2. 教师工作上网的目的

多数教师工作上网的目的是查找教学资源，且不同教龄、学历的教师工作上网的目的存在显著差异。如图 2-8 所示，对于教师工作上网的目的，65.22％的教师是查找教学资源；10.43％的教师是获取教育资讯；8.79％的教师是参加在线教研活动；12.69％的教师是参加在线培训，极少数（2.87％）的教师或者是在线讨论教学，或者是为学生答疑解惑、联系家长及其他。

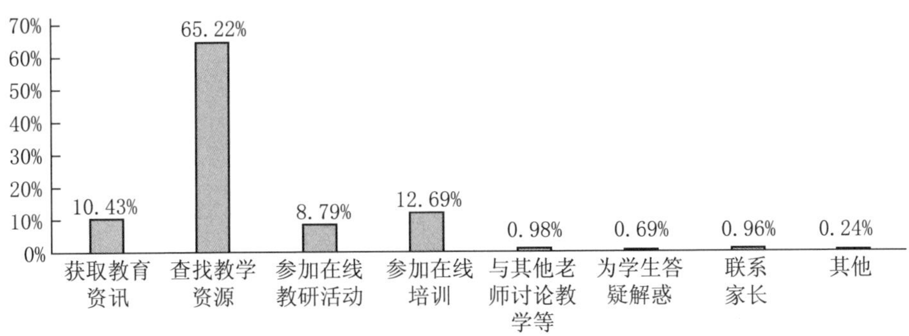

图 2-8　教师工作上网的目的

通过单因素方差分析，发现不同教龄、学历的教师的工作上网目的存在显著差异。

在教龄上，根据单因素方差分析的结果(见表 2-40)，表明不同教龄教师工作上网的目的存在显著差异(P<0.05)。通过多重比较分析(见表 2-41)，发现1—3年与 7—25 年、26—33 年教龄教师工作上网的目的有显著差异。

表 2-40　不同教龄教师工作上网的目的的单因素方差分析表

	平方和	df	均方	F	显著性
组间	23.263	4	5.816	5.314	.000
组内	6 471.012	5 913	1.094		
总数	6 494.275	5 917			

表 2-41　不同教龄教师工作上网的目的的多重比较分析表

教龄		均值差	标准误	显著性
1—3 年	4—6 年	−.089	.058	.676
	7—25 年	−.142*	.042	.024
	26—33 年	−.209*	.049	.001
	34 年以上	−.208	.072	.078
4—6 年	1—3 年	.089	.058	.676
	7—25 年	−.054	.048	.868
	26—33 年	−.121	.053	.276
	34 年以上	−.119	.075	.640
7—25 年	1—3 年	.142*	.042	.024
	4—6 年	.054	.048	.868
	26—33 年	−.067	.036	.473
	34 年以上	−.066	.064	.900
26—33 年	1—3 年	.209*	.049	.001
	4—6 年	.121	.053	.276
	7—25 年	.067	.036	.473
	34 年以上	.002	.068	1.000
34 年以上	1—3 年	.208	.072	.078
	4—6 年	.119	.075	.640
	7—25 年	.066	.064	.900
	26—33 年	−.002	.068	1.000

在学历上，根据单因素方差分析的结果(见表 2-42)，表明不同学历教师工作上网的目的存在显著差异(P<0.05)。通过多重比较分析(见表 2-43)，发现专科

及以下与本科、硕士及以上的教师工作上网的目的有显著差异。

表 2-42　不同学历教师工作上网的目的的单因素方差分析表

	平方和	df	均方	F	显著性
组间	13.092	2	6.546	5.974	.003
组内	6 481.183	5 915	1.096		
总数	6 494.275	5 917			

表 2-43　不同学历教师工作上网的目的的多重比较分析表

学历		均值差	标准误	显著性
专科及以下	本科	.174*	.058	.012
	硕士及以上	.243*	.071	.003
本科	专科及以下	−.174*	.058	.012
	硕士及以上	.069	.046	.324
硕士及以上	专科及以下	−.243*	.071	.003
	本科	−.069	.046	.324

3. 教师进行在线学习的原因主要是提升教学技能和提升教研能力

如表 2-44 所示，教师进行在线学习的最主要的两个原因是提升教学技能(70.4%)和提升教研能力(41.9%)。通过列联表的交叉分析，发现不同性别、教龄、学历、区域、学校类型、职称、学科的教师进行在线学习的最主要的两个原因都是提升教学技能和提升教研能力。

表 2-44　教师进行在线学习的主要原因

在线学习的原因	响应		个案百分比
	N	N	
政策规定	1 371	12.6%	23.2%
提升教学技能	4 167	38.3%	70.4%
提升教研能力	2 481	22.8%	41.9%
促进学生发展	1 018	9.3%	17.2%
职称评定	181	1.7%	3.1%
获取更多信息	1 132	10.4%	19.1%
提升信息素养	525	4.8%	8.9%
其他	16	.1%	.3%
总计	10 891	100.0%	184.0%

4. 教师使用技术手段或媒介进行学习的情况

多数教师经常使用技术手段或媒介来进行学习，且不同教龄、学校类型、职称的教师在使用技术手段或媒介来进行学习上存在显著差异。如图 2-9 所示，对于教师使用技术手段或媒介进行学习，48.1%的教师经常使用；18.96%的教师总是使用；30.01%的教师一般使用；少数(2.94%)的教师较少使用或不使用。

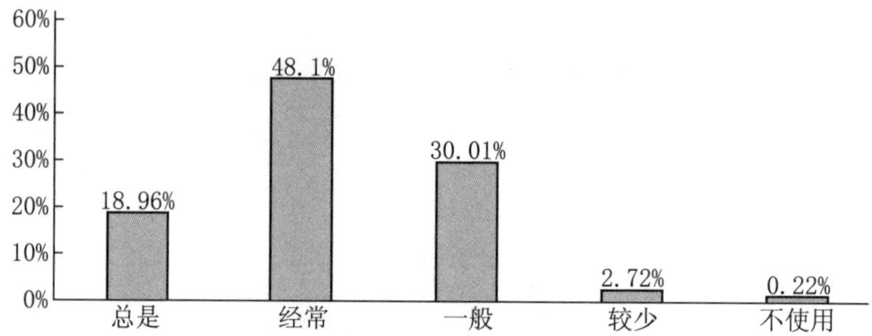

图 2-9 教师使用技术手段或媒介进行学习的情况

通过单因素方差分析，发现不同教龄、学校类型、职称的教师在使用技术手段或媒介来进行学习上存在显著差异。

在教龄上，根据单因素方差分析的结果(见表 2-45)，表明不同教龄教师使用技术手段或媒介进行学习的情况存在显著差异(P<0.05)。通过多重比较分析(见表 2-46)，发现 1—3 年、4—6 年与 7—25 年、26—33 年，7—25 年与 26—33 年教龄教师在使用技术手段或媒介来进行学习上都有显著差异。

表 2-45 不同教龄教师使用技术手段或媒介进行学习情况的单因素方差分析表

	平方和	df	均方	F	显著性
组间	33.655	4	8.414	14.421	.000
组内	3 449.918	5 913	.583		
总数	3 483.574	5 917			

表 2-46 不同教龄教师使用技术手段或媒介进行学习情况的多重比较分析表

教龄		均值差	标准误	显著性
1—3 年	4—6 年	.018	.042	.996
	7—25 年	−.123*	.031	.003
	26—33 年	−.220*	.036	.000
	34 年以上	−.153	.052	.076

（续表）

教龄		均值差	标准误	显著性
4—6 年	1—3 年	−.018	.042	.996
	7—25 年	−.142*	.035	.002
	26—33 年	−.238*	.039	.000
	34 年以上	−.171*	.055	.046
7—25 年	1—3 年	.123*	.031	.003
	4—6 年	.142*	.035	.002
	26—33 年	−.096*	.026	.009
	34 年以上	−.029	.046	.983
26—33 年	1—3 年	.220*	.036	.000
	4—6 年	.238*	.039	.000
	7—25 年	.096*	.026	.009
	34 年以上	.067	.050	.767
34 年以上	1—3 年	.153	.052	.076
	4—6 年	.171*	.055	.046
	7—25 年	.029	.046	.983
	26—33 年	−.067	.050	.767

在学校类型上，根据单因素方差分析的结果（见表 2-47），表明不同学校类型教师使用技术手段或媒介进行学习的情况存在显著差异（P＜0.05）。通过多重比较分析（见表 2-48），发现小学、初中、九年一贯制、高中教师间在使用技术手段或媒介来进行学习上都有显著差异。

表 2-47　不同学校类型教师使用技术手段或媒介进行学习情况的单因素方差分析表

	平方和	df	均方	F	显著性
组间	141.761	3	47.254	83.624	.000
组内	3 341.813	5 914	.565		
总数	3 483.574	5 917			

表 2-48　不同学校类型教师使用技术手段或媒介进行学习情况的多重比较分析表

学校类型		均值差	标准误	显著性
小　学	初　中	−.302*	.027	.000
	九年一贯制	−.216*	.026	.000
	高　中	−.410*	.027	.000
初　中	小　学	.302*	.027	.000
	九年一贯制	.085*	.028	.027
	高　中	−.109*	.029	.003

（续表）

学校类型		均值差	标准误	显著性
九年一贯制	小学	.216*	.026	.000
	初中	−.085*	.028	.027
	高中	−.194*	.029	.000
高中	小学	.410*	.027	.000
	初中	.109*	.029	.003
	九年一贯制	.194*	.029	.000

在职称上，根据单因素方差分析的结果（见表 2-49），表明不同职称教师使用技术手段或媒介进行学习的情况存在显著差异（P＜0.05）。通过多重比较分析（见表 2-50），发现未评级与中学一级、中学高级，小学二级、小学一级、小学高级与中学二级、中学一级、中学高级教师间在使用技术手段或媒介来进行学习上都有显著差异。

表 2-49　不同职称教师使用技术手段或媒介进行学习情况的单因素方差分析表

	平方和	df	均方	F	显著性
组间	132.215	7	18.888	33.308	.000
组内	3 351.359	5 910	.567		
总数	3 483.574	5 917			

表 2-50　不同职称教师使用技术手段或媒介进行学习情况的多重比较分析表

职称		均值差	标准误	显著性
未评级	小学二级教师	.163	.049	.139
	小学一级教师	.113	.044	.483
	小学高级教师	.027	.041	1.000
	中学二级教师	−.138	.043	.178
	中学一级教师	−.240*	.038	.000
	中学高级教师	−.244*	.042	.000
	特级教师	−.121	.197	1.000
小学二级教师	未评级	−.163	.049	.139
	小学一级教师	−.050	.047	.993
	小学高级教师	−.136	.043	.200
	中学二级教师	−.301*	.046	.000
	中学一级教师	−.403*	.041	.000
	中学高级教师	−.407*	.045	.000
	特级教师	−.284	.198	.956

（续表）

职	称	均值差	标准误	显著性
小学一级教师	未评级	−.113	.044	.483
	小学二级教师	.050	.047	.993
	小学高级教师	−.086	.038	.642
	中学二级教师	−.251*	.041	.000
	中学一级教师	−.353*	.035	.000
	中学高级教师	−.357*	.040	.000
	特级教师	−.234	.197	.985
小学高级教师	未评级	−.027	.041	1.000
	小学二级教师	.136	.043	.200
	小学一级教师	.086	.038	.642
	中学二级教师	−.165*	.036	.005
	中学一级教师	−.267*	.030	.000
	中学高级教师	−.271*	.035	.000
	特级教师	−.148	.196	.999
中学二级教师	未评级	.138	.043	.178
	小学二级教师	.301*	.046	.000
	小学一级教师	.251*	.041	.000
	小学高级教师	.165*	.036	.005
	中学一级教师	−.102	.033	.227
	中学高级教师	−.106	.038	.357
	特级教师	.017	.196	1.000
中学一级教师	未评级	.240*	.038	.000
	小学二级教师	.403*	.041	.000
	小学一级教师	.353*	.035	.000
	小学高级教师	.267*	.030	.000
	中学二级教师	.102	.033	.227
	中学高级教师	−.004	.032	1.000
	特级教师	.119	.195	1.000
中学高级教师	未评级	.244*	.042	.000
	小学二级教师	.407*	.045	.000
	小学一级教师	.357*	.040	.000
	小学高级教师	.271*	.035	.000
	中学二级教师	.106	.038	.357
	中学一级教师	.004	.032	1.000
	特级教师	.123	.196	1.000
特级教师	未评级	.121	.197	1.000
	小学二级教师	.284	.198	.956

（续表）

职	称	均值差	标准误	显著性
特级教师	小学一级教师	.234	.197	.985
	小学高级教师	.148	.196	.999
	中学二级教师	−.017	.196	1.000
	中学一级教师	−.119	.195	1.000
	中学高级教师	−.123	.196	1.000

5. 教师每周利用网络媒介学习的时间

大多数教师每周利用网络媒介学习的时间在 6 小时以内，且不同学历教师在每周利用网络媒介学习的时间上存在显著差异。如图 2-10 所示，对于教师每周利用网络媒介学习的时间，48.98%的教师是 2.1—6 小时；33.11%的教师是 0—2 小时；11.94%的教师是 6.1—8 小时；少数（5.97%）教师是 8.1—10 小时或 10 小时以上。

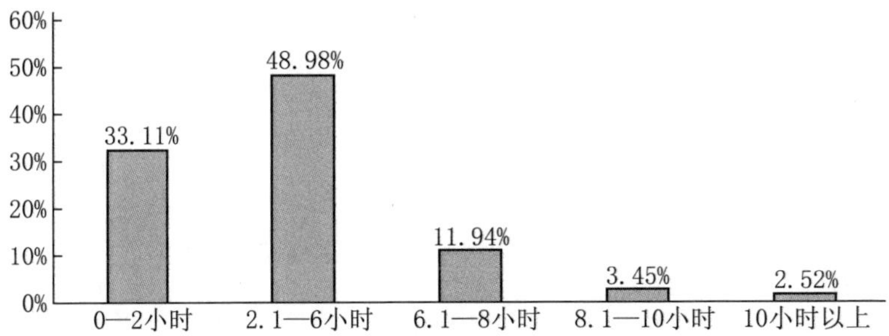

图 2-10 教师每周利用网络媒介学习的时间

通过单因素方差分析（见表 2-51），发现不同学历的教师每周利用各种网络媒介学习的时间存在显著差异（$P<0.05$）。通过多重比较分析（见表 2-52），发现硕士及以上与专科及以下、本科学历的教师在每周利用各种网络媒介学习的时间上有显著差异。

表 2-51 不同学历教师每周利用各种网络媒介学习的时间的单因素方差分析表

	平方和	df	均方	F	显著性
组间	19.916	2	9.958	12.340	.000
组内	4 773.048	5 915	.807		
总数	4 792.964	5 917			

表 2-52　不同学历教师每周利用各种网络媒介学习的时间的多重比较分析表

学　历		均值差	标准误	显著性
专科及以下	本　科	−.112	.050	.083
	硕士及以上	−.278*	.061	.000
本　科	专科及以下	.112	.050	.083
	硕士及以上	−.166*	.039	.000
硕士及以上	专科及以下	.278*	.061	.000
	本　科	.166*	.039	.000

（三）技术支持教师学习的能力

1. 教师在技术支持下获得的资源

教师曾在技术支持下获得最多的是教学资源，且不同学历、学校类型、职称的教师在技术支持下获得的资源存在显著差异。如图 2-11 所示，教师在技术支持下获得最多的是教学资源（47.32%），其次是教学软件（21.2%）和信息化教学案例（10.36%）；获得最少的是直播课堂（0.83%）、专题网络研讨（1.47%）、同伴的支持（1.94%）和专家的指导（1.98%）。

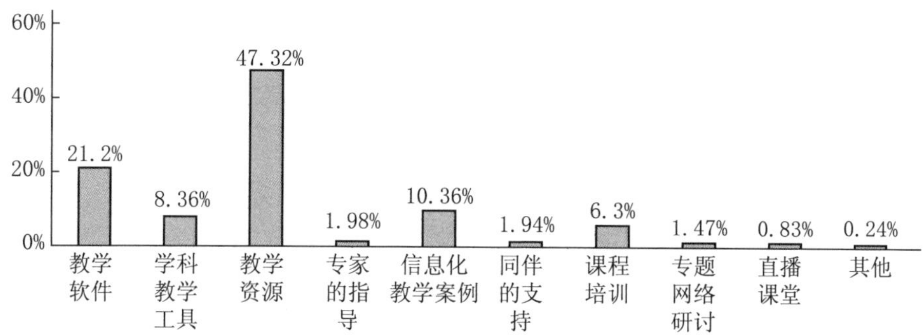

图 2-11　教师曾在技术支持下获得的资源

通过单因素方差分析，发现不同学历、学校类型、职称的教师在使用技术获得资源上存在显著差异。

在学历上，根据单因素方差分析的结果（见表 2-53），表明不同学历教师在使用技术获得资源上存在显著差异（P<0.05）。通过多重比较分析（见表 2-54），发现硕士及以上与专科及以下、本科学历教师在使用技术获得资源上都有显著差异。

表 2-53　不同学历教师使用技术获得资源的单因素方差分析表

	平方和	df	均方	F	显著性
组间	32.875	2	16.438	4.984	.007
组内	19 509.472	5 915	3.298		
总数	19 542.347	5 917			

表 2-54　不同学历教师使用技术获得资源的多重比较分析表

学历		均值差	标准误	显著性
专科及以下	本　科	−.138	.101	.394
	硕士及以上	−.355*	.123	.016
本　科	专科及以下	.138	.101	.394
	硕士及以上	−.216*	.079	.025
硕士及以上	专科及以下	.355*	.123	.016
	本　科	.216*	.079	.025

在学校类型上，根据单因素方差分析的结果（见表 2-55），表明不同学校类型教师在使用技术获得资源上存在显著差异（$P<0.05$）。通过多重比较分析（见表 2-56），发现小学与初中、九年一贯制、高中教师在使用技术获得资源上都有显著差异。

表 2-55　不同学校类型教师使用技术获得资源的单因素方差分析表

	平方和	df	均方	F	显著性
组间	153.789	3	51.263	15.637	.000
组内	19 388.558	5 914	3.278		
总数	19 542.347	5 917			

表 2-56　不同学校类型教师使用技术获得资源的多重比较分析表

学校类型		均值差	标准误	显著性
小　学	初　中	−.317*	.065	.000
	九年一贯制	−.324*	.064	.000
	高　中	−.400*	.066	.000
初　中	小　学	.317*	.065	.000
	九年一贯制	−.007	.068	1.000
	高　中	−.083	.070	.709

（续表）

学校类型		均值差	标准误	显著性
九年一贯制	小学	.324*	.064	.000
	初中	.007	.068	1.000
	高中	−.076	.069	.751
高中	小学	.400*	.066	.000
	初中	.083	.070	.709
	九年一贯制	.076	.069	.751

在职称上，根据单因素方差分析的结果（见表 2-57），表明不同职称教师在使用技术获得资源上存在显著差异（P<0.05）。通过多重比较分析（见表 2-58），发现小学二级与中学一级，小学一级、小学高级与中学一级、中学高级教师在使用技术获得资源上都有显著差异。

表 2-57　不同职称教师使用技术获得资源的单因素方差分析表

	平方和	df	均方	F	显著性
组间	189.910	7	27.130	8.285	.000
组内	19 352.437	5 910	3.275		
总数	19 542.347	5 917			

表 2-58　不同职称教师使用技术获得资源的多重比较分析表

职称		均值差	标准误	显著性
未评级	小学二级教师	.228	.118	.810
	小学一级教师	.280	.107	.443
	小学高级教师	.189	.097	.807
	中学二级教师	−.049	.104	1.000
	中学一级教师	−.180	.091	.786
	中学高级教师	−.165	.101	.915
	特级教师	.168	.474	1.000
小学二级教师	未评级	−.228	.118	.810
	小学一级教师	.052	.113	1.000
	小学高级教师	−.039	.104	1.000
	中学二级教师	−.278	.110	.498
	中学一级教师	−.408*	.098	.015
	中学高级教师	−.393	.108	.064
	特级教师	−.061	.475	1.000
小学一级教师	未评级	−.280	.107	.443
	小学二级教师	−.052	.113	1.000
	小学高级教师	−.091	.091	.995

（续表）

职	称	均值差	标准误	显著性
小学一级教师	中学二级教师	−.329	.098	.125
	中学一级教师	−.460*	.084	.000
	中学高级教师	−.445*	.095	.003
	特级教师	−.112	.473	1.000
小学高级教师	未评级	−.189	.097	.807
	小学二级教师	.039	.104	1.000
	小学一级教师	.091	.091	.995
	中学二级教师	−.238	.088	.387
	中学一级教师	−.369*	.071	.000
	中学高级教师	−.354*	.084	.014
	特级教师	−.021	.471	1.000
中学二级教师	未评级	.049	.104	1.000
	小学二级教师	.278	.110	.498
	小学一级教师	.329	.098	.125
	小学高级教师	.238	.088	.387
	中学一级教师	−.131	.080	.913
	中学高级教师	−.116	.092	.979
	特级教师	.217	.472	1.000
中学一级教师	未评级	.180	.091	.786
	小学二级教师	.408*	.098	.015
	小学一级教师	.460*	.084	.000
	小学高级教师	.369*	.071	.000
	中学二级教师	.131	.080	.913
	中学高级教师	.015	.076	1.000
	特级教师	.348	.469	.999
中学高级教师	未评级	.165	.101	.915
	小学二级教师	.393	.108	.064
	小学一级教师	.445*	.095	.003
	小学高级教师	.354*	.084	.014
	中学二级教师	.116	.092	.979
	中学一级教师	−.015	.076	1.000
	特级教师	.333	.471	.999
特级教师	未评级	−.168	.474	1.000
	小学二级教师	.061	.475	1.000
	小学一级教师	.112	.473	1.000
	小学高级教师	.021	.471	1.000
	中学二级教师	−.217	.472	1.000
	中学一级教师	−.348	.469	.999
	中学高级教师	−.333	.471	.999

2. 教师希望获得的支持

教师希望获得的支持是教学资源，且不同学校类型的教师希望获得的支持存在显著差异。如图 2-12 所示，教师最希望获得的支持是教学资源(26.78%)，其次是信息化教学案例(19.33%)和教学软件(18.58%)。

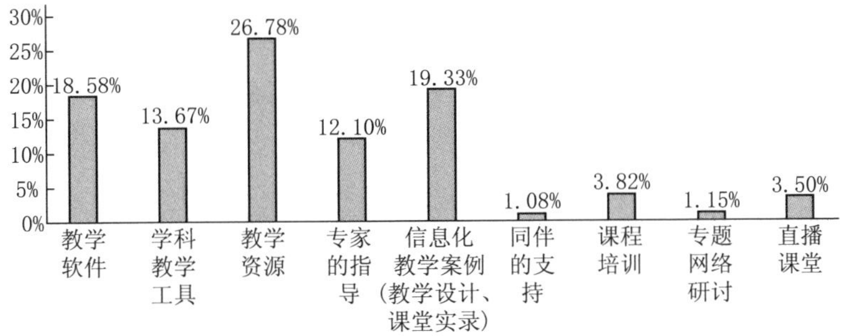

图 2-12 教师希望获得的支持

通过单因素方差分析(见表 2-59)，表明不同学校类型教师在希望获得的支持上存在显著差异($P<0.05$)。通过多重比较分析(见表 2-60)，发现小学与初中、九年一贯制、高中教师在希望获得的支持上都有显著差异。

表 2-59 不同学校类型教师希望获得支持的单因素方差分析表

	平方和	df	均方	F	显著性
组间	114.521	3	38.174	10.024	.000
组内	22 520.963	5 914	3.808		
总数	22 635.484	5 917			

表 2-60 不同学校类型教师希望获得支持的多重比较分析表

学校类型		均值差	标准误	显著性
小 学	初 中	-.341*	.070	.000
	九年一贯制	-.227*	.069	.012
	高 中	-.308*	.071	.000
初 中	小 学	.341*	.070	.000
	九年一贯制	.115	.073	.484
	高 中	.033	.076	.979
九年一贯制	小 学	.227*	.069	.012
	初 中	-.115	.073	.484
	高 中	-.081	.074	.754
高 中	小 学	.308*	.071	.000
	初 中	-.033	.076	.979
	九年一贯制	.081	.074	.754

3. 教师认为信息时代最重要的学习内容

教师认为在信息时代最重要的学习内容是技术支持下的学科教学能力，且不同教龄、学历的教师在对学习内容的重要性认识上存在显著差异。如图 2-13 所示，教师认为最重要的学习内容是技术支持下的学科教学能力（37.29%），其次是信息处理能力（23.13%）和信息搜索能力（13.72%）。

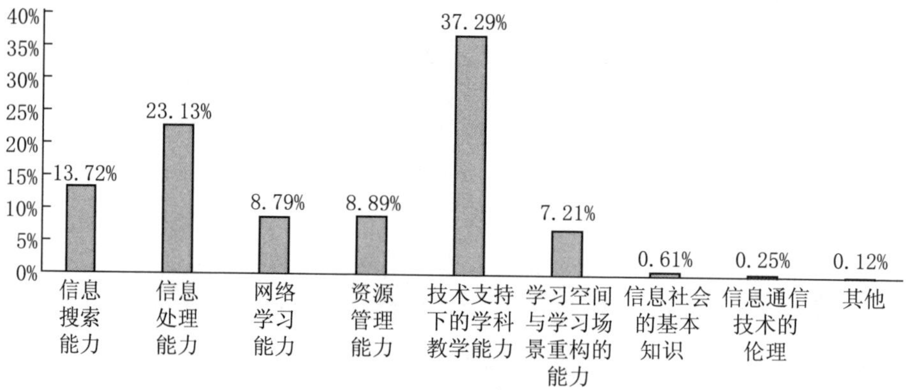

图 2-13　信息时代最重要的学习内容

通过单因素方差分析，发现不同教龄、学历的教师在对学习内容的重要性上存在显著差异。

在教龄上，根据单因素方差分析的结果（见表 2-61），表明不同教龄教师在对学习内容的重要性上存在显著差异（$P<0.05$）。通过多重比较分析（见表 2-62），发现 1—3 年与 7—25 年教龄教师在使用技术获得资源上有显著差异。

表 2-61　不同教龄教师对于学习内容重要性的单因素方差分析表

	平方和	df	均方	F	显著性
组间	58.216	4	14.554	5.093	.000
组内	16 896.354	5 913	2.857		
总数	16 954.570	5 917			

表 2-62　不同教龄教师对于学习内容重要性的多重比较分析表

教龄		均值差	标准误	显著性
1—3 年	4—6 年	−.043	.094	.995
	7—25 年	−.266*	.069	.005
	26—33 年	−.197	.079	.181
	34 年以上	−.138	.116	.839

（续表）

教龄		均值差	标准误	显著性
4—6 年	1—3 年	.043	.094	.995
	7—25 年	−.223	.077	.081
	26—33 年	−.154	.086	.530
	34 年以上	−.095	.121	.961
7—25 年	1—3 年	.266*	.069	.005
	4—6 年	.223	.077	.081
	26—33 年	.069	.058	.841
	34 年以上	.127	.103	.821
26—33 年	1—3 年	.197	.079	.181
	4—6 年	.154	.086	.530
	7—25 年	−.069	.058	.841
	34 年以上	.058	.110	.991
34 年以上	1—3 年	.138	.116	.839
	4—6 年	.095	.121	.961
	7—25 年	−.127	.103	.821
	26—33 年	−.058	.110	.991

在学历上，根据单因素方差分析的结果（见表 2-63），表明不同学历教师在对学习内容的重要性上存在显著差异（$P<0.05$）。通过多重比较分析（见表 2-64），发现专科及以下与本科学历教师在使用技术获得资源上有显著差异。

表 2-63　不同学历教师对于学习内容重要性的单因素方差分析表

	平方和	df	均方	F	显著性
组间	28.140	2	14.070	4.917	.007
组内	16 926.431	5 915	2.862		
总数	16 954.570	5 917			

表 2-64　不同学历教师对于学习内容重要性的多重比较分析表

学历		均值差	标准误	显著性
专科及以下	本　科	−.295*	.094	.008
	硕士及以上	−.257	.115	.083
本　科	专科及以下	.295*	.094	.008
	硕士及以上	.038	.074	.874
硕士及以上	专科及以下	.257	.115	.083
	本　科	−.038	.074	.874

4. 教师最希望在网上得到的资源类型是学科教学案例和教学素材

如表 2-65 所示，教师最希望在网上得到的资源类型是学科教学案例(54.8%)和教学素材(50.8%)。通过列联表的交叉分析，发现不同性别、教龄、学历、区域、学校类型、学科的教师最希望在网上得到的资源类型都是学科教学案例和教学素材。而对不同职称教师而言(见表 2-66)，特级教师最希望得到的网上资源是教育理论课程(28.6%)和学科教学案例(14.3%)。

表 2-65　教师最希望在网上得到的资源类型

最希望在网上得到的资源类型	响应		个案百分比
	N	N	
教育理论课程	681	7.1%	11.5%
学科教学案例	3 237	33.6%	54.8%
教学素材	3 002	31.1%	50.8%
学生活动资源	875	9.1%	14.8%
教学设计	1 439	14.9%	24.4%
教材解读	413	4.3%	7.0%
总　计	9 647	100.0%	163.3%

表 2-66　不同职称教师最希望在网上得到的资源类型

职　称	网上获得的资源类型						总计
	教育理论课程	学科教学案例	教学素材	学生活动资源	教学设计	教材解读	
未评级	83 16.0%	307 59.2%	243 46.8%	71 13.7%	140 27.0%	44 8.5%	519
小学二级教师	58 13.5%	291 67.8%	194 45.2%	52 12.1%	108 25.2%	25 5.8%	429
小学一级老师	99 15.4%	364 56.8%	308 48.0%	96 15.0%	152 23.7%	43 6.7%	641
小学高级教师	115 11.2%	509 49.7%	495 48.3%	149 14.6%	283 27.6%	63 6.2%	1 024
中学二级教师	77 10.5%	437 59.6%	383 52.3%	101 13.8%	190 25.9%	54 7.4%	733
中学一级教师	162 9.4%	958 55.6%	907 52.7%	266 15.4%	404 23.5%	120 7.0%	1 722
中学高级教师	83 10.1%	369 44.7%	463 56.1%	137 16.6%	160 19.4%	64 7.8%	825
特级教师	4 28.6%	2 14.3%	9 64.3%	3 21.4%	2 14.3%	0 0%	14
总　计	681	3 237	3 002	875	1 439	413	5 907

5. 教师使用平台的情况

半数教师经常使用国家或地方的教育资源公共服务平台和教育管理公共服务平台，且不同学历、学校类型教师的使用情况存在显著差异。如图 2-14 所示，39.15％的教师经常使用国家或地方的教育资源公共服务平台和教育管理公共服务平台，10.29％的教师总是使用教育公共服务平台，40.72％的教师使用教育公共服务平台的情况为一般。

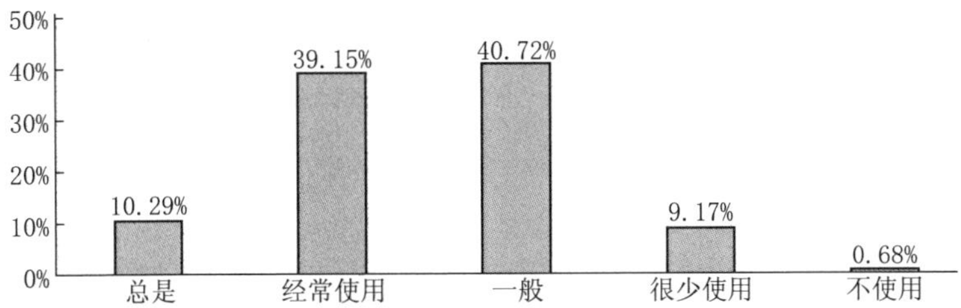

图 2-14　教师使用国家或地方的教育资源公共服务平台和教育管理公共服务平台的情况

通过单因素方差分析，发现不同学历、学校类型的教师在对教育公共服务平台的使用上存在显著差异。

在学历上，根据单因素方差分析的结果（见表 2-67），表明不同学历教师在对教育公共服务平台的使用上存在显著差异（$P<0.05$）。通过多重比较分析（见表 2-68），发现专科及以下与本科、硕士及以下教师在教育公共服务平台的使用上有显著差异。

表 2-67　不同学历教师使用国家或地方的教育资源公共服务平台和教育管理公共服务平台的单因素方差分析表

	平方和	df	均方	F	显著性
组间	13.056	2	6.528	9.629	.000
组内	4 010.055	5 915	.678		
总数	4 023.111	5 917			

表 2-68　不同学历教师使用国家或地方的教育资源公共服务平台和教育管理公共服务平台的多重比较分析表

学历		均值差	标准误	显著性
专科及以下	本　科	−.162*	.046	.002
	硕士及以上	−.245*	.056	.000
本　科	专科及以下	.162*	.046	.002
	硕士及以上	−.083	.036	.070
硕士及以上	专科及以下	.245*	.056	.000
	本　科	.083	.036	.070

在学校类型上，根据单因素方差分析的结果(见表 2-69)，表明不同学校类型教师在对教育公共服务平台的使用上存在显著差异(P<0.05)。通过多重比较分析(见表 2-70)，发现小学与初中、九年一贯制、高中，初中与九年一贯制，高中与九年一贯制教师在教育公共服务平台的使用上有显著差异。

表 2-69　不同学校类型教师使用国家或地方的教育资源公共服务平台和教育管理公共服务平台的单因素方差分析表

	平方和	df	均方	F	显著性
组间	121.821	3	40.607	61.556	.000
组内	3 901.290	5 914	.660		
总数	4 023.111	5 917			

表 2-70　不同学校类型教师使用国家或地方的教育资源公共服务平台和教育管理公共服务平台的多重比较分析表

学校类型		均值差	标准误	显著性
小　学	初　中	−.314*	.029	.000
	九年一贯制	−.185*	.029	.000
	高　中	−.359*	.030	.000
初　中	小　学	.314*	.029	.000
	九年一贯制	.129*	.030	.000
	高　中	−.045	.032	.564
九年一贯制	小　学	.185*	.029	.000
	初　中	−.129*	.030	.000
	高　中	−.174*	.031	.000
高　中	小　学	.359*	.030	.000
	初　中	.045	.032	.564
	九年一贯制	.174*	.031	.000

6. 教师使用网络或多媒体进行教学的频度

多数教师经常使用网络或多媒体进行教学，且不同教龄、学校类型教师在使用网络或多媒体进行教学的频度上存在显著差异。如图 2-15 所示，49.62%的教师经常使用网络或多媒体进行教学，20.83%的教师总是使用网络或多媒体进行教学，24.77%的教师使用网络或多媒体进行教学的情况为一般。

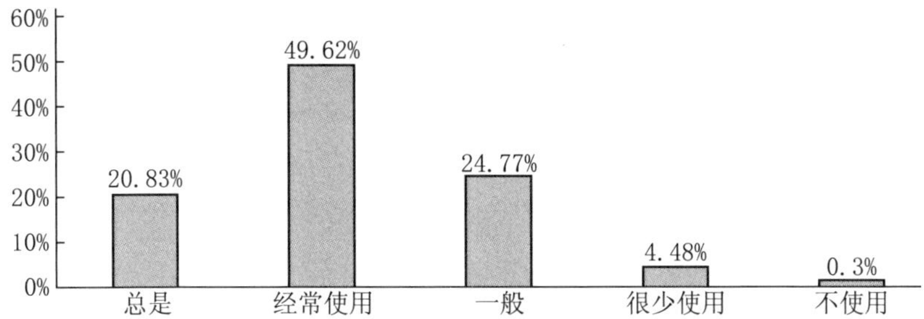

图 2-15　教师使用网络或多媒体进行教学的频度

通过单因素方差分析，发现不同教龄、学校类型的教师使用网络或多媒体进行教学的频度存在显著差异。

在教龄上，根据单因素方差分析的结果(见表 2-71)，表明不同教龄教师使用网络或多媒体进行教学的频度存在显著差异(P<0.05)。通过多重比较分析(见表 2-72)，发现 1—3 年、4—6 年与 7—15 年、26—33 年、34 年以上教龄教师间都有显著差异。

表 2-71　不同教龄教师使用网络或多媒体进行教学的频度的单因素方差分析表

	平方和	df	均方	F	显著性
组间	42.266	4	10.566	16.596	.000
组内	3 764.668	5 913	.637		
总数	3 806.934	5 917			

表 2-72　不同教龄教师使用网络或多媒体进行教学的频度的多重比较分析表

教龄		均值差	标准误	显著性
1—3 年	4—6 年	.002	.044	1.000
	7—25 年	−.162*	.032	.000
	26—33 年	−.244*	.037	.000
	34 年以上	−.216*	.055	.004
4—6 年	1—3 年	−.002	.044	1.000
	7—25 年	−.164*	.036	.000
	26—33 年	−.247*	.041	.000
	34 年以上	−.218*	.057	.006
7—25 年	1—3 年	.162*	.032	.000
	4—6 年	.164*	.036	.000
	26—33 年	−.082	.027	.059
	34 年以上	−.054	.049	.873

(续表)

教　龄		均值差	标准误	显著性
26—33 年	1—3 年	.244*	.037	.000
	4—6 年	.247*	.041	.000
	7—25 年	.082	.027	.059
	34 年以上	.028	.052	.990
34 年以上	1—3 年	.216*	.055	.004
	4—6 年	.218*	.057	.006
	7—25 年	.054	.049	.873
	26—33 年	−.028	.052	.990

在学校类型上，根据单因素方差分析的结果(见表 2-73)，表明不同学校类型教师使用网络或多媒体进行教学的频度存在显著差异($P<0.05$)。通过多重比较分析(见表 2-74)，发现小学与初中、九年一贯制、高中，初中与高中，九年一贯制与高中教师间都有显著差异。

表 2-73　不同学校类型教师使用网络或多媒体进行教学的频度的单因素方差分析表

	平方和	df	均方	F	显著性
组间	234.278	3	78.093	129.270	.000
组内	3 572.657	5 914	.604		
总数	3 806.934	5 917			

表 2-74　不同学校类型教师使用网络或多媒体进行教学的频度的多重比较分析表

学校类型		均值差	标准误	显著性
小　学	初　中	−.360*	.028	.000
	九年一贯制	−.290*	.027	.000
	高　中	−.538*	.028	.000
初　中	小　学	.360*	.028	.000
	九年一贯制	.070	.029	.125
	高　中	−.179*	.030	.000
九年一贯制	小　学	.290*	.027	.000
	初　中	−.070	.029	.125
	高　中	−.248*	.030	.000
高　中	小　学	.538*	.028	.000
	初　中	.179*	.030	.000
	九年一贯制	.248*	.030	.000

7. 教师最常用的平台

如图 2-16 所示，教师最常用的是市级平台（46.97%）和区级平台（29.19%）；国家级平台（6.29%）、校级平台（12.81%）和企业平台（1.00%）则较少使用。

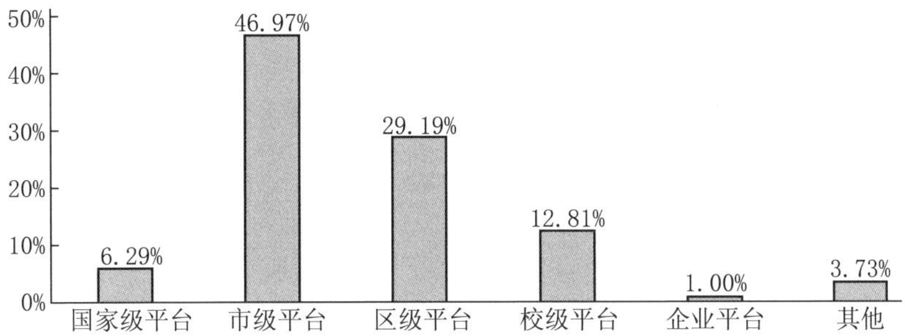

图 2-16 教师最常用的学习平台

8. 教师参加在线教研活动

绝大部分教师参加过在线教研活动，且多数教师认为在线教研活动是比较有帮助的。如图 2-17 所示，93.39%的教师参加过在线教研活动。而且，在参加过在线教研活动的教师中，43.20%的教师认为在线教研活动是较有帮助的，25.61%的教师认为在线教研活动是很有帮助的，具体见图 2-18。

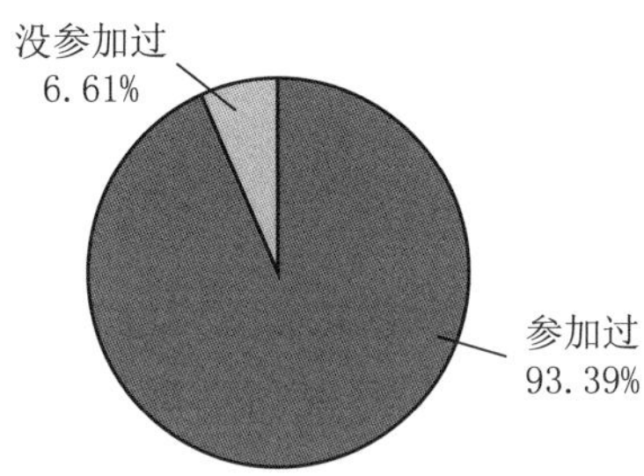

图 2-17 教师参加过在线教研活动的情况

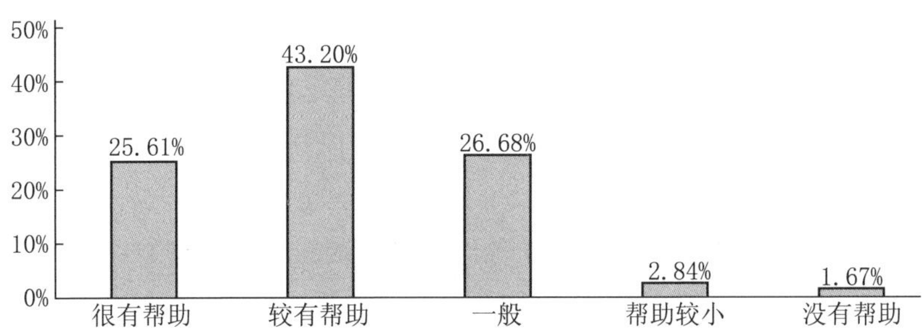

图 2-18 教师认为在线教研活动的效果

9. 技术支持的教师学习的主要途径

技术支持的教师学习的主要途径是开放网络课程、基于网络的教研活动、在线直播课程，且开放网络课程这一途径的学习效果最好。如表 2-75 所示，技术支持的教师学习的主要途径是开放网络课程(55.4%)、基于网络的教研活动(32.4%)、在线直播课程(22.0%)。通过列联表的交叉分析，发现不同性别、教龄、学历、区域、学校类型、学科的教师采取的学习途径主要也都是这三种。

表 2-75　技术支持教师学习的主要途径

教师学习的途径	响　　应		个案百分比
	N	N	
开放网络课程	3 278	32.1%	55.4%
各类网络论坛	1 230	12.1%	20.8%
博客、微博等	248	2.4%	4.2%
在线直播课程	1 301	12.8%	22.0%
基于网络的教研活动	1 918	18.8%	32.4%
基于网络的学习社区	144	1.4%	2.4%
基于网络的教师远程培训	1 082	10.6%	18.3%
实时社交工具 QQ、微信等	318	3.1%	5.4%
线上和线下相结合的混合式学习	679	6.7%	11.5%
总　　计	10 198	100.0%	172.3%

如图 2-19 所示，在这些技术支持的学习途径中，教师认为最有效果的学习途径是开放网络课程(31.37%)。

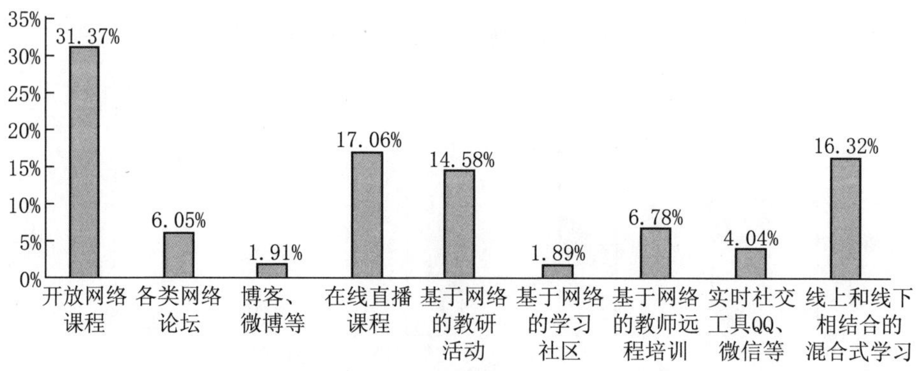

图 2-19　技术支持的教师学习途径的效果

10. 多数教师认为自己处于教师学习的尝试使用阶段和学习模仿阶段

如图 2-20 所示，46.53%的教师认为自己处于教师学习的尝试使用阶段，23.97%的教师认为自己处于教师学习的学习模仿阶段。

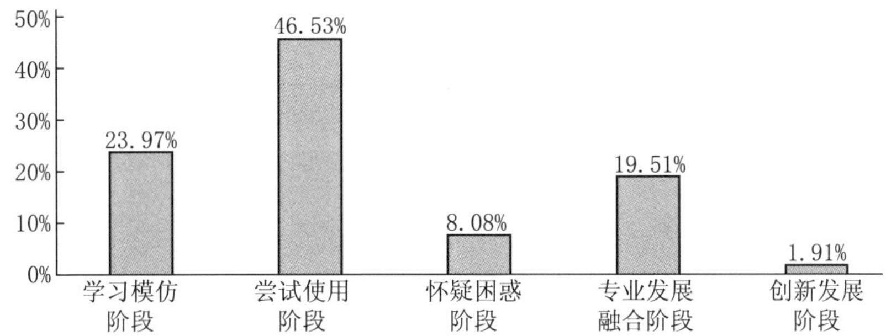

图 2-20　技术支持下的教师学习所处的阶段

11. 教师较常用的教学媒体是电脑与投影

如图 2-21 所示，教师较常用的教学媒体是电脑与投影，所占比例达到 84.17%。而教学平台、交互白板、电子书包、电视等教学媒体则较少使用。

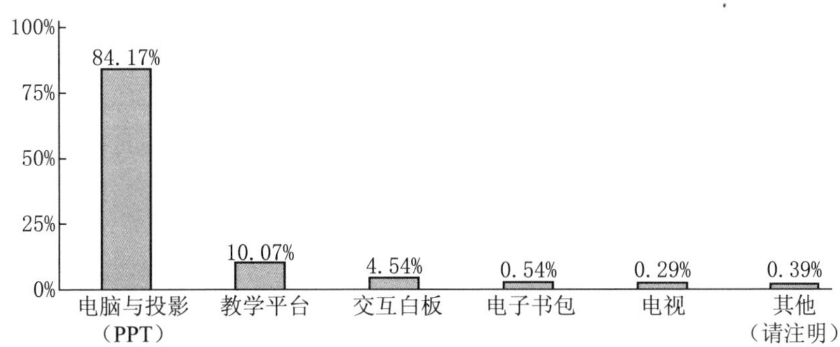

图 2-21　教师较常用的教学媒体

12. 教师在教学活动设计中一般会安排学生上网学习或查找资料等活动

如图 2-22 所示，36.95%的教师一般在教学活动设计中会安排学生上网学习或查找资料等活动；31.34%的教师经常会在教学活动设计中安排学生上网学习或查找资料等活动；10.05%的教师在教学活动设计中总是会安排学生上网学习或查找资料等活动。

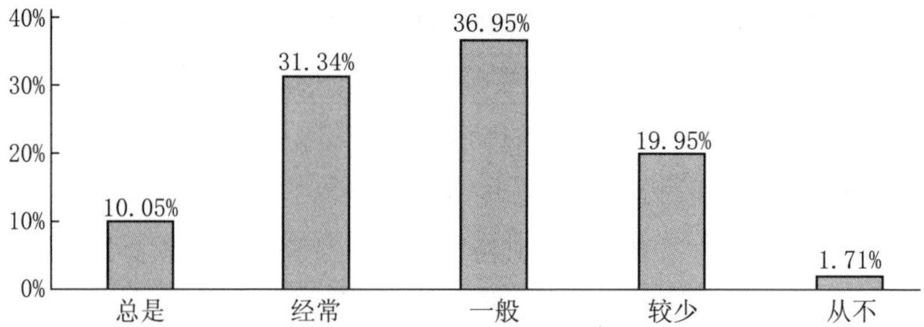

图 2-22　教师在教学活动中是否会安排学生上网学习或查找资料等活动

13. 几乎所有的教师都会通过各种途径查找对教学有帮助的多媒体等资源

如图 2-23 所示，97.26%的教师都会通过各种途径查找对教学有帮助的多媒体等资源。

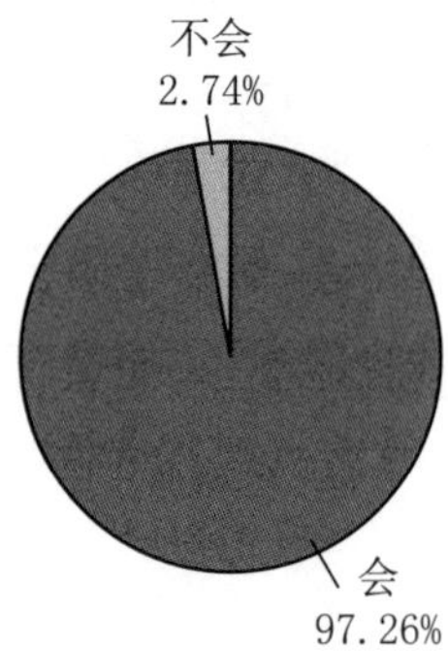

图 2-23　教师是否会通过各种途径查找对教学有帮助的多媒体等资源

14. 多数教师会根据教学需要自己开发数字资源用于儿童的学习

如图 2-24 所示，32.03%的教师经常会根据教学需要自己开发数字资源用于儿童的学习；30.14%的教师一般会根据教学需要自己开发数字资源用于儿童的学习；13.43%的教师总是会根据教学需要自己开发数字资源用于儿童的学习。

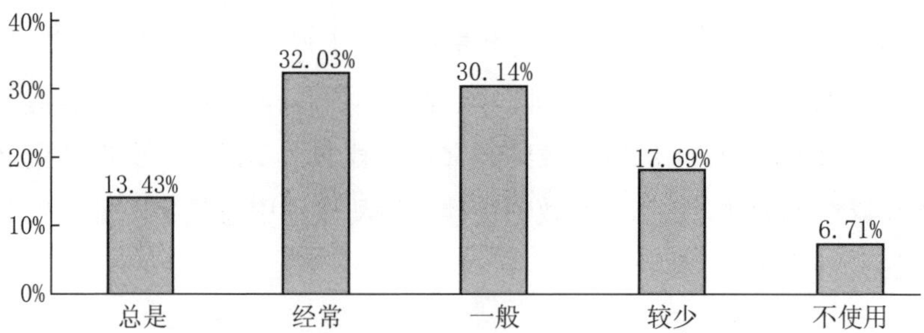

图 2-24　教师根据教学需要自己开发数字资源用于儿童的学习的情况

(四) 关于技术支持教师的反思

1. 教师使用电脑等设备撰写教学日记札记或教育叙事的情况

教师一般会使用电脑等设备撰写教学日记札记或教育叙事，且不同教龄、区域、学校类型的教师在通过电脑等设备撰写教学日记札记或教育叙事上存在显著差异。如图 2-25 所示，对于教师是否会通过电脑等设备撰写教学日记札记或教育叙事，36.83％的教师是一般会；28.64％的教师是经常会；12.23％的教师是总是会。极少数(2.91％)教师是从不。

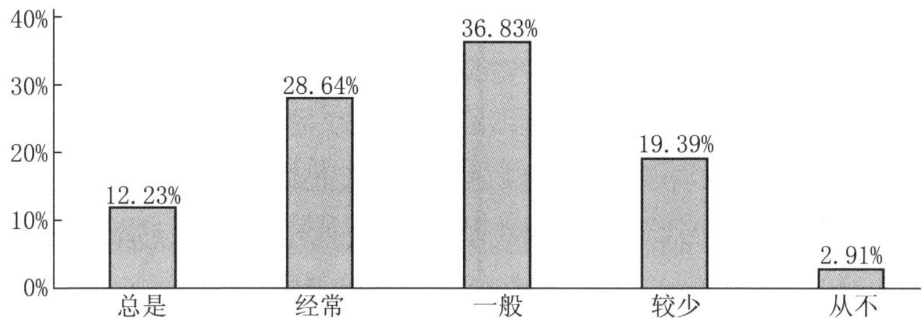

图 2-25　教师使用电脑等设备撰写教学日记札记或教育叙事的情况

通过单因素方差分析，发现不同教龄、区域、学校类型的教师在通过电脑等设备撰写教学日记札记或教育叙事上存在显著差异。

在教龄上，根据单因素方差分析的结果(见表 2-76)，表明不同教龄教师间存在显著差异(P＜0.05)。通过多重比较分析(见表 2-77)，发现 1—3 年、4—6 年与 7—25 年、26—33 年、34 年以上教龄教师间都有显著差异。

表 2-76　不同教龄教师通过电脑等设备撰写教学日记札记或教育叙事的单因素方差分析表

	平方和	df	均方	F	显著性
组间	110.003	4	27.501	27.769	.000
组内	5 855.960	5 913	.990		
总数	5 965.963	5 917			

表 2-77　不同教龄教师通过电脑等设备撰写教学日记札记或教育叙事的多重比较分析表

教龄		均值差	标准误	显著性
1—3 年	4—6 年	.013	.055	1.000
	7—25 年	－.197*	.040	.000
	26—33 年	－.407*	.046	.000
	34 年以上	－.306*	.068	.000

（续表）

教龄		均值差	标准误	显著性
4—6 年	1—3 年	−.013	.055	1.000
	7—25 年	−.210*	.045	.000
	26—33 年	−.420*	.051	.000
	34 年以上	−.319*	.071	.001
7—25 年	1—3 年	.197*	.040	.000
	4—6 年	.210*	.045	.000
	26—33 年	−.210*	.034	.000
	34 年以上	−.108	.061	.524
26—33 年	1—3 年	.407*	.046	.000
	4—6 年	.420*	.051	.000
	7—25 年	.210*	.034	.000
	34 年以上	.101	.065	.654
34 年以上	1—3 年	.306*	.068	.000
	4—6 年	.319*	.071	.001
	7—25 年	.108	.061	.524
	26—33 年	−.101	.065	.654

在区域上，根据单因素方差分析的结果（见表 2-78），表明不同区域教师间存在显著差异（$P<0.05$）。通过多重比较分析（见表 2-79），发现市区与郊区、城乡接合部教师间有显著差异。

表 2-78　不同区域教师通过电脑等设备撰写教学日记札记或教育叙事的单因素方差分析表

	平方和	df	均方	F	显著性
组间	21.331	2	10.666	10.613	.000
组内	5 944.631	5 915	1.005		
总数	5 965.963	5 917			

表 2-79　不同区域教师通过电脑等设备撰写教学日记札记或教育叙事的多重比较分析表

学校地域		均值差	标准误	显著性
市区	郊区	.126*	.031	.000
	城乡接合部	.160*	.041	.001
郊区	市区	−.126*	.031	.000
	城乡接合部	.034	.037	.657
城乡接合部	市区	−.160*	.041	.001
	郊区	−.034	.037	.657

在学校类型上，根据单因素方差分析的结果（见表 2-80），表明不同学校类型教师间存在显著差异（P＜0.05）。通过多重比较分析（见表 2-81），发现小学与初中、九年一贯制、高中，初中与九年一贯制、高中，高中与九年一贯制学校教师间都有显著差异。

表 2-80　不同学校类型教师通过电脑等设备撰写教学日记札记或教育叙事的单因素方差分析表

	平方和	df	均方	F	显著性
组间	287.458	3	95.819	99.793	.000
组内	5 678.505	5 914	.960		
总数	5 965.963	5 917			

表 2-81　不同学校类型教师通过电脑等设备撰写教学日记札记或教育叙事的多重比较分析表

学校类型		均值差	标准误	显著性
小　学	初　中	−.423*	.035	.000
	九年一贯制	−.295*	.034	.000
	高　中	−.588*	.036	.000
初　中	小　学	.423*	.035	.000
	九年一贯制	.127*	.037	.007
	高　中	−.165*	.038	.000
九年一贯制	小　学	.295*	.034	.000
	初　中	−.127*	.037	.007
	高　中	−.292*	.037	.000
高　中	小　学	.588*	.036	.000
	初　中	.165*	.038	.000
	九年一贯制	.292*	.037	.000

2. 教师通过观看自己的教学视频进行分析从而提升教学的情况

教师一般会通过观看自己的教学视频进行分析从而提升教学，且不同教龄、学历、区域、学校类型的教师在通过观看自己的教学视频进行分析从而提升教学上存在显著差异。如图 2-26 所示，对于教师是否会通过观看自己的教学视频进行分析从而提升教学，37.71％的教师是一般会；26.31％的教师是经常会；9.87％的教师是总是会；还有部分（26.11％）教师是较少或从不。

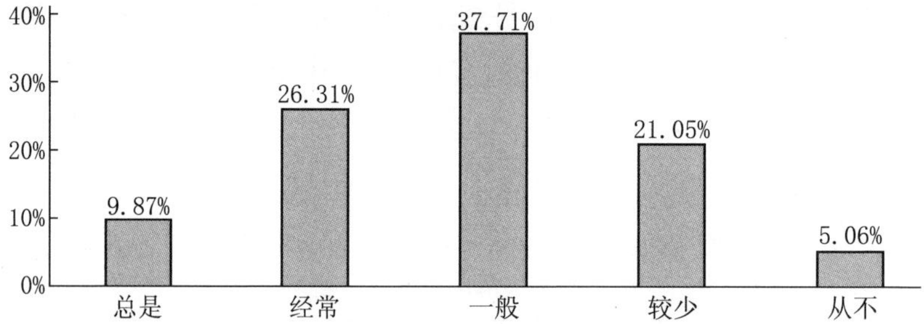

图 2-26　教师通过观看自己的教学视频进行分析从而提升教学的情况

通过单因素方差分析，发现不同教龄、学历、区域、学校类型的教师在通过观看自己的教学视频进行分析从而提升教学上存在显著差异。

在教龄上，根据单因素方差分析的结果（见表 2-82），表明不同教龄教师间存在显著差异（P<0.05）。通过多重比较分析（见表 2-83），发现 1—3 年、4—6 年与 7—25 年、26—33 年、34 年以上，7—25 年与 26—33 年、34 年以上教龄教师间都有显著差异。

表 2-82　不同教龄教师通过观看自己的教学视频进行分析从而提升教学的单因素方差分析表

	平方和	df	均方	F	显著性
组间	197.104	4	49.276	48.497	.000
组内	6 007.932	5 913	1.016		
总数	6 205.036	5 917			

表 2-83　不同教龄教师通过观看自己的教学视频进行分析从而提升教学的多重比较分析表

教龄		均值差	标准误	显著性
1—3 年	4—6 年	−.064	.056	.861
	7—25 年	−.294*	.041	.000
	26—33 年	−.569*	.047	.000
	34 年以上	−.502*	.069	.000
4—6 年	1—3 年	.064	.056	.861
	7—25 年	−.230*	.046	.000
	26—33 年	−.505*	.051	.000
	34 年以上	−.438*	.072	.000
7—25 年	1—3 年	.294*	.041	.000
	4—6 年	.230*	.046	.000
	26—33 年	−.275*	.034	.000
	34 年以上	−.208*	.061	.021

（续表）

教　龄		均值差	标准误	显著性
26—33 年	1—3 年	.569*	.047	.000
	4—6 年	.505*	.051	.000
	7—25 年	.275*	.034	.000
	34 年以上	.067	.066	.903
34 年以上	1—3 年	.502*	.069	.000
	4—6 年	.438*	.072	.000
	7—25 年	.208*	.061	.021
	26—33 年	−.067	.066	.903

在学历上，根据单因素方差分析的结果（见表 2-84），表明不同学历教师间存在显著差异（P<0.05）。通过多重比较分析（见表 2-85），发现专科及以下与本科、硕士及以上学历教师间都有显著差异。

表 2-84　不同学历教师通过观看自己的教学视频进行分析从而提升教学的单因素方差分析表

	平方和	df	均方	F	显著性
组间	9.371	2	4.685	4.473	.011
组内	6 195.665	5 915	1.047		
总数	6 205.036	5 917			

表 2-85　不同学历教师通过观看自己的教学视频进行分析从而提升教学的多重比较分析表

学　历		均值差	标准误	显著性
专科及以下	本　科	.160*	.057	.020
	硕士及以上	.197*	.070	.018
本　科	专科及以下	−.160*	.057	.020
	硕士及以上	.037	.045	.705
硕士及以上	专科及以下	−.197*	.070	.018
	本　科	−.037	.045	.705

在区域上，根据单因素方差分析的结果（见表 2-86），表明不同区域教师间存在显著差异（P<0.05）。通过多重比较分析（见表 2-87），发现市区与郊区教师间有显著差异。

表 2-86　不同区域教师通过观看自己的教学视频进行分析从而提升教学的单因素方差分析表

	平方和	df	均方	F	显著性
组间	6.870	2	3.435	3.278	.038
组内	6 198.166	5 915	1.048		
总数	6 205.036	5 917			

表 2-87　不同区域教师通过观看自己的教学视频进行分析从而提升教学的多重比较分析表

学校地域		均值差	标准误	显著性
市　区	郊　区	.080*	.031	.038
	城乡接合部	.056	.042	.419
郊　区	市　区	−.080*	.031	.038
	城乡接合部	−.024	.038	.814
城乡接合部	市　区	−.056	.042	.419
	郊　区	.024	.038	.814

在学校类型上，根据单因素方差分析的结果(见表 2-88)，表明不同学校类型教师间存在显著差异($P<0.05$)。通过多重比较分析(见表 2-89)，发现小学与初中、九年一贯制、高中，初中、九年一贯制与高中教师间都有显著差异。

表 2-88　不同学校类型教师通过观看自己的教学视频进行分析从而提升教学的单因素方差分析表

	平方和	df	均方	F	显著性
组间	6.870	2	3.435	3.278	.038
组内	6 198.166	5 915	1.048		
总数	6 205.036	5 917			

表 2-89　不同学校类型教师通过观看自己的教学视频进行分析从而提升教学的多重比较分析表

学校类型		均值差	标准误	显著性
小　学	初　中	−.272*	.036	.000
	九年一贯制	−.229*	.036	.000
	高　中	−.430*	.037	.000
初　中	小　学	.272*	.036	.000
	九年一贯制	.043	.038	.732
	高　中	−.158*	.039	.001

（续表）

学校类型		均值差	标准误	显著性
九年一贯制	小　学	.229*	.036	.000
	初　中	−.043	.038	.732
	高　中	−.201*	.039	.000
高　中	小　学	.430*	.037	.000
	初　中	.158*	.039	.001
	九年一贯制	.201*	.039	.000

3. 教师通过观察他人的优秀教学视频进行学习的情况

半数以上教师经常会通过观看他人的优秀教学视频进行学习，且不同教龄、区域、学校类型的教师在通过观看他人的优秀教学视频进行学习上存在显著差异。如图 2-27 所示，对于教师是否会通过观看他人的优秀教学视频进行学习，48.25％的教师是经常会；31.88％的教师是一般会；14.66％的教师是总是会；还有极少数(5.21％)教师是较少或从不。

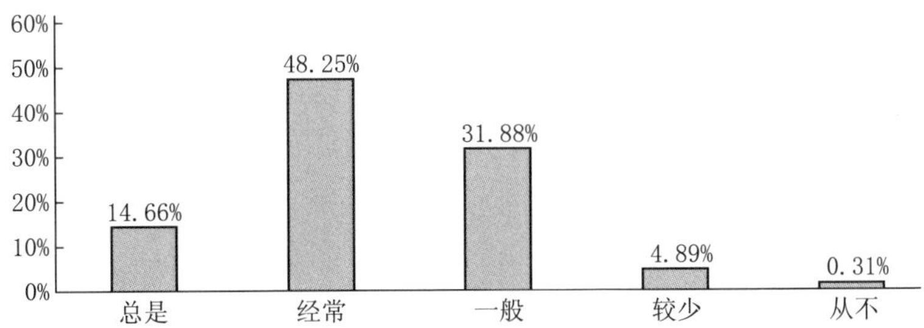

图 2-27　教师通过观看他人的优秀教学视频进行学习的情况

通过单因素方差分析，发现不同教龄、区域、学校类型的教师在通过观看他人的优秀教学视频进行学习上存在显著差异。

在教龄上，根据单因素方差分析的结果(见表 2-90)，表明不同教龄教师间存在显著差异(P＜0.05)。通过多重比较分析(见表 2-91)，发现 1—3 年、4—6 年与 7—25 年、26—33 年、34 年以上，7—25 年与 26—33 年教龄教师间都有显著差异。

表 2-90　不同教龄教师通过观看他人的优秀教学视频进行学习的单因素方差分析表

	平方和	df	均方	F	显著性
组间	95.805	4	23.951	40.240	.000
组内	3 519.483	5 913	.595		
总数	3 615.288	5 917			

表 2-91　不同教龄教师通过观看他人的优秀教学视频进行学习的多重比较分析表

教龄		均值差	标准误	显著性
1—3 年	4—6 年	−.081	.043	.463
	7—25 年	−.243*	.031	.000
	26—33 年	−.411*	.036	.000
	34 年以上	−.352*	.053	.000
4—6 年	1—3 年	.081	.043	.463
	7—25 年	−.162*	.035	.000
	26—33 年	−.329*	.039	.000
	34 年以上	−.270*	.055	.000
7—25 年	1—3 年	.243*	.031	.000
	4—6 年	.162*	.035	.000
	26—33 年	−.167*	.026	.000
	34 年以上	−.108	.047	.257
26—33 年	1—3 年	.411*	.036	.000
	4—6 年	.329*	.039	.000
	7—25 年	.167*	.026	.000
	34 年以上	.059	.050	.847
34 年以上	1—3 年	.352*	.053	.000
	4—6 年	.270*	.055	.000
	7—25 年	.108	.047	.257
	26—33 年	−.059	.050	.847

在区域上，根据单因素方差分析的结果（见表 2-92），表明不同区域教师间存在显著差异（$P<0.05$）。通过多重比较分析（见表 2-93），发现市区与郊区教师间有显著差异。

表 2-92　不同区域教师通过观看他人的优秀教学视频进行学习的单因素方差分析表

	平方和	df	均方	F	显著性
组间	5.025	2	2.513	4.116	.016
组内	3 610.263	5 915	.610		
总数	3 615.288	5 917			

表 2-93 不同区域教师通过观看他人的优秀教学视频进行学习的多重比较分析表

学校地域		均值差	标准误	显著性
市区	郊区	.068*	.024	.017
	城乡接合部	.056	.032	.225
郊区	市区	−.068*	.024	.017
	城乡接合部	−.012	.029	.914
城乡接合部	市区	−.056	.032	.225
	郊区	.012	.029	.914

在学校类型上，根据单因素方差分析的结果(见表 2-94)，表明不同学校类型教师间存在显著差异(P＜0.05)。通过多重比较分析(见表 2-95)，发现小学、初中、九年一贯制、高中教师相互间都有显著差异。

表 2-94 不同学校类型教师通过观看他人的优秀教学视频进行学习的单因素方差分析表

	平方和	df	均方	F	显著性
组间	140.629	3	46.876	79.785	.000
组内	3 474.659	5 914	.588		
总数	3 615.288	5 917			

表 2-95 不同学校类型教师通过观看他人的优秀教学视频进行学习的多重比较分析表

学校类型		均值差	标准误	显著性
小学	初中	−.286*	.028	.000
	九年一贯制	−.159*	.027	.000
	高中	−.410*	.028	.000
初中	小学	.286*	.028	.000
	九年一贯制	.127*	.029	.000
	高中	−.125*	.030	.001
九年一贯制	小学	.159*	.027	.000
	初中	−.127*	.029	.000
	高中	−.251*	.029	.000
高中	小学	.410*	.028	.000
	初中	.125*	.030	.001
	九年一贯制	.251*	.029	.000

4. 教师参加基于网络的集体备课、说课、听评课等活动的情况

多数教师经常会参加基于网络的集体备课、说课、听评课等活动，且不同教龄、学校类型的教师在参加基于网络的集体备课、说课、听评课等活动上存在显著差异。如图 2-28 所示，对于教师是否会参加基于网络的集体备课、说课、听评课等活动，41.11%的教师是经常会；34.38%的教师是一般会；14.93%的教师是总是会；还有少数(9.58%)教师是较少或从不。

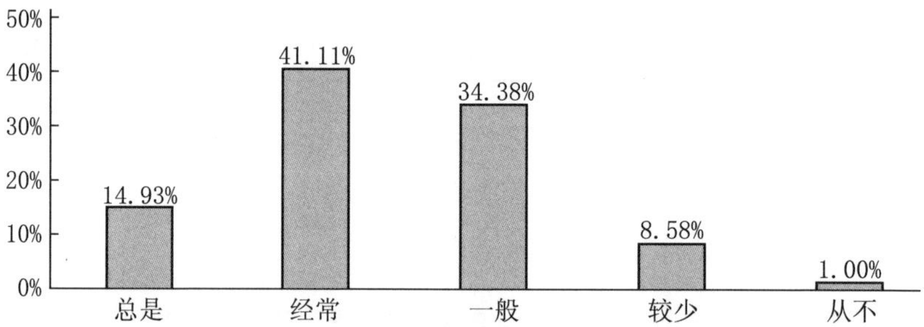

图 2-28　教师参加基于网络的集体备课、说课、听评课等活动的情况

通过单因素方差分析，发现不同教龄、学校类型的教师在参加基于网络的集体备课、说课、听评课等活动上存在显著差异。

在教龄上，根据单因素方差分析的结果(见表 2-96)，表明不同教龄教师间存在显著差异(P<0.05)。通过多重比较分析(见表 2-97)，发现 1—3 年与 26—33 年、34 年以上，4—6 年与 7—25 年、26—33 年、34 年以上，7—25 年与 26—33 年、34 年以上教龄教师间都有显著差异。

表 2-96　不同教龄教师参加基于网络的集体备课、说课、听评课等活动的单因素方差分析表

	平方和	df	均方	F	显著性
组间	80.814	4	20.204	26.709	.000
组内	4 472.775	5 913	.756		
总数	4 553.589	5 917			

表 2-97　不同教龄教师参加基于网络的集体备课、说课、听评课等活动的多重比较分析表

教	龄	均值差	标准误	显著性
1—3 年	4—6 年	0.141	0.048	0.074
	7—25 年	−0.031	0.035	0.942
	26—33 年	−.252*	0.041	0.000
	34 年以上	−.236*	0.06	0.003

（续表）

教	龄	均值差	标准误	显著性
4—6 年	1—3 年	−0.141	0.048	0.074
	7—25 年	−.172*	0.04	0.001
	26—33 年	−.393*	0.044	0.000
	34 年以上	−.377*	0.062	0.000
7—25 年	1—3 年	0.031	0.035	0.942
	4—6 年	.172*	0.040	0.001
	26—33 年	−.221*	0.030	0.000
	34 年以上	−.205*	0.053	0.005
26—33 年	1—3 年	.252*	0.041	0.000
	4—6 年	.393*	0.044	0.000
	7—25 年	.221*	0.03	0.000
	34 年以上	0.015	0.057	0.999
34 年以上	1—3 年	.236*	0.060	0.003
	4—6 年	.377*	0.062	0.000
	7—25 年	.205*	0.053	0.005
	26—33 年	−0.015	0.057	0.999

在学校类型上，根据单因素方差分析的结果（见表 2-98），表明不同学校类型教师间存在显著差异（P<0.05）。通过多重比较分析（见表 2-99），发现小学与初中、九年一贯制、高中，高中与初中、九年一贯制学校教师间都有显著差异。

表 2-98 不同学校类型教师参加基于网络的集体备课、说课、听评课等活动的单因素方差分析表

	平方和	df	均方	F	显著性
组间	181.170	3	60.390	81.682	.000
组内	4 372.419	5 914	.739		
总数	4 553.589	5 917			

表 2-99 不同学校类型教师参加基于网络的集体备课、说课、听评课等活动的多重比较分析表

学校	类型	均值差	标准误	显著性
小 学	初 中	−.336*	0.031	0.000
	九年一贯制	−.277*	0.030	0.000
	高 中	−.464*	0.031	0.000

（续表）

学校类型		均值差	标准误	显著性
初　中	小　学	.336*	0.031	0.000
	九年一贯制	0.059	0.032	0.348
	高　中	—.128*	0.033	0.002
九年一贯制	小　学	.277*	0.030	0.000
	初　中	—0.059	0.032	0.348
	高　中	—.186*	0.033	0.000
高　中	小　学	.464*	0.031	0.000
	初　中	.128*	0.033	0.002
	九年一贯制	.186*	0.033	0.000

（五）关于技术支持的教师社群学习

1. 教师参与网上社区学习讨论的情况

大多数教师参与过网上学习社区的讨论，且多数教师认为网上学习社区的讨论对教师学习是比较有帮助的，但多数教师在其中扮演的是参与者的角色。如图 2-29 所示，85.57%的教师都参与过网上学习社区的讨论。而且，如图 2-30 所示，一半以上（61.89%）教师认为这种讨论对教师的学习是非常有帮助的或比较有帮助的。然而，如图 2-31 所示，多数教师（61.40%）在网上学习社区中扮演的是参与者的角色（偶尔发言者），只有极少数（4.17%）教师扮演组织者的角色。

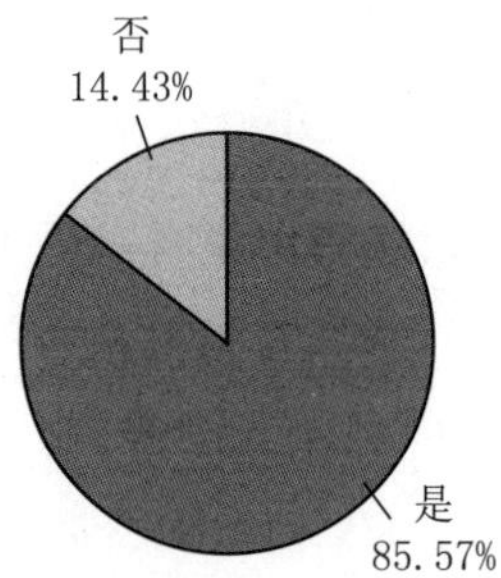

图 2-29　教师参与网上学习社区讨论的情况

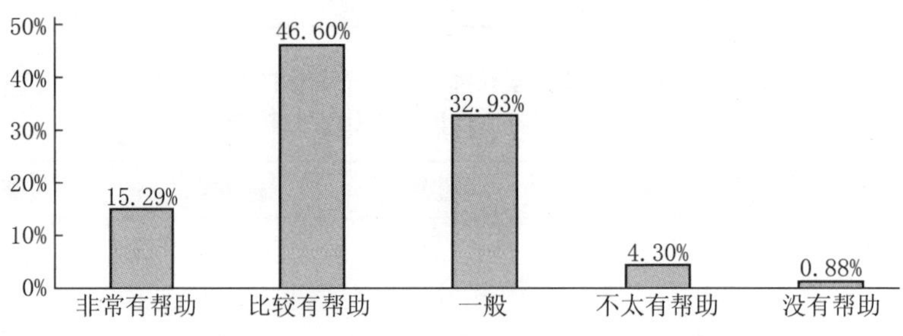

图 2-30　网上学习社区讨论对教师学习的帮助情况

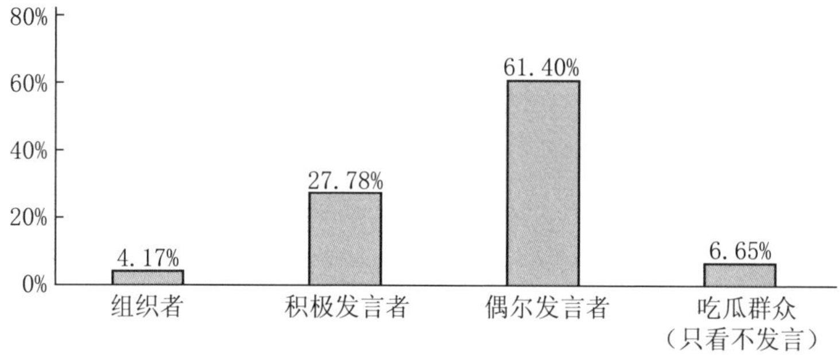

图 2-31　教师在网上学习社区中扮演的角色情况

2. 教师将自己的经验心得体会等通过网络与同事交流分享的情况

大多数教师一般会将自己的经验心得体会等通过网络与同事交流分享，且不同教龄、区域、学校类型的教师在将自己的经验心得体会等通过网络与同事交流分享上存在显著差异。如图 2-32 所示，对于教师是否会将自己的经验心得体会等通过网络与同事交流分享，36.88％的教师是经常会；34.35％的教师是一般会；14.90％的教师是总是会；还有少数（13.87％）教师是较少或从不。

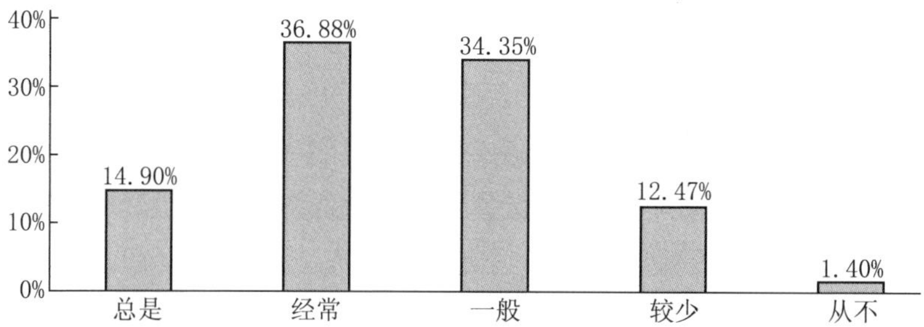

图 2-32　教师将自己的经验心得体会等通过网络与同事交流分享的情况

通过单因素方差分析，发现不同教龄、区域、学校类型的教师在将自己的经验心得体会等通过网络与同事交流分享上存在显著差异。

在教龄上，根据单因素方差分析的结果（见表 2-100），表明不同教龄教师间存在显著差异（$P<0.05$）。通过多重比较分析（见表 2-101），发现 1—3 年、4—6 年与 7—25 年，7—25 年与 26—33 年、34 年以上教龄教师间都有显著差异。

表 2-100 不同教龄教师将自己的经验心得体会等通过网络与同事交流分享的单因素方差分析表

	平方和	df	均方	F	显著性
组间	93.858	4	23.465	27.097	.000
组内	5 120.421	5 913	.866		
总数	5 214.279	5 917			

表 2-101 不同教龄教师将自己的经验心得体会等通过网络与同事交流分享的多重比较分析表

教龄		均值差	标准误	显著性
1—3 年	4—6 年	.072	.052	.743
	7—25 年	−.130*	.038	.018
	26—33 年	−.335*	.043	.000
	34 年以上	−.307*	.064	.000
4—6 年	1—3 年	−.072	.052	.743
	7—25 年	−.203*	.042	.000
	26—33 年	−.407*	.048	.000
	34 年以上	−.379*	.067	.000
7—25 年	1—3 年	.130*	.038	.018
	4—6 年	.203*	.042	.000
	26—33 年	−.205*	.032	.000
	34 年以上	−.177*	.057	.045
26—33 年	1—3 年	.335*	.043	.000
	4—6 年	.407*	.048	.000
	7—25 年	.205*	.032	.000
	34 年以上	.028	.060	.995
34 年以上	1—3 年	.307*	.064	.000
	4—6 年	.379*	.067	.000
	7—25 年	.177*	.057	.045
	26—33 年	−.028	.060	.995

在区域上，根据单因素方差分析的结果（见表 2-102），表明不同区域教师间存在显著差异（$P<0.05$）。通过多重比较分析（见表 2-103），发现市区与郊区教师间有显著差异。

表 2-102　不同区域教师将自己的经验心得体会等通过网络与同事交流分享的单因素方差分析表

	平方和	df	均方	F	显著性
组间	10.210	2	5.105	5.802	.003
组内	5 204.069	5 915	.880		
总数	5 214.279	5 917			

表 2-103　不同区域教师将自己的经验心得体会等通过网络与同事交流分享的多重比较分析表

学校地域		均值差	标准误	显著性
市　区	郊　区	.094*	.029	.005
	城乡接合部	.095	.039	.050
郊　区	市　区	−.094*	.029	.005
	城乡接合部	.001	.035	1.000
城乡接合部	市　区	−.095	.039	.050
	郊　区	.000	.035	1.000

在学校类型上，根据单因素方差分析的结果（见表 2-104），表明不同学校类型教师间存在显著差异（P＜0.05）。通过多重比较分析（见表 2-105），发现小学与初中、九年一贯制、高中，高中与初中、九年一贯制教师间都有显著差异。

表 2-104　不同学校类型教师将自己的经验心得体会等通过网络与同事交流分享的单因素方差分析表

	平方和	df	均方	F	显著性
组间	133.935	3	44.645	51.971	.000
组内	5 080.344	5 914	.859		
总数	5 214.279	5 917			

表 2-105　不同学校类型教师将自己的经验心得体会等通过网络与同事交流分享的多重比较分析表

学校类型		均值差	标准误	显著性
小　学	初　中	−.256*	.033	.000
	九年一贯制	−.196*	.033	.000
	高　中	−.413*	.034	.000
初　中	小　学	.256*	.033	.000
	九年一贯制	.060	.035	.389
	高　中	−.156*	.036	.000

（续表）

学校类型		均值差	标准误	显著性
九年一贯制	小　学	.196*	.033	.000
	初　中	−.060	.035	.389
	高　中	−.217*	.035	.000
高　中	小　学	.413*	.034	.000
	初　中	.156*	.036	.000
	九年一贯制	.217*	.035	.000

（六）关于政策保障

1. 多数教师没有参与过基于信息技术的相关研究或项目

如图 2-33 所示，53.44%的教师没有参与过基于信息技术的相关研究或项目，而只有 46.56%的教师参与过基于信息技术的相关研究或项目。

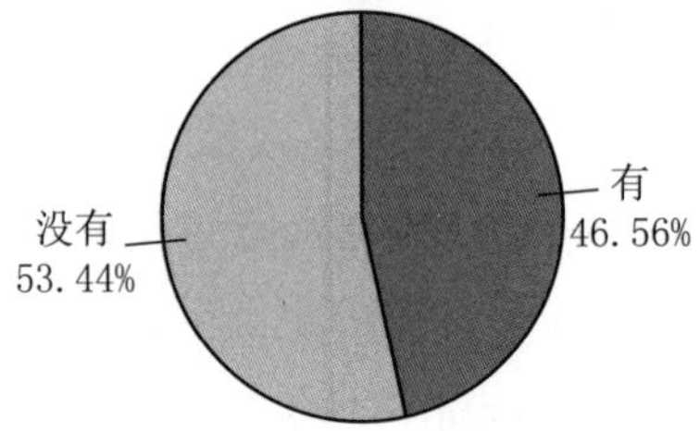

图 2-33　教师参与基于信息技术的相关研究或项目的情况

2. 大多数教师参加过基于网络的培训，且多数教师认为基于网络的培训是比较有效的

如图 2-34 所示，92.48%的教师参加过基于网络的培训；只有 7.52%的教师没有参加过基于网络的培训。同时，如图 2-35 所示，48.36%的教师认为比较有效；16.93%的教师认为非常有效；30.48%的教师认为一般。

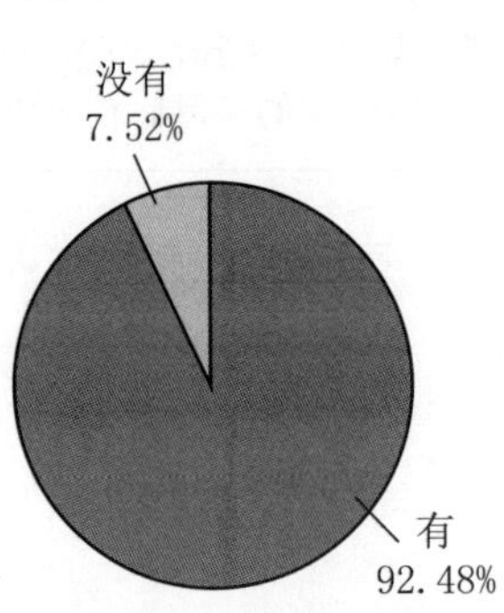

图 2-34　教师参加过基于网络的培训的情况

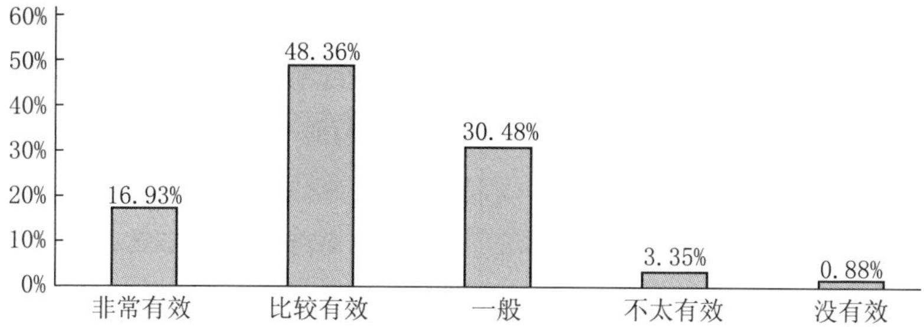

图 2-35　教师觉得基于网络的培训效果情况

3. 大多数教师所在学校对在教学过程中使用技术支持教学有相关要求

如图 2-36 所示，84.14%的教师所在学校对在教学过程中使用技术支持教学有相关要求。

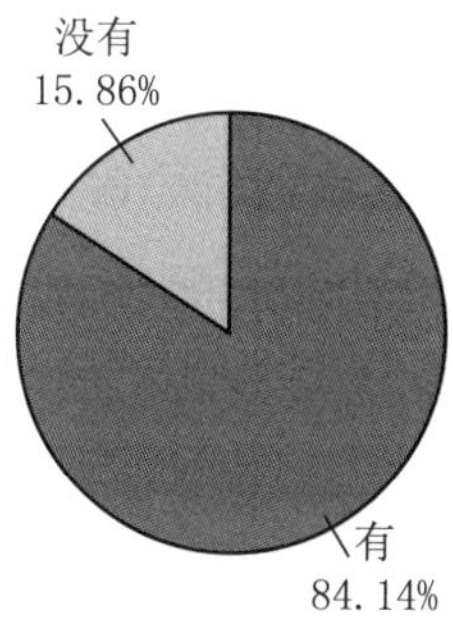

图 2-36　教师所在学校对在教学过程中使用技术支持教学有无相关要求

（七）关于影响教师进行技术支持的学习的因素

如表 2-106 所示，教师认为影响进行技术支持下学习的最主要原因是“教学任务繁重，时间精力有限”（75.3%）；其次是“网络基础设施差，降低了学习体验

表 2-106　影响教师进行技术支持的学习的因素

影响因素	响应		个案百分比
	N	N	
教学任务繁重，时间精力有限	4 455	44.8%	75.3%
网络基础设施差，降低了学习体验度	1 219	12.3%	20.6%
缺少有效的激励措施	1 065	10.7%	18.0%
学习内容或活动设计没有吸引力	1 159	11.7%	19.6%
自身的信息素养有待提升	906	9.1%	15.3%
学习网站界面不友好，操作不方便	285	2.9%	4.8%
学习过程中缺乏指导	847	8.5%	14.3%
总计	9 936	100.0%	167.9%

度”(20.6%)、“学习内容或活动设计没有吸引力”(19.6%)和“缺少有效的激励措施”(18.0%)。同时,通过列联表的交叉分析,发现不同教龄、学历、区域、学校类型、职称、学科的教师都认为影响进行技术支持下学习的最主要原因是“教学任务繁重,时间精力有限”。

(八) 调查结论

通过上述调查结果的分析,我们发现关于技术支持的教师学习与环境的现状主要表现在以下几个方面。

首先,技术对于教师学习具有重要作用,对支持和促进教师专业发展有很大帮助。在信息化的时代背景下,技术在教师学习和专业发展过程中发挥的作用越来越凸显。在教师学习过程中,技术发挥着诸如资料收集与管理、材料呈现、在线答疑与提供帮助、学习研讨等作用,对教师的专长发展帮助很大。

其次,教师愿意借助技术的支持进行专业学习。正是因为认识到技术对于教师学习和教师专业发展的重要性,教师经常使用技术手段或媒介进行学习,如查找教学资源,获取教育资讯、参加在线教研活动、参加在线培训等。通过技术支持的学习,提升自身的教学技能、教研能力等。

再次,目前技术的学习环境无法满足教师学习的需要。虽然目前技术支持的学习环境对教师学习有一定的帮助,但受到很多因素的影响,总体而言无法满足教师学习的需要,主要体现在资源、工具、社群和评价等诸多方面。例如,教师最希望通过技术获得支持的是教学资源、信息化教学案例、教学软件等,但目前在教师学习资源和学习工具提供上还存在诸多问题。

最后,目前缺乏对技术支持的教师学习环境的系统设计。虽然利用技术为教师学习提供了相关的学习资源、学习工具、学习平台等,但一般都较为零散,彼此间的关联性和系统性不够。例如,一些在线教师学习平台,要么提供的资源不足,要么缺少过程跟踪,影响教师的学习意愿和学习效率。

随着信息技术在教育领域的广泛应用,技术在支持教师学习和促进教师专业发展中正扮演着越来越重要的角色。广大教师也意识到技术在自身专业学习和发展中发挥着重要作用,并积极地利用技术的支持进行学习。然而,就目前技术支持的教师学习环境而言,缺乏系统的设计,难以满足教师学习的需要。因此,需从资源、工具、社群、情境、评价等多方面整体建构和设计技术支持的教师学习环境,以更好地满足教师多样化的学习需求,真正发挥技术支持的教师学习的优势。

第三章
技术支持的教师学习环境模型构建

基于上述技术支持的教师学习的问卷调查结论，我们发现，技术支持的教师学习对广大教师来说，已经成为他们专业学习生活不可或缺的一部分，技术在愿景、动机、能力、反思和社群五个方面有力地支撑了教师学习，同时也存在一些问题，如教师在教学中应用技术的能力不足、教师需要的高质量资源不多、教师参加网上学习社群的频度不高等问题，因此需要从教师学习环境入手，构建一个能够满足教师学习需求的技术支持的教师学习环境，让教师学习更加便捷和高效。

第一节　技术支持的教师学习环境的内涵与核心理念

（一）技术支持的教师学习环境内涵界定

1. 学习环境

在界定技术支持的教师学习环境之前，需要厘清学习环境的概念。自 20 世纪 90 年代以来，学习环境已经成为教育研究领域的主题词。国内不少学者对学习环境进行了界定，较具有代表性的有以下几种：

武法提提出，学习环境是学习者在学习过程中开展学习活动的情况和条件，其中，“情况”是指学习活动的起点和某一时刻的状态，“条件”是指学习活动赖以持续的保证，不仅包括支持学习过程的物质条件（例如场所、学习资源），还包括教学模式、教学策略、学习氛围、人际关系和学习者的动机状态等非物质条件①。

陈琦和张建伟认为，学习环境是指学习过程中学习者可能与其发生相互作用的周遭因素及其组合，除了包括可能利用的内容资源和技术工具，可能会发生交往关系的人，例如同学同伴、教师导师等，还包括学习活动发生的物理情境和

① 武法提.基于 WEB 的学习环境设计[J].电化教育研究，2000(4)：33—38.

社会心理情境①。

何克抗和李文光认为,学习环境是学习资源和人际关系的组合,其中学习资源包括学习材料(即信息)、支持学习者学习的认知工具(获取、加工、保存信息的工具)、学习空间(教室场所或虚拟网络学校)等,人际关系包括学生之间的人际交往以及师生之间的人际交往②。

祝智庭指出,学习环境是支持学习者自由探索和自主学习的场所,其中学习者不仅可以利用各种工具和信息资源达到学习目标,还能够得到教师的帮助和支持,学习者之间也可以相互协作和支持③。

钟志贤认为,学习环境是促进学习者发展的各种支持性条件的统合,其中"各种支持性条件"包括各种资源、工具、人、活动以及师生关系等,"统合"强调将各种支持性条件的统整,其结果是产生不同的教学活动类型或模式④。他认为,学习环境作为一种教学隐喻,所蕴含的主要隐喻包括:学习环境是"给养"某种学习活动或行为的;学习环境的核心理论是建构主义和情境认知理论;学习环境蕴含的知识观是意义建构;学习环境强调信息技术的积极应用,以促进学习者高阶能力的发展等。

习海旭等认为,环境是影响主体变化或让主体发生作用的一切情况和条件。学习者是学习活动的主体,因此一般认为学习环境是支持学习者学习的一切情况和条件,泛指支持学习发生的内外部条件⑤。

国外也有不少学者对学习环境的概念进行了定义,其中较具代表性的观点如下:

Wilson 认为,学习环境是学习者为了达到学习目标使用各种资源和工具参与问题解决活动的场所,其中学习者可以相互合作和支持⑥。Wilson 的定义强调资源、工具和人际关系是学习环境的构成要素。Kirschner 提出,学习环境是为学习者提供充分信息资料和教育辅助手段的场所⑦。Peck 等认为,学习环境

---

① 陈琦,张建伟.信息时代的整合性学习模型[J].北京大学教育评论,2003,1(3):90—96.

② 何克抗,李文光.教育技术学[M].北京:北京师范大学出版社,2002:187.

③ 祝智庭,钟志贤.现代教育技术——促进多元智能发展[M].上海:华东师范大学出版社,2003:170.

④ 钟志贤.论学习环境设计[J].电化教育研究,2005,7:35—41.

⑤ 习海旭,廖宏建,黄纯国.智慧学习环境的架构设计与实施策略[J].电化教育研究,2017(4):72—76.

⑥ Wilson, Brent G.. Metaphors for Instruction: Why We Talk About Learning Environments[J]. Educational Technology, 1995, 35(5):25—30.

⑦ Kirschner, P.,盛群力,沈敏.旨在获得学习能力和专业能力的学习环境设计[J].远程教育杂志,2004(4):17—23.

是个人或小组共同学习或相互支持的空间，在这个空间里学习者运用信息资源和知识建构工具解决问题，由学习者控制自己的学习活动①。Brush 和 Saye 指出，学习环境是为学习者发挥主体性角色而提供的充分机会和支持性条件的场所②。

综上所述，国内外学者尽管对学习环境内涵界定的表述侧重点各有不同，但也表现出一些共性：1.学习环境是学习活动展开的场所或空间；2.学习环境是学习活动展开的支持性条件；3.学习环境的要素主要包括资源、工具和人等；4.学习环境能够支持学习者自主、协作和探究等学习活动的开展；5.学习者控制学习过程。为此，本研究将教师学习环境界定为促进教师学习的各种支持性条件的统合，其中支持性条件包含各种资源、工具和人际关系，这些支持性条件统合的结果是产生各种不同的教师学习类型或模式。

2. 技术支持的教师学习环境

在明确了学习环境的内涵后，我们还需要进一步厘清技术支持的教师学习环境的内涵。鉴于目前还没有直接指向技术支持的教师学习环境的界定，但已有的文献中与技术支持的教师学习环境相关的提法有很多，如网络学习环境、数字学习环境、智慧学习环境等。

皮特(Peter)认为网络学习环境包括网络技术平台、网络学习资源、网上学习社区等一切网络学习系统赖以存在和发展的全部外部条件③。伊达(Ildar)认为网络学习环境是指学习者在网络上进行自由探索和自主学习的场所④。马来西亚学者陈(Chin)认为，智慧学习环境是一个以信息通信技术的应用为基础、以学习者为中心的且具备以下特征的环境：可以适应学习者不同的学习风格和学习能力；可以为学习者的终身学习提供支持；为学习者的发展提供支持。

黄荣怀指出，智慧学习环境是一种能感知学习情景、识别学习者特征、提供合适的学习资源与便利的互动工具、自动记录学习过程和评测学习成果，以促进

① David H.Jonassen, Kyle L.Peck, Brent G.Wilson. Learning with technology: A constructivist perspective[J]. Upper Saddle River, NJ: Merrill, 1999.

② Thomas Brush, John Saye. Implementation and evaluation of a student-centered learning unit: A case study[J]. Educational technology research and development, 2000, 48(3):79—100.

③ Peter Brusilovsky, Hemanata Nijhavan. A Framework for Adaptive E-learning Based on Distributed Re-usable Learning Activities. In Proceedings of E-learning, Montreal, Canada, AAEC, 2002.

④ Ildar Galeev, Larissa Tararina, Oleg Kolvsov. Problems of Buliding Adaptive Integrated Learning Environments[R], Proceedings of ICALT2003.

学习者有效学习的学习场所或活动空间。智慧学习环境是普通数字化学习环境的高端形态，是教育技术发展的必然结果①。

为了避免概念的混淆，本研究将网络学习环境、数字学习环境、智慧学习环境等统称为技术支持的学习环境。并将教师学习环境界定为促进教师学习的各种支持性条件的统合。促进教师学习是构建教师学习环境的目的和意义，而各种支持性条件是开展教师学习的前提和保障，其中支持性条件涉及各种资源、工具和人际关系，这些支持性条件统合的结果是产生各种不同的教师学习类型或模式。

由此可知，技术支持的教师学习环境是指利用信息通信技术为教师学习提供各种资源、工具和人际关系等的学习环境，为教师学习提供便利，旨在促进教师的专业发展。技术支持的教师学习环境作为教师学习环境的一种，强调的是信息通信技术的支持。技术支持的教师学习环境是支持教师学习的理想环境，教师不仅能够获取优质的在线资源，也能够基于在线共同体进行学习，还能够在线与专家进行讨论交流，从而提升了教师学习的便利性、泛在性和高效性。技术支持的教师学习环境的高端形态是智慧学习环境，教师可以感知学习情景、识别学习者特征、提供合适的学习资源与便利的互动工具、自动记录学习过程和评测学习成果，能提升教师学习的有效性。

（二）技术支持的教师学习环境的核心理念

如前所述，技术支持的教师学习环境能利用信息通信技术为教师学习提供各种资源、工具和人际关系等的支持。

1. 教学工具：支持教师学会教学

技术支持的教师学习环境能够通过教学媒体和教学辅助工具的形态出现在教师教学情境中，支持教师的教学活动，从这个意义上来说，技术支持的教师学习环境即教学工具。教学活动是一种获取、加工、处理和利用信息的过程②，教学工具能够在这个过程中为教师获取和传递教学信息提供更加便捷、高效和多样的途径；教学工具还能够支持教师在课前、课中、课后分配学习任务和资源，提高教学效率；教学工具可以打破传统的教学流程和模式，创新课堂形态（如翻转

① 黄荣怀，杨俊锋，胡永斌.从数字学习环境到智慧学习环境——学习环境的变革与趋势[J].开放教育研究，2012(1)：75—84.

② 王海燕.技术支持的教师教学反思研究[D].华东师范大学，2010：46.

课堂)。随着人工智能在教育教学中的应用,各种智能教学工具使教师能够更加及时、全面、准确地了解学生的学习情况,使得大班额下的因材施教和精准教学成为可能,从而更好地支持学生的个性化学习。智能时代,如何使用各种智能教学工具成为教师学习的重要内容,教师需要在实战中不断学习,才能成为智能时代的合格教师。教师学习除了教学工具,还包括愿景、动机、理念、能力等诸多方面,因为没有愿景、动机和理念的支撑,教师的学习不免落入"穿新鞋走老路"的俗套,教学也不可能有实质性的改变。因此工具的使用是为育人目标的实现服务的,这一点需要教师在理念层面加以改变。

2. 认知工具:支持教师学会反思

认知工具分为心智模式和外部支持工具两大类,两者是相互作用、相互影响的关系。对于心智模式而言,强调的是学习者内部的知识建构的能力及其已存在的认知结构,外部支持工具强调的是支持工具对学习者提供的指引和帮助,通过支持工具的提供,学习者能够更容易地达到更高的水平,即在现有水平的基础上帮助学习者达到即将达到的水平。对于技术支持的认知工具是指那些让使用者利用它们进行积极思考的软件工具,是一种促进认知的工具,如内容管理工具记事本、博客,可视化工具思维导图、概念图等①,合理地利用它们,可以更好地接受知识,领会知识,并与已有知识进行重组和创新。

反思在教师学习和成长过程中扮演了非常重要的角色。杜威认为反思是思维的一种形式,是个体在头脑中对问题进行反复、严肃、执着的沉思。肖恩指出反思是指专业从业人员在工作过程中能够建构或重新建构遇到的问题,并在问题背景下进一步探究问题,并提出了"教师即反思性实践者"②。教师就是在教学实践和学习过程中,对所遇到的问题进行主动、持久的思考,从而重构自己的知识,特别是实践性知识,进而促进教师的专业发展。

技术支持的教师学习环境中的认知工具能够有效支持教师的反思,包括对教学过程的反思、对观摩名师的反思、对个体的自我反思、对协作的反思以及对专题的反思等的支持,这些认知工具包括实践记录工具、反思过程记录、教学反

---

① 邢晓俊.新时代自主学习工具——基于 SOLO 理论的认知工具分类研究[J].成人教育,2015,35(7):19—23.

② Schon, D. The Reflective Practitioner: How Professionals Think in Action[M]. New York: Basic Books, 1983:68.

思分析、教学案例浏览和评论、教学反思交流、反思评价、反思日记记录和分享等①。随着移动互联技术的发展，技术可以支持教师随时随地记录反思、心得，并实现与他人的分享与互动，为教师的专业成长提供极大便利。

3. 教研工具：支持教师学会研究

教师开展网络环境下的教育教学研究活动是技术支持教师学习的重要组成部分，也是发展教师专业能力的重要途径，能够促进教师创新性教学能力的发展。技术支持的教师学习环境为教师开展教研活动提供了便利。教师不仅能够随时随地获取教学资源，更能够获取丰富优质的教研资源，提高教研活动的成效。同时，教研工具能够对教师教研活动进行管理和监控，支持教研过程中不同研究活动的开展；教研社群和在线专家团队能够实时地支持教师进行交流讨论；数据统计与分析平台或工具能够为研究的科学性和严谨性提供有力支持。此外，技术支持的教师学习环境能够更加迅速、有效地支持教师的教研成果转化，不断改进教师的教学行为，使发现问题—进行研究—改进教学形成螺旋上升阶梯，助力教师的专业发展。

总之，技术支持的教师学习环境通过丰富的资源和各种智能化的工具(教学工具、认知工具、教研工具等)，为教师创设了人人时时处处可学的学习环境，极大地方便了教师的学习。其实各种工具之间没有明确的界限，比如部分认知工具也可以用作教学和教研活动的支持工具。技术支持的教师学习环境不仅可以支持教师学会教学、学会反思、学会研究，而且也是教师师德能力提升的重要渠道，是教师参与教育教学创新的重要途径。

第二节　技术支持的教师学习环境模型构建

智能时代，要构建科学合理的技术支持的教师学习环境模型，需要依据相关学习环境理论，特别是技术支持的学习环境构成理论的研究成果。

(一) 技术支持的学习环境构成要素

通过对国内外已有研究进行调研发现，目前有不少学者对学习环境的构成

① 王海燕.技术支持的教师教学反思研究[D].华东师范大学，2010：82—83.

要素展开了研究，其中国外具有代表性的观点如下：

奥利弗（Oliver）和汉纳芬（Hannafin）提出的四要素说，认为典型的开放式学习环境包括学习情境、学习资源、学习工具和学习支架四个要素。沉浸式情境能够为问题提供实际的框架，资源能够让学生构思和解决问题，工具帮助学生处理和讨论信息，教师和基于工具的支架能够为学习者问题解决的策略或过程提供指导①。乔纳森（Jonassen）等认为学习环境包括问题/项目空间＋相关案例＋信息资源＋认知工具＋学习共同体和社会性支持等六个要素②。威尔逊（Wilson）的三要素说，强调资源、工具和人际关系是学习环境的构成要素③。

国内具有代表性的观点有：陈琦等的学习生态说，认为技术作为学习者与学习环境互动的中介工具，主要发挥四种功能：学习监控工具、媒体、信息处理工具和社群互动工具④。钟志贤的七要素说，认为学习环境包括活动、情境、资源、工具、支架、学习共同体和评价七大要素⑤。黄荣怀等的六要素说，认为智慧学习环境的构成要素包括资源、工具、学习社群、教学社群、学习方式、教学方式六个组成部分⑥。

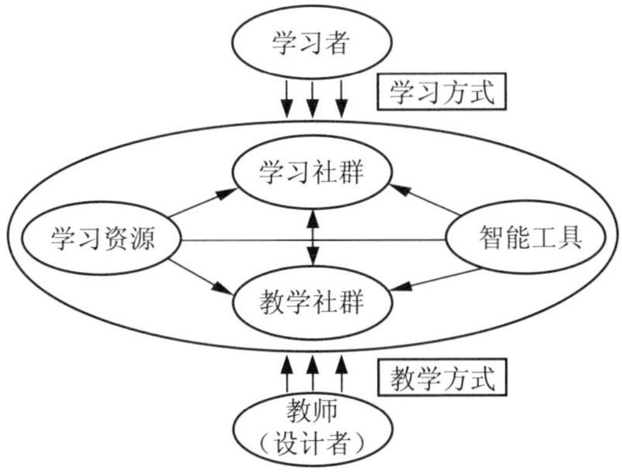

图 3-1　智慧学习环境的系统模型（引自黄荣怀 2012）

① Kevin Oliver, Michael Hannafin. Developing and refining mental models in open-ended learning environments: A case study[J]. Educational Technology Research and Development, 2001, 49(4):5—32.

② Jonassen, D., K.Peck, B.Wilson. Learning With Technology: A Constructivist Perspective[M]. New Jersey: Prentice Hall, 1999:8.

③ Wilson, Brent G.. Metaphors for Instruction: Why We Talk About Learning Environments[J]. Educational Technology, 1995, 35(5):25—30.

④ 陈琦，张建伟.信息时代的整合性学习模型[J].北京大学教育评论，2003，1(3)：90—96.

⑤ 钟志贤.论学习环境设计[J].电化教育研究，2005(7)：35—41.

⑥ 黄荣怀，杨俊锋，胡永斌.从数字学习环境到智慧学习环境[J].开放教育研究，2012(1)：75—84.

综上，学习环境的构成要素主要包括学习资源、学习工具、学习评价、学习情境、学习活动和学习社群等方面。本研究根据教师学习的特点，把技术支持的教师学习环境的构成要素界定为学习资源、学习工具、学习评价、学习社群和学习情境五大要素。

（二）技术支持的教师学习环境理论模型构建的宗旨

美国学者波斯纳（Posner）指出，教师专业成长＝教学经验＋教学反思。这一观点指明了教师专业发展的路径，提出了教学经验和教学反思对教师专业成长的重要性。教学经验是在教师日常的教育教学实践中不断养成的，而教学反思是对教育教学实践进行内省的过程，是理性审视教学实践的过程，属于一种高阶思维①。

另外，相关研究表明②，在职教师反思将学生的思维、能力、动力激发放到反思的核心位置，随着人工智能技术的发展，对学生的高阶能力培养会成为重点，如何培养学生的高阶能力将成为教师反思的核心内容，这样必然要求教师自身具备良好的高阶能力。

何为高阶能力呢？它是解决劣构问题或复杂任务的心理特征，包括创新、问题求解、决策、批判性思维、团队协作、获取隐性知识、自我管理和可持续发展能力③。学习者从问题探究中所获得的知识是个人化的知识、复杂的知识和隐性知识，这与教师专业发展中的实践性、内隐性知识的内涵是类似的，教师一旦具备了高阶能力，其专业能力也会得到迅速的提升。

如何促进教师高阶能力的发展呢？只有学习者能真正开展有意义的学习活动，才有利于学习者发展高阶能力，有意义的学习活动是各种学习环境要素发挥作用力的指向，有意义的学习活动包含主动的、意图的、建构的、真实的和合作的五个相互联系的特性④。技术应用的最佳目的就是在建构主义学习环境中，促进学习者高阶思维能力的发展。工具（信息技术工具）的应用最适合于支持学习者的高阶学习⑤。

---

①② 王碧梅，胡卫平．职前教师和在职教师教学反思关注点比较[J]．教育科学，2016，2：39—44.

③ 钟志贤．论学习环境设计[J]．电化教育研究，2005，7：35—41.

④ Jonassen，D.，K.Peck，B.Wilson. Learning With Technology：A Constructivist Perspective[M]. Prentice Hall，1999.8.

⑤ Creating an Appropriate Learning Environment[DB/OL]. http://www.bishops.ntc.nf.ca/learn-envir.htm，2003-10-15.

因此，要构建合理的技术支持的教师学习环境理论模型，就需要明确学习环境构成、有意义的学习活动、教师高阶思维能力三者之间的关系，本研究认为三者的关系如下图所示。

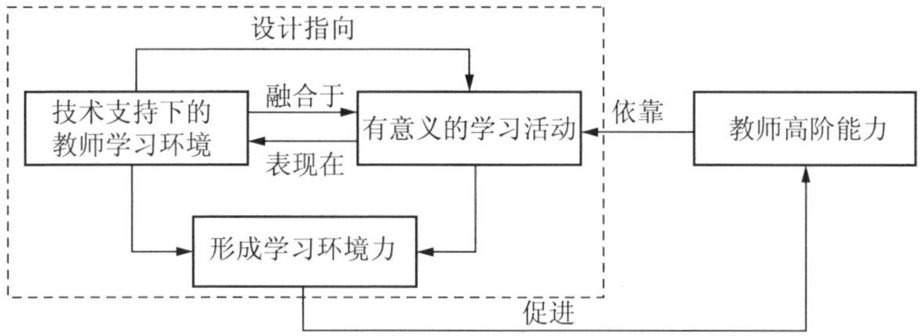

图 3-2　技术支持的教师学习环境构建指向示意图

技术支持的教师学习环境构建的目的在于支持教师进行有意义的学习活动，在学习环境设计中，技术支持的教师学习环境与有意义的教师学习活动相互支撑共同形成积极的学习环境力，以支持教师学习，促进教师高阶能力的发展，即让教师学习教学、学会反思、学会研究和学会为师。

（三）技术支持的教师学习环境理论模型构建

明确了技术支持的教师学习环境模型构建的目标，以及模型关键部分——学习环境构成、有意义的学习活动、教师高阶思维能力之间的关系之后，我们进一步细化各个关键部分，构建了如图 3-3 所示的技术支持的教师学习环境理论模型。该模型的核心包括教师学习环境构成要素、学习环境功能、学习模式、信息支撑技术，其构建的理论基础包括新建构主义、分布式认知、关联主义、情境认知学习理论和终身学习、成人学习和教师专业发展理论等，通过技术支持教师学习在愿景、动机、能力、反思与社群等方面的实践，从而更好地帮助教师学会教学、学会反思、学会研究和学会为师。

有意义的学习活动是统整技术支持的教师学习环境的核心，具体体现为三种教师学习模式：基于课程的自主学习、基于工作坊的社群学习和基于课例的情景学习。支持环境主要包括学习环境构成的五大要素——学习资源、学习工具、学习情境、社群和学习评价，以及基于技术支持所形成的五大学习环境功能——跟踪过程、感知环境、连接社群、数据融通和精准服务。

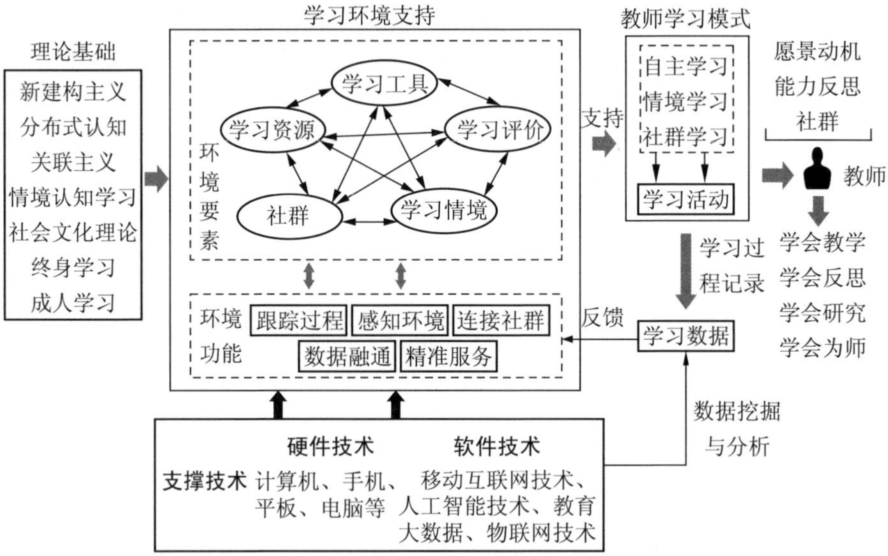

图 3-3　技术支持的教师学习环境理论模型

1. 教师学习模式

(1) 基于课程的自主学习模式

教师自主学习以教师为学习主体，在原有知识基础上，根据已有的知识基础和需要，具有主动学习的意识和动力，自觉确定学习目标，制定学习计划，选择适合自身专业发展要求的课程、内容、学习方式、学习场所以及需要的学习材料，通过所选择的内容，采取有效方式、途径与策略而进行的自主学习，调控学习过程，评价学习结果。教师自主学习的目的是提高教育教学水平，促进教师专业可持续高质量的发展。自主学习给了教师主动权，使得教师可以将注意力放在个人的专业发展需求，避免了非个性化的教师培训对教师自我发展的积极性的阻碍。

(2) 基于教研活动的社群学习模式

基于工作坊的社群学习模式以线上交互为主，通过协作探究的方式来进行教学经验分享、专业知识交流、学习资源推送、教学实践反思；学习内容是基于真实的课堂教学情境，主题鲜明，针对性强；交互方式以分享和评价为主，呈现方式多以文字、图片、语音、视频等全媒体形式呈现；通过与不同社群的教师、同伴或专家进行交流互动，汇聚集体智慧，让教师获得学习的满足感和归属感，促进教师群体发展；弥补了传统实地教师研习时空受限的不足，实现“随时随地”的跨时空协作学习。

（3）基于课例的情境学习模式

基于课例的情境学习模式是指将上课教师的教学过程，通过网络直播或点播的方式，提供给其他教师观摩学习，教师在观课的基础上对课例进行研讨学习的学习方式。这种模式在教师现场观课方式之余，也支持无法及时赶到现场的教师使用手持设备参与观课活动。该模式下，观课教师有三种观课方式：①观课教师可以直接走进课堂现场观课。②观课教师可以在专门的网络观课室进行观课。网络观课室可以设立在同一所学校，也可以设立在不同的学校；可以只设立一个，也可以设立多个。③观课教师还可以通过课后点播的方式进行观课。观课过程中，教师可以通过课堂教学评价系统中的课堂观测量表指标对观摩课的教学情况进行诊断评估，通过信息化手段及时反馈诊断结果，了解每位观课教师的看法和建议，全面把握教学中各项诊断指标的得分情况，基于系统的评价数据和课堂教学过程中的观察记录展开教学研讨，为优化和改进教学集思广益。

2. 技术支持的教师学习环境要素构成

（1）学习资源

学习资源是技术支持的教师学习环境设计的重要因素，是学习者进行学习的必要条件之一。学习资源一般是指与学习内容相关的信息，如教材、教案、参考资料、书籍、网络资源等，这些信息资源可以以不同媒体和格式存储和呈现，包括文字、图形图像、音频视频、软件等形式，也可以是这些形式的组合。在技术支持的教师学习环境中，根据学习资源与教师之间的互动关系，可以分为“学材”“习材”和“创材”，其中“学材”作用于知识的传授，“习材”作用于知识的内化，“创材”作用于知识的外显和迁移①。具体到三种教师学习模式中，学习资源的特点也有一定的区别。

另外，从学习资源与教师学习的互动关系来讲，在一般的数字学习环境中，资源常常与固定的学习系统相互绑定，由教师自己进行选择。而在智能化技术支持的教师学习环境中，学习资源分布在云端、平台和相关节点中，这些资源也会在网络中“流动”，教师可以根据自己的学习需求以及个人喜好，自主选择，智

① 祝智庭.智慧教育新发展：从翻转课堂到智慧课堂及智慧学习空间[J].开放教育研究，2016(1)：18—26.

能化的网络平台/系统也会在对学习者的数据挖掘与学习分析的基础上，全面、客观地了解每位学习者的学习偏好、学习状态及优势与不足，以此精准地向学习者推送符合其特征的学习资源，激发学习者的学习热情，提高学习效率。

表 3-1　三种教师学习模式对应学习资源的特点

教师学习模式	学　习　资　源
基于课程的自主学习模式	内容包括数字化媒体材料、在线或离线数字化课程等；形式上，结构清晰、活泼，具有自组织化、富媒体化；获取方式上，允许学习者随意获取与学习主题具有较大相关性的内容，随调随用。
基于教师的社群学习模式	动态开放的资源生成与应用机制，不仅根据教师学习资源的群体需求特征，重视基于教师专业成长的专题化、主题化的教师学习预设资源的提供(组织者提前准备高质量的研讨主题)，也关注教师学习的个性化与发展性需求，重视在社群互动中生成性资源的利用，允许学习者获取与学习主题具有较大相关性的内容，并能随时调用。
基于课例的情境学习模式	将实际教学过程展现出来，引发大家讨论，提供的资源包括教学实录、相关数字化媒体材料、教师相互点评信息等；在形式上，提供的资源是非结构化的，但与主题相关；在获取方式上，允许学习者随意获取与学习主题具有较大相关性的内容，随调随用。

(2) 学习工具

学习工具为教师学习提供支持，在技术支持的教师学习环境中，依据工具的用途来分，主要有以下几类。

教学工具：为教师获取和传递教学信息提供更加便捷、高效和多样的途径；支持教师在课前、课中、课后分配学习任务和资源，提高教学效率；打破了传统的教学流程和模式，创新课堂形态。随着人工智能在教育教学中的应用，各种智能教学工具使教师能够更加及时、全面、准确地了解学生的学习情况，使得大班额下的因材施教和精准教学成为可能，以更好地支持学生的个性化学习。

认知工具：是指那些让使用者利用它们进行积极思考的软件工具，能促进教师的认知发展，如内容管理工具记事本、博客，可视化工具思维导图、概念图等①，合理地利用它们，可以更好地获得知识、领会知识，并与已有知识进行重组和创新。

① 邢晓俊.新时代自主学习工具——基于 SOLO 理论的认知工具分类研究[J].成人教育，2015，35(7)：19—23.

教研工具：对教师教研活动进行管理和监控，支持教研过程中不同研究活动的开展；教研社群和在线专家团队能够实时地支持教师进行交流讨论；数据统计与分析工具能够为研究的科学性和严谨性提供有力支持。

除了上述显性的、与教师学习产生明显互动的工具以外，随着信息技术的发展，各类智能工具为学习环境的“智慧”提供了全面支持，具体包括学习者模型测量、信息推送、学习轨迹记录和情绪感知等工具①。

另外，从教师学习与学习工具的关系来看，在一般的数字学习环境中，有一些通用型工具，工具是丰富的、系统的和静态的，学习者通过判断技术环境和学习情境，选择适用的工具。在技术支持的教师学习环境，自动感知技术自动识别学习环境和学习情景，然后给教师推送适合的学习工具。

具体到三种教师学习模式，学习工具对教师学习的支持力度也各有侧重，具体如下表。

表 3-2　三种教师学习模式对应的学习工具支持

教师学习模式	学　习　工　具
基于课程的自主学习模式	主要包括学习者模型测量工具、信息推送工具、学习轨迹记录工具、学习结果评价工具等。
基于教师的社群学习模式	主要包括演示工具、交互工具、学习结果评价工具、信息推送工具、学习轨迹记录工具等。
基于课例的情境学习模式	主要包括交互工具、学习结果评价工具、学习者模型测量工具、信息推送工具、学习轨迹记录工具等。

(3) 学习社群

人是社会性的动物，与他人协作、群居时需要同伴的赞美与鼓励是人类的固有属性，因此，社会性建构如学习社群在人类认知发展中具有重要的作用，特别是在技术支持的学习环境中。相关研究表明，在缺乏反馈与激励的线上学习环境中，学习动机往往难以持续保持，缺乏同伴的支持，线上学习更容易产生倦怠和孤独感。在技术支持的教师学习环境中，对学习社群这一要素的设计非常关注。学习社群支持学习者与教师、同伴、专家等开展互动与交流，强调群体性智慧的传播与共享。在三种不同的教师学习模式中，其特点如下表所示。

① 黄荣怀，杨俊锋，胡永斌.从数字学习环境到智慧学习环境[J].开放教育研究，2012(1)：75—84.

表 3-3 三种教师学习模式对应学习社群的特点

教师学习模式	学习社群
基于课程的自主学习模式	倾向于个体知识建构，学习社群鼓励学习者之间经常沟通，彼此交流，以缓解个体自学的孤单感。
基于教研的社群学习模式	倾向于群体知识建构，学习社群提供相互共享实践经验的机会，构建激励性与支持性的学习文化，提供开放性互动空间，设计支持性与合作性任务，构筑促进人际互动的激励性环境，教师不仅充分发表自己的见解，并对别人的意见发表自己的看法与建议，在互相学习中取长补短、共同进步的过程中开展主动性、反思性、情感性及协作性学习，通过交流思想、分享经验，发展思维品质与人际关系，教师在主动性的学习研讨与探究实践中，从边缘性参与走向积极的实践行动。
基于课例的情境学习模式	如果是直播方式，类似于工作坊的社群学习模式，倾向于群体知识建构，学习社群的建立是学习基础；如果是点播的方式，类似基于课程的自主学习模式，倾向于个体知识建构，学习社群建立的目的是鼓励学习者之间经常沟通，彼此交流，以缓解个体自学的孤单感；社群中的成员可以是学科教研组的教师，也可以是区域层面的学科教师团体，还可以是基于同一目标愿景组建的临时教师团体。

技术支持的教师学习环境中的学习社群，还具有如下的共同特征：一是，社群成员都拥有一个真实的共同目标，这个共同的目标能促进社群成员间的协作和投入；二是，社群是通过合作小组的方式进行协商，激励多种观点的产生；三是，社群中个体能选择学习材料，鼓励个体积极主动参与学习；四是，有一系列相关的信息技术工具作为社群学习开展的支撑。

(4) 学习情境

情境认知认为，当学习发生在有意义的情境中，是最有效的，强调情境与学习者经验建立有意义联系，以促进知识、技能和经验提升。情境意识或情境化学习，已经成为有意义学习和促进知识向现实生活迁移的一个重要依据①。

教师专业成长中往往面对的许多问题都属于劣构问题，这类问题需要有多种解决方法和途径而且往往具有不确定性。其通常产生于特定的情境之中，且没有特别的界定，问题描述通常是模棱两可的，解决这类问题需要整合不同内容领域的知识。但培训学习中的良构问题与日常情境问题的求解是两回事，其间的关联性和迁移性相当有限②。

---

① Choi J-I, Hannafin M. Situated Cognition and Leaning Enviroments: Roles, Structures, and Implications for Design[J]. Educational Technology Research and Development, 1995, 43(2): 53—69.

② David H.Jonassen，钟志贤，谢榕琴.基于良构和劣构问题的求解的教学设计模式(下)[J].电化教育研究，2003(11)：61—66.

学习情境是指对一个或一系列学习事件或学习活动的综合描述，包括正式与非正式学习情境、真实与虚拟环境、个人与社会性情境，而综合描述一个学习情境需要学习时间、学习地点、学习伙伴和学习活动四个要素。技术支持的教师学习环境中，对学习情境的设计特别关键，具体到三种不同的学习模式，其情境的描述如下：

表 3-4 教师学习模式对应学习情境的特点

教师学习模式	学习情境
基于课程的自主学习模式	一种预先约定或者学习者自发性的学习行为，有特定的学习内容、预设的学习目标和评价方式。这种学习情景较为灵活，时间、地点不固定，学习过程中容易产生孤独感，不易得到帮助，对学习材料的可读性和个人学习的兴趣要求较高。
基于教研的社群学习模式	以小组形式参与、以讨论为主要沟通方式的学习形式，立足教师专业实践所需，以问题解决为切入点，有内隐实践问题的主题式研修，基于真实问题情境反思研讨等，情境创设与教师日常工作紧密贴合，教师容易产生兴趣，但需要组织者具有较强的组织能力和良好的人际关系。
基于课例的情境学习模式	教师可以通过点播的方式进行个体学习，也可以参与直播的小组学习，授课教师执教的课堂为观课教师开展观摩学习提供特定学习情境。兼具上面两种学习模式的特点。

（5）学习评价

评价是对知识建构过程的一种反馈和反思，合理的评价能激发学习者的学习动机，促进有效的知识建构。技术支持的教师学习环境中，学习评价将围绕学习问题、任务的特点、知识建构的过程和结果，运用灵活的、多样的评价标准，注重过程性评价。具有如下几个特点：①根据教师自身的目标、意图和过去成绩来评定学习进步情况，以本人为参照，评价重心在于教师的问题求解过程，关注求解过程中认知构成、认知策略和知识结构。②多种评价方式相结合，包括自我评价、他人评价相结合，过程评价和结果评价相结合，评价方法基于学习档案、学习契约和量规，等等。③评价重点关注知识与技能的迁移运用，强调高阶思维能力的学习和发展，而不是知识的记忆，鼓励学习者积极思考，向新情境中迁移应用所学。④学习评价类似学习过程中的一种支架，能为教师了解自身学习提供及时反馈，以调整学习策略，如能及时提供建议、评论，对关键概念进行清晰的阐释；建立学习社群，通过点评与自评促进知识的共享，以评促学；评价具有持续性和实时性，是整个学习过程中一个必不可少的组成部分，与教师学习如影相随。

技术支持的教师学习环境中，学习评价的实施依赖于技术，如大数据技术、学习分析技术，等等。学习者在学习的过程中会伴随生成大量的行为数据，这些大数据是提供个性化的学习诊断、学习决策、精准推送和多元评估等个性化自适应学习服务的科学依据。基于大数据进行学习分析，可以描述和解释过去的现象、预警和干预正在发生的学习、推断发展趋势和预测将来，让学习者了解自己的学习情况及可能的结果，以便引导学习者向健康的方向发展。通过对大数据的深入挖掘和分析，可以丰富评价的指标，加强过程性评价和以学习者自评与互评为主的主体性评价，使学习评价更为客观与准确。

3. 技术支持的教师学习环境功能

技术根据教师需求，调整学习环境中各要素的组合及其与教师之间的互动，促成有意义学习活动的生成。这些技术主要包括基于大数据的数据分析、情感识别、云计算等，最终体现以下五个方面的功能。

(1) 跟踪过程

教师能够通过不同的途径和模式开展教师学习，包括线下集体培训、在线培训、自主学习、探究式学习和社群学习等，已有的技术支持的教师学习环境能够将教师的学习过程客观地记录下来，通过数据的形式保存下来，为未来教师学习数据挖掘与分析提供数据支持。

(2) 感知环境

教师能够随时随地开展泛在学习，而不同学习情境下开展的学习模式也各不相同。因此，技术支持的教师学习能够支持对物理学习环境的感知，识别教师当下所处的学习情境，根据学习情境判断教师的学习需求，据此为教师提供精准的学习支持服务。

(3) 连接社群

社群学习是教师学习中重要的学习模式，传统的教师学习有其局限性，教师只能在所属的社群或工作坊等中进行交流讨论。技术支持的教师学习环境为联通不同的教师学习社群提供了有力支撑，能够让教师在线与不同社群的教师、同伴或专家进行交流互动，从而促进教师知识的构建。

(4) 数据融通

教师学习平台五花八门，教师在不同定位的学习平台上开展学习，但是其学习过程中所产生的数据却无法融通，更无法支持对教师学习行为的全面分析。在技术支持的教师学习环境里，通过统一身份认证和规范的数据标准，实现数据共享与融通，这有助于更精准地分析教师学习行为，反过来也有助于改善技术支持的教师学习环境，为教师学习提供更精准更高效的服务。

（5）精准服务

技术支持的教师学习环境具备跟踪过程、感知环境、连接社群、数据融通等特征，其目的更在于为教师学习提供更加精准的支持服务。在教育大数据和人工智能技术的支持下，对教师学习行为数据进行挖掘，基于教师专业发展知识图谱技术，能够为教师在不同情境下提供更加个性化学习服务，改善教师学习体验，从而提高教师学习的成效。

学习环境中各种要素的自然堆砌不可能自然构成整体的、积极的支持性力量，它们需要设计①。学习环境要素构成及要素之间的关系深刻影响着学习的效果，学习者与各种学习环境要素之间的关系是“互动”关系设计有效，互动是学习环境诸要素产生效力，学习得以发展的关键。

第三节　技术支持的教师学习环境体系架构

在技术支持的教师学习环境理论模型构建的基础上，我们接下来会对技术如何支持教学要素之间的互动以及要素与教师的互动做较为详细的阐述。

（一）构建原则

1. 以教师为中心

传统的教师学习主要以培训为主，授课的教师一般作为教师学习环境的主体为教师灌输专业发展相关知识。信息化时代，教师已经成为学习的主体，因此在学习环境设计中应以教师为中心，以满足教师在不同情境下的学习需求。

2. 以数据为导向

以数据为导向已经成为当前学习环境设计的重要原则之一，因此，围绕教育大数据对业务和功能进行设计对于构建生态化的学习环境至关重要。应用较为友好或成熟的数据采集标准，以实现整合不同系统的教师行为数据。

---

① 钟志贤.论学习环境设计[J].电化教育研究，2005(7)：35—41.

3. 以服务为中心

学习服务包括学习工具和学习评价。学习工具不再仅仅是教师在已有限定内的工具中选择并使用,而是可以基于数据分析根据不同教师的学习需求为教师提供或推荐不同的学习工具,以便更好地支持教师学习。同时,还应该考虑教师的学习体验,在不同情境下推送不同的个性化学习服务,以支持教师持续深入地开展学习。

(二) 技术支持的教师学习环境技术体系架构

根据第二节技术支持的教师学习环境理论模型,我们搭建了可落地实施的技术支持的教师学习环境技术体系架构。如图 3-5 所示,该架构由基础层、数据层、信息层、引擎层、应用层、用户层组成。

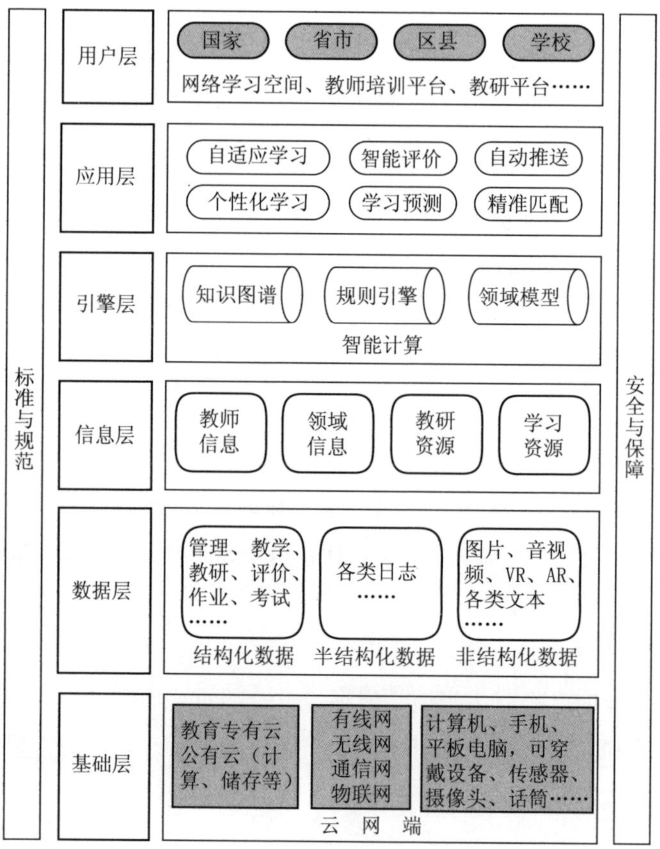

图 3-4　技术支持的教师学习环境技术体系架构

“基础层”由业界通用的云、网、端三个部分组成。“云”主要指教育专有云，以及各类公有云提供的计算、存储基础设施等；“网”主要指连接“云”和“端”的各类通信系统，包括有线网络、无线网络、通信网络(4G、5G 等)和物联网络；“端”主要指由计算机、手机、平板电脑等各类个人终端设备和摄像头、话筒等硬件以及物联设备(如：个人可穿戴设备、传感器)等构成，主要负责教师各种学习数据的感知和采集。通过各类网络等将其他系统和平台(如：教师信息系统、备课系统、教研系统、培训平台等)的教师学习数据传到云上。

“数据层”通过基础层对数据的持续采集，能够保存的所有原始数据的集合。这些数据大致可分为三类：一是各类业务系统中积累的业务管理以及教学、教研、评价、作业、考试等结构化数据；二是来自业务系统和监控系统的各类日志等的半结构化数据，这类数据可以进一步加工分析成为结构化数据；三是来自图片、音视频、VR、AR 以及各类文本等的非结构化数据，这类数据同样可以用技术方法进一步挖掘。以原始状态保存的三类数据形成了丰富的原始数据池，为后续数据的挖掘和应用做好充足的准备。

“信息层”是有意义的数据集合，是在“数据层”的基础上，通过 ETL 等技术对原始数据池中数据进行整合、转换和清洗，将数据转化为信息，汇聚到信息层，存储到教师学习者信息库、领域信息库、教研资源库、学习资源库等数据库当中，根据“数据层”持续的数据采集、转换，不断形成增量信息，对各种数据库中的内容进行更新。

“引擎层”主要指利用人工智能等新技术，引入知识图谱、规则引擎、领域模型等预先定义的智能计算模型，在海量知识的基础上，提取出更加精炼的、对教师直接有用的知识和产品。这里的“知识图谱”主要指基于学科知识体系形成的一套可计算的模型，“规则引擎”指的是基于可自定义的规则库形成的一套计算规则，“领域模型”指的是基于领域知识的一套计算规则。经过“引擎层”的进一步加工，海量知识变成了少量有用的高价值的知识。

“应用层”是面向教师的各种业务服务集合，包括：以自适应学习、个性化学习为代表的新型学习形态，以及在学习过程中利用智能引擎获得的智能评价、学习预测、自动推送、精准匹配等服务功能。基于智能化的“引擎层”和海量的“知识层”，教师学习应用将变得高度智能、有序，显著提升学习效果。

“用户层”是面向教师的最终界面，包括国家、省市、区县、学校提供的各类网络学习空间、教师培训平台、教研平台、备课平台等。这类平台有些已经使用多年，有些正在新建，对于新建或升级改造的平台，须充分利用应用层、引擎层、信息层不断积累有价值的工具和服务，为教师学习提供不断发展进化的技术支撑。

(三) 关键技术

技术支持的教师学习环境技术体系中涉及的关键技术包括互联网技术、教育大数据技术、人工智能技术、物联网技术知识图谱技术等。

1. 互联网技术

(1) 移动互联网

移动互联网就是将移动通信和互联网二者结合起来，成为一体。是指互联网的技术、平台、商业模式和应用与移动通信技术结合加以并实践的总称。5G时代的开启以及移动终端设备的升级换代必将为移动互联网的发展注入巨大的能量。

移动互联网(Mobile Internet，简称 MI)是一种通过智能移动终端，采用移动无线通信方式获取业务和服务的新兴业务，包含终端、软件和应用三个层面。终端层包括智能手机、平板电脑、电子书、MID 等；软件包括操作系统、中间件、数据库和安全软件等；应用包括休闲娱乐类、工具媒体类、商务财经类教育类等不同应用与服务。移动互联网使教师可以利用碎片画时间进行学习，使学习更加便捷。

(2) 云计算

云计算(Cloud Computing)是基于互联网的相关服务的增加、使用和交互模式，通常涉及通过互联网来提供动态易扩展且经常是虚拟化的资源。云是网络、互联网的一种比喻说法。过去在图中往往用云来表示电信网，后来也用来表示互联网和底层基础设施的抽象。因此，云计算甚至可以让你体验每秒 10 万亿次的运算能力，拥有这么强大的计算能力可以模拟核爆炸、预测气候变化和市场发展趋势。用户通过电脑、笔记本、手机等方式接入数据中心，按自己的需求进行运算。现阶段广为接受的是美国国家标准与技术研究院(NIST)定义：云计算是一种按使用量付费的模式，这种模式提供可用的、便捷的、按需的网络访问，进入可配置的计算资源共享池(资源包括网络，服务器，存储，应用软件，服务)，这些资源能够被快速提供，只需投入很少的管理工作，或与服务供应商进行很少的交互。用通俗的话说，云计算就是通过大量在云端的计算资源进行计算，如：用户通过自己的电脑发送指令给提供云计算的服务商，通过服务商提供的大量服务器进行“核爆炸”的计算，再将结果返回给用户。

2. 教育大数据

大数据是一个 IT 行业的技术术语，被定义为所涉及的数据量规模巨大到无法通过人工在合理时间内达到截取、管理、处理并整理成为人类所能解读的信息。大数据的核心特征常被概括为“4V”，即数据量大（Volume，一般认为在 T 级或 P 级以上）、输入和处理速度快（Velocity）、数据多样（Variety）和精确性（Veracity）①。

教育大数据是大数据的一个子集，特指教育领域的大数据。所谓教育大数据，是指整个教育活动过程中所产生的以及根据教育需要采集到的，一切用于教育发展并可创造巨大潜在价值的数据集合②。教育大数据有四大来源：一是在教学活动过程中直接产生的数据，比如课堂教学、考试测评、网络互动等；二是在教育管理活动中采集到的数据，比如学生的家庭信息、学生的健康体检信息、教职工基础信息、学校基本信息、财物信息、设备资产信息等；三是在科学研究活动中采集到的数据，比如论文发表、科研设备运行、科研材料采购与消耗等记录信息；四是在校园生活中产生的数据，比如餐饮消费、上机上网、复印资料、健身洗浴等记录信息。

教育大数据要能服务教育发展，具有教育目的性，而非盲目地囊括一切数据。教育活动过程中也会产生大量无意义的噪声数据（Noisy Data），因此需要根据教育应用目的进行数据过滤与整理，为后期深度挖掘与分析做好准备。

3. 人工智能技术

人工智能技术在教育领域的应用（Artificial Intelligence in Education，简称 AIED）伴随着人工智能的发展而成为学习技术的重要领域。在识别学习情境方面，人工智能技术的作用在于可以从各种数据中自动分析出学习者的特征信息，以及从大量的信息中检索出合适的学习资源，从而满足学习者的个性化学习需求。学习者建模技术和学习资源挖掘检索技术的新进展为新型学习环境建构提供了有力支撑③。

① 刘雍潜，杨现民.大数据时代区域教育均衡发展新思路[J].电化教育研究，2014(5)：11—14.

② 杨现民，唐斯斯，李冀红.发展教育大数据：内涵，价值和挑战[J].现代远程教育研究，2016(1)：50—61.

③ 黄荣怀，杨俊锋，胡永斌.从数字学习环境到智慧学习环境[J].开放教育研究，2012(1)：75—84.

(1) 学习分析和教育数据挖掘

关于学习分析的定义，目前专家学者众说纷纭。在第一届“学习分析和知识国际会议”上，专家对学习分析的定义为学习分析是用于对学习者及其学习环境数据进行测量、收集、分析和报告，以理解和优化学习和学习环境的技术①。《地平线报告》(2012)中指出，学习分析是通过对学习者产生和收集到的相关数据进行分析和阐释，来评估学习者的学业成就、预测其学习表现并发现存在问题的过程②。美国EDUCAUSE机构认为，学习分析技术是利用学习者相关数据和相应模型，来预测学习者的学习情况并发现潜在问题的技术③。虽然，各种定义的语言描述不同，但都包含相同的内涵和本质，即学生及其学习环境是学习分析的对象，教与学过程的数据是学习分析的依据，预测、评估、优化教学是学习分析的目标④⑤。

学习分析的数据来源主要是学习者相关数据和学习环境数据，数据处理与分析方法主要有：(1)统计分析法，用以分析学习者的成绩，达到课程目标的百分比，登录次数和时长；(2)内容分析法，用于分析学习者的知识掌握情况，在线互动情况，产生困难的原因；(3)社会网络分析法，用以分析学习者与其他学习者之间的互动关系对于学习者情感、认知等方面的影响；(4)话语分析法，用于分析学习者在在线学习平台上的语言，进而分析学习者的学习特征和情感态度情况；(5)文本分析法，分析目前多元网络学习环境中产生的以文本为主的非结构化数据⑥⑦。

数据挖掘(data mining，简称DM)是通过一定算法从海量数据中发现隐藏的模式和知识的过程⑧。随着教育信息化的发展、智慧校园的建设以及教育大数据

---

① Siemens G. Learning and knowledge analytics knewton—the future of education? [EB/OL]. [2019-01-17]. http://www.learninganalytics.net/?p=126.

② Johnson L., Adams S., Cummins, M. The NMC Horizon Report: 2012 Higher Education Edition[M]. Austin: New Media Consortium, 2012:42.

③ Scott G. Effective change management in higher education[J]. Educause Review, 2003, 38:64—78.

④ Siemens G. Learning analytics: Envisioning a research discipline and a domain of practice[C]// Proceedings of the 2nd International Conference on Learning Analytics and Knowledge. ACM, 2012:4—8.

⑤⑥ 刘清堂，王洋，雷诗捷，等.教育大数据视角下的学习分析应用研究与思考[J].远程教育杂志，2017(3):71—77.

⑦ 刘清堂，张思，范桂林，等.教育大数据视角下的内容语义分析模型及应用研究[J].电化教育研究，2017(1):54—61, 93.

⑧ Jiawei Han, Micheline Kamber. Data Mining: Concepts and Techni-ques[M]. San Francisco: Morgan Kaufmann, 2001.

呈指数型增长让教育数据挖掘(EDM)应运而生，其旨在分析教育环境中为解决教育研究问题而产生的独特数据，教育数据挖掘社区(http://www.educational-datamining.org)对 EDM 的定义则是："教育数据挖掘是一门新兴的学科，它致力于开发新的方法来探索来自教育环境的独特的且规模日益变大的数据，并使用这些方法来更好地理解学生及其学习环境。"①EDM 也可以被理解为是 DM 在教育大数据中的应用，这不仅是数字化教育研究的体现，也是教育信息化发展的必然需求②。

(2) 学习者建模技术

学习者模型是对真实学习者的一种抽象表示，代表了学习者的知识技能、认知行为、情感体验等方面的水平和特征③。学习者模型用于描述学习者内部和外部的学习特征，能够有助于学习者深入地了解学习状态和不足，从而调整学习的行为和投入；也有助于系统基于学习者模型收集的数据来分析学习者整体的学习情况，以便智能优化资源配置④。在智能辅导系统中，学习者模型扮演着大脑的角色，它可以在学习者学习的过程中跟踪其状态的变化，并自适应地给学习者提供合适的交互。而在大规模在线学习环境中，学习者模型可以对大规模的学习者进行定性或定量描述，为教师和学习环境设计人员的决策提供重要参考⑤。由此可知，学习者模型能够有效组织学习者的个性化信息，并基于这些信息进行数据挖掘以支持学习者建模和学习预测⑥。构建一个学习者模型的初期要考虑的主要因素包括作为数据来源和应用场景的教学环境、所选择建模的学习者特征以及所采用的建模技术⑦，因此对教师学习者模型可以优化资源配置、精准推送个性化学习资源、工具等。

---

① 李宇帆，张会福，刘上力，唐兵.教育数据挖掘研究进展[J/OL].计算机工程与应用.http://kns.cnki.net/kcms/detail/11.2127.TP.20190522.1757.006.html.

② 李婷，傅钢善.国内外教育数据挖掘研究现状及趋势分析[J].现代教育技术，2010，20(10)：21—25.

③⑦ Konstantina Chrysafiadi, Maria Virvou. Student modeling approaches: A literature review for the last decade[J]. Expert Systems with Applications, 2013, 40(11): 4715—4729.

④ 马志强，苏珊.学习分析视域下的学习者模型研究脉络与进展[J].现代远距离教育，2016(4)：44—50.

⑤ 徐鹏飞，郑勤华，陈耀华，等.教育数据挖掘中的学习者建模研究[J].中国远程教育，2018，521(6)：7—13，81.

⑥ 张治，刘小龙，余明华，等.研究型课程自适应学习系统：理念、策略与实践[J].中国电化教育，2018(4)：119—130.

(3) 自适应学习技术

《新媒体联盟 2015 地平线报告》认为,“实现个性化学习”是一个困难的挑战,而自适应学习技术为灵活的教育机会提供了一条路径[①]。自适应学习技术是指学习者学习时可以自动调整以适应其个性化学习需求的软件技术和平台,是指根据学习者的已有信息,建立用户适应模型,实现个性化内容呈现、路径推荐和学习支持[②],自适应学习技术具有改变游戏规则、促进学生个性化学习的潜力。从这个意义上说,自适应学习技术是对自适应学习系统中所采用的软件技术和平台的统称。自适应学习系统最初是由适应性超媒体系统(Adaptive Hypermedia System,简称为 AHS)演变而来的。Brusilovsky 给出了 AHS 的定义,即适应性超媒体(超文本)系统记录了(每个)用户的某些特征,在系统的运行过程中,系统根据该用户模型适应于不同的用户[③]。自适应学习技术能够为学习者提供适合其个体特征的适应性学习支持,以便学习者能够更快、更有效地进行学习。

4. 物联网技术

物联网的实践应用最早可以追溯到 1990 年施乐公司的网络可乐贩售机,而物—物互联的理念最早见于 1995 年比尔·盖茨的《未来之路》一书,因受到当时硬件设备和技术的限制,并未引起人们的重视。1998 年,美国麻省理工学院(MIT)提出了当时被称作 EPC 系统的“物联网”的构想[④]。1999 年,MIT Auto-ID 中心首次提出了“物联网”这个概念,同年中科院也启动了对传感网的研究。

关于物联网的定义,美国 Auto-ID 中心最早提出的“物联网”概念,它是基于互联网、RFID 技术、EPC 标准,在计算机互联网的基础上,主要利用射频识别技术、无线数据通信技术等,将会构造一个实现全球物品信息实时共享的实物互联网“Internet of things”(简称物联网)。国际电信联盟(ITU)的报告认为,物联网的定义较之前已经发生了变化,并指出射频识别技术(RFID)、传感器技术、纳米技术、智能嵌入技术将得到更加广泛的应用。在物联网时代,通过在各种各样的日用品中嵌入一种短距离的移动收发器,人类在信息与通信世界里将获得一个

---

① NMC 地平线项目.新媒体联盟 2016 地平线报告(高等教育版)[J].苏宏,陈阳键,等,译.广州广播电视大学学报,2016(2):1—21.

② 吴南中.自适应学习模型的构建及其实现策略[J].现代教育技术,2017(9):13—19.

③ 董晓辉,杨晓宏,张学军.自适应学习技术研究现状与展望[J].电化教育研究,2017(2):93—99,123.

④ 陈明选,徐旸.基于物联网的智慧校园建设与发展研究[J].远程教育杂志,2012(4):61—65.

新的沟通维度，在任何时间、任何地点的人与人之间的沟通将连接扩展到人—物和物—物之间。

在国内较为多见的“物联网”定义为：物联网是指利用各种信息传感设备，如射频识别装置、红外传感器、全球定位系统、激光扫描等种种装置与互联网结合起来而形成了一个巨大网络，其目的就是使所有物品都与网络连接在一起，使得识别和管理更加方便。物联网把网络所实现的人与人之间的互联通过技术扩大到了所有事物之间的连通，不但使得现实世界的物品互为连通，而且实现了现实世界（物理空间）与虚拟世界（数字化信息空间）的互联，从而有效地支持人机交互、人与物品之间的交互、人与人之间的社会性交互。

5. 知识图谱技术

知识图谱于 2012 年 5 月 17 日由 Google 正式提出，其初衷是为了提高搜索引擎的能力，改善用户的搜索质量以及搜索体验。随着人工智能的技术发展和应用，知识图谱作为关键技术之一，已被广泛应用于智能搜索、智能问答、个性化推荐、内容分发等领域。知识图谱（Knowledge Graph）又称为科学知识图谱，在图书情报界称为知识域可视化或知识领域映射地图，是显示知识发展进程与结构关系的一系列各种不同的图形，用可视化技术描述知识资源及其载体，挖掘、分析、构建、绘制和显示知识及它们之间的相互联系。本质上，知识图谱旨在描述真实世界中存在的各种实体或概念及其关系，其构成一张巨大的语义网络图，节点表示实体或概念，边则由属性或关系构成①。这一技术在教师学习领域的应用将使教师学习更加个性化，从而提升学习效率。

① 知识图谱的系统工程观（综述）[DB/OL]. https://blog.csdn.net/Leohfan/article/details/84036498.

第四章
技术支持的教师学习模式与实践

技术支持的教师学习环境促进各种教师学习支持性条件（资源、工具和人际关系）的统合，这些支持性条件的统合产生了各种不同的教师学习类型或模式。

第一节　基于课程的自主学习模式

当下，教师的专业发展如果只依靠常规教师培训，往往会跟不上时代更新的速度以及学生、家长和社会对教师的要求。教师的专业发展还需要教师的自主性和能动性发展，教育行政部门需要提供相关的支持，比如政策的规定、课程内容的供给等，这是当下和未来教师发展的一个重要途径。

教师自主学习是以教师为学习主体，在原有知识基础上，教师根据自己所处的发展阶段需要，自我确定学习目标，制定学习计划，选择适合自身专业发展需求的课程、内容、学习方式、学习场所和学习材料，根据学习内容、采取有效方式、途径与策略开展学习，自主调控学习过程。

教师自主学习旨在提高教育教学水平，确保专业可持续高质量的发展，满足不断变化的时代需求。教师自主学习过程中，能获得更多的学习自主权，主动学习的意识和个人专业发展的内生动力，破除非个性化教师培训对教师自我发展积极性的阻碍。

(一) 基于课程的自主学习模式理论基础

基于课程的自主学习模式的理论基础主要包括成人学习理论、自我导向学习理论、建构主义学习理论、社会认知学习理论等。

成人学习理论指出，在成人的学习活动中，学习者的自主性和独立性在很大程度上取代了对上课教师的依赖性，多数情况下更倾向于独立自主地进行学习。教师作为成人学习者，具有较强的目的性和自觉性，会根据自身发展的需要，主动自觉独立地开展学习。

自我导向学习理论倡导的是一种个性化的、自我控制的学习模式,自我导向学习理论指导下,学习过程主要由三个阶段组成:制定学习计划、执行学习计划、评价学习结果。

图 4-1　自我导向理论指导下的学习过程

根据自我导向学习理论,教师学习具有以下几个特点:第一,它是一个自我导向的和主动的过程。第二,它是一种有目的的、自觉的控制和计划过程。第三,教师的经验是教师自主学习的资源之一。第四,它是教学相长的自主学习,因为教师为教而学。第五,它是以问题为中心的学习。

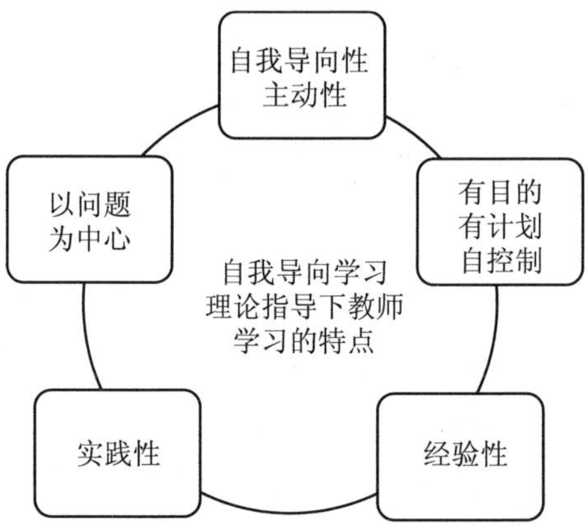

图 4-2　自我导向理论指导下教师学习的特点

建构主义学习理论认为学习的本质是一种再创造活动,是学习者不断自我建构的过程,这个过程离不开个体主动、独立、自我积极的思维与体验。有效的学习有赖于个体与环境中的他人与客体之间的相互作用,良好的学习是在与他人的合作、协商过程中发生的。教师自主学习是教师个体与情境交互作用的结果。

根据建构主义学习理论,教师学习具有以下几个特点:第一,它是一个动态的、发展的过程,受多种因素影响。第二,它是先前经验和对世界的理解和认识互构的过程,具有独特性。第三,它是知识创新与重构的过程。第四,它与教学实践密不可分、相伴共存。第五，教师个体之间的相互学习是在合作、协商的过程中发生的，是促进教师自主学习、自我成长的重要形式。

图 4-3　建构主义理论下教师学习的特点

社会认知学习理论认为，自主学习作为一种重要的能力不是先天具有的，它随着自我意识的产生而发展，在长期的学习实践中由低级到高级逐渐形成。与其他形式的自我调节能力一样，自主学习能力主要是在个体与社会的交互过程中形成的。根据社会认知学习理论，促进教师自主学习的有效途径有：激发教师的内在学习动机、强化教师的自我管理和调控能力，以及为教师的自主性学习提供积极的帮助。

除此以外，自主学习模式中还体现了行动学习的思想，伊恩麦吉尔和利兹贝蒂对行动学习法定义为："以完成预定的工作为目的，在同事间互相支持的情境下，进行持续不断的反思与学习的过程，同时有效提升个人及组织的专业能力。"在自主学习模式中并不排除教师们为完成既定的目标，齐心协力，探讨学习内容，共同解决所遇到的问题，提升专业能力。

综述以上学习理论，我们认为对教师自主学习模式的探究需要理清下述几个问题：

① 为什么要学：激励自主学习的动机是什么？

② 怎样学：通过哪些关键过程来实现学习目标？

③ 学什么：在学习过程中如何自我选择和调控学习内容、进度等？

④ 何时学、在哪里学、和谁一起学：周围环境如何影响学习者的自主学习？

⑤ 学得怎样：学习者通过哪些方式，准确地获得了哪些对学习的自我意识、

评价和反馈?

教师作为一个自主学习者,与一般自主学习者相比,其学习的目的性更明确——促进专业发展,而基于课程的自主学习模式更是众多种理论在教师专业实践应用中相互作用探索产生的。

(二) 基于课程的自主学习模式概述

技术支持的教师学习环境为教师自主学习提供了强有力的保障。在这个环境中,教师能够随时随地开展泛在学习,可以根据专业发展需求,从丰富多样的课程资源供给中,选择自己感兴趣的课程进行自主学习。这种以教师个人需求为出发点的学习,更具针对性、目的性。

由于学习领域是教师自主选择的,教师会产生一种内驱力,更积极、主动地投入到学习中。教师可以通过技术支持的教师学习环境提供的学习工具,查找学习资源,创设学习环境,组建学习共同体;学习效果的评价为教师调整学习策略和路径提供支持。由于技术支持的教师学习环境具备跟踪过程、感知环境、连接社群、数据融通等特征,可实现学习数据的伴随式采集,所以教师可以随时查看自己的学习情况,可以在不同的情境下开展不同内容的学习,如在线与不同社群的教师、同伴或专家进行同类别内容的交流互动,相互评价,促进知识的构建。

在技术支持的教师学习环境下,基于实践梳理出的基于课程的自主学习模式的流程如下图所示:

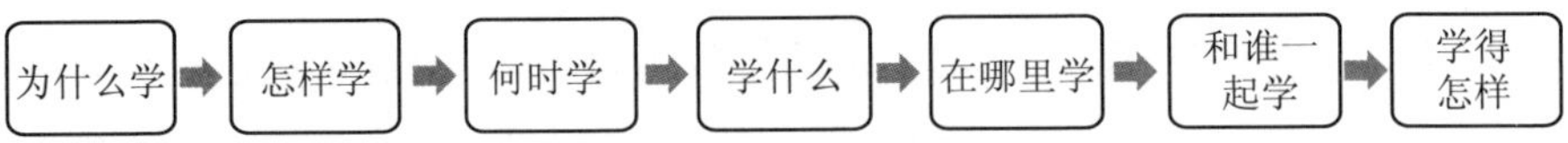

图 4-4　基于课程的自主学习模式的流程

“为什么学”与自我学习动机密切相关,自我驱动的内在动机决定着学习内容,即选择的课程;

“怎样学”,根据自定的学习目标,自主选择行之有效的学习方法;

“何时学”,教师根据自己的时间,弹性安排和管理自主学习的时间或进度;

“学什么”,教师自主监控学习进程,根据阶段目标,选择相应的学习内容;

“在哪里学”,由教师自主选择,一般是通过网络学习环境进行自主学习;

“和谁一起学”,选择志同道合的同学构建学习共同体,相互帮助,相互监督;

“学得怎样”,学习支持平台会及时提供相关的学习评价和学习建议,教师对相关的评价和建议进行反思，随时调整学习策略，以取得更好的学习效果。

在技术支持的教师学习环境中的基于课程自主学习模式如下图所示：

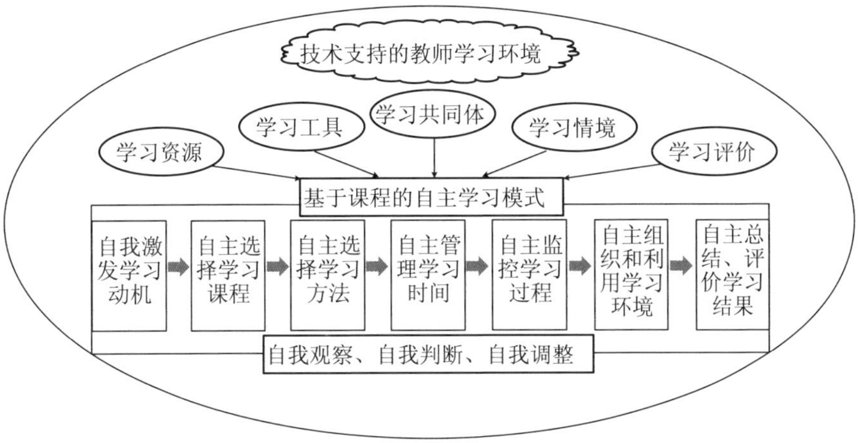

图 4-5　基于课程的自主学习模式

基于课程的自主学习活动是核心，自主学习活动由一系列的事件构成，主要包括自我激励学习动机、自主选择学习课程、自主选择学习方法、自主管理学习时间、自主监控学习过程、自主组织和利用学习环境、自主总计评价学习结果。教师在自主学习过程中需要完成的各类事件时，都会得到来自学习环境（学习资源、学习工具、学习共同体、学习情境、学习评价）的支持，而且这种支持是基于数据分析基础上的智能化支持。

如在“自我激发学习动机”中，教师既可以根据自己的经验来选择学习课程，也可以通过相关测评，发现自己的不足，选择经验以外的课程，拓展自己的视野。“自主选择课程”时，教师根据内在需求选择课程，同时支持环境也会根据教师行为数据进行主动推荐，使教师选择课程时更为得心应手。依托技术支持的学习环境中提供的学习资源、学习工具、学习评价、学习共同体和学习情境五大要素，在整个学习的过程中，教师能进行自我观察，自我判断，自我调整，不断进步。

（三）基于课程的自主学习模式实践探索

上海市教师教育管理平台为教师的专业学习构建了一个优质学习环境，优化了教师培训课程的资源，丰富了教师专业发展的途径，教师能根据需要自主选择课程，一定程度上实现了自主学习。

1. 技术支持的教师学习环境搭建

根据教师专业发展要求以及上海市教育行政方面的管理特点，上海市构建了一个立体式的培训课程管理体系。

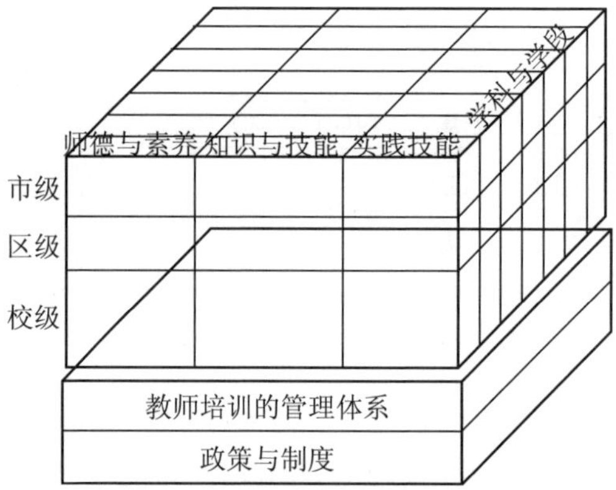

图 4-6　教师培训课程体系架构

技术只有得到系统应用才能够产生其应有的潜力。正如图 4-6 的教师培训课程体系架构，在政策与制度等“软技术”的支持下，利用互联网技术为教师培训课程内容的学习、课程资源的管理、教师学分的管理提供技术支撑。该平台主要包含：教师基本信息库、选课模块、学习模块、课程评价四大模块。

2. 基于课程的自主学习模式实践探索

以市级教师培训课程为例，平台每年会向全市教师提供 1 200 余门课程，鼓励他们根据自己的需要，选择适合的课程，技术已经全面渗透并影响着上海整个教师培训体系。从微观层面来看，它在满足教师多元学习需求的同时也优化了教师学习的过程；从中观层面来看，它有利于教师培训课程数量与质量的提高；从宏观层面来看，它正在逐渐推动着教师培训领域的变革。

“上海市教师教育管理平台”不仅为教师的学习营造了学习环境，还以课程为载体为教师学习活动的开展、学习共同体的构建与维护提供了空间。教师培训课程是集合学习资源、学习共同体、学习活动、学习工具及学习评价的载体。

教师通过该平台进行自主学习的过程如下：

(1) 自我激发学习动机、自主选择课程

教师根据自我发展需求及兴趣，在平台上自主选择学习课程，教师培训课程中常见的学习资源有视频、音频、测试、投票、讨论、网页图文、作业等。这些学习资源为教师的专业学习所设计，主题具体，聚焦于问题的针对性强，非常适合教师专业的发展需求。

（2）自主选择学习方法

在教师培训课程的开设过程中，主讲教师、助学团队会设计以下的学习活动：单向传输类学习活动——通过视频讲座、教学案例视频等视音频资源向教师呈现学科知识与教学经验；双向传输类学习活动——通过论坛、wiki 等完成教师间、主讲教师与学员间的交流。教师在确定学习课程后，可以根据课程的内容选择适合且行之有效的学习方法。

（3）自主管理学习时间

该平台上的在线课程，会设定具体的学习结束时间，但从开始选修到结束，这期间的进度都由教师自主管理，教师可根据个人教学情况和学习需求自行设计和调整。

（4）自主监控学习过程

在课程学习过程中，教师会自觉制定计划、根据学习内容选择较好的方法与策略，时刻监控自己的学习过程，在检查、反馈中发现存在的问题，相应调节自己的学习，以更好地实现学习目标。

（5）自主组织和利用学习环境

为教师提供在线学习的空间，教师选择了在线培训课程以后，会与同样选择这门课程的教师组成一个培训班。在这个培训班中，教师或聚集在面授培训班或聚集在网络培训课程中，形成了围绕培训课程学习主题的学习共同体。

（6）自主评价学习结果

课程学习过程中，教师可以自主总结每个阶段的学习，也可以在技术支持的学习环境中同其他教师一起进行学习评价，平台也会对教师的课程学习提供总体评价，评价的方式包括但不限于作业、测试等。

“上海市教师教育管理平台”作为省/市级教育行政部门为教师专业发展打造的技术支持学习环境，有力地支持了教师的泛在学习，打破了教师原有的学习时空，使教师可以根据实际情况选择面授、混合式或在线等不同形式的教师培训课程，在规定的时间内（一般为一个学期，即半年内）完成学习任务。其间，教师可以自定学习计划，有效地缓解了“工学矛盾”，确保教师在开展教育教学实践与研究的同时，又可以在技术支持的环境中自我发展与提高。教师在选课、学习与评价过程中产生的海量数据,为后期的深度分析与挖掘奠定了基础,不仅对当前教师培训课程的开发具有指导意义,也为未来教师专业课程开发提供指引用。

(四) 基于课程的自主学习模式实践反思

基于课程的自主学习模式实现了学习的泛在化,使教师在任何时间、任何地点都可以开展技术支持的学习活动,使学习具有很大的灵活性。但与此同时,也将学习置于了相对复杂的社会环境中,教师学习可能会被外界各种因素所干扰,使有效学习受阻、学习效果打折。除了环境干扰外,网络本身也是注意力失焦的另一个影响因素。庞杂的信息资源、非线性的阅读方式使教师很难专注于某个知识点或内容。因此,在学习过程中教师更要提高个人的自控力,加大学习的努力程度和投入程度,主动调整学习策略,有意识地自我监控学习过程,自我调节学习进度,通过自我反思,确保学习成效,做到学有所获。

教师实现个人专业发展有很多途径,基于课程的自主学习只是其中一种,教师在体验自主学习方式的优越性时,不能完全舍弃传统的学习方式,如各种现场培训、学历提升等。只有将新型学习方式与传统学习方式相结合,形成优势互补,才能实现学习效果的最大化,促进教师专业知识的更新和专业能力的提升。

第二节　基于教研的社群学习模式

信息时代,教师学习已由个人的、机械性的记忆转变为社会的、互动的、体验的过程。教师的学习不再仅仅是个人性的,更是社会性的,新信息、新理念和反馈的获得,不仅来自个体性的学习,而且在很大程度上来自教师之间的对话与互动。社群学习是移动互联网技术发展和教育理念革新催生出的一种新型的学习方式。中国银联学院对社群学习模式进行了探索,认为:它是通过设计和运营,使来自统一企业的一群人基于共同的兴趣、任务或价值观,有组织、交互式地发生群体学习行为的一种学习模式。近年来,信息技术与教育教学的深度融合,催生了基于教研的教师社群学习模式。参与社群学习的教师通过虚拟网络结成学习社群,通过分享知识、思想碰撞、互助合作、共同探究来解决问题,促进自我价值的实现和群体共同成长。

（一）基于教研的社群学习模式理论基础

社群学习是以联通主义学习理论、分布式认知理论为基础。联通主义学习理论强调，“学习是一个与特定的节点和信息资源建立连接的过程，准确、最新知识的流通是所有联通主义学习活动的目的”。学习最终的目标是发展“做事情”的能力。学习者通过连接与自己需求密切相关的人或者知识，可以提升自身“做事情”或“问题解决”的能力和效率。学习在本质上不仅是个体性的，更是社会性的。个体的知识和能力很有限，教师学习需要突破“封闭独立式”学习模式，主动与有相同兴趣、专业背景或价值观的人组成社群，通过群体间的互动、共享、生成来完成知识学习的共享与共创。

联通主义学习理论支持下的社群学习，具有以下特点：①社群学习是一种满足个性化学习需求，个人学习和群体学习相结合的主动学习。个人通过社群实现其学习目标，而社群则通过个体的共同努力而实现集体的学习目标，这是一个个体和集体双向互动、协同发展的过程。②社群学习是一种多点触发、移动化、碎片化、泛在性的开放学习。学习者可以突破时间和空间的局限，随时随地参与学习。③社群化学习是以连接的建立、群体智慧共享和知识生成为核心的学习。社群学习区别于其他学习形式的重要特征表现为连接的建立，这种连接不受外部关系的束缚，是一种开放、灵活，且相对平等的组织模式。

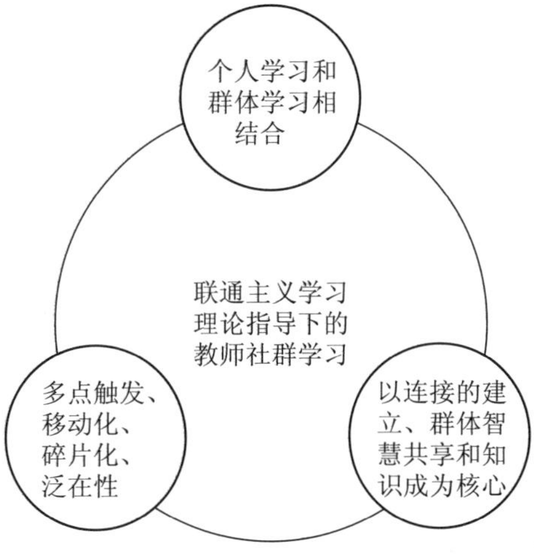

图 4-7　联通主义学习理论指导下的教师社群学习

分布式认知理论在传统认知观点注重个体研究的基础之上，更强调人与人、人与技术、人与外界环境的相互作用。分布式认知跳出了传统强调个体认知的局限，认为智能存在于学习环境、学习者使用的工具、学习者之间的交互以及所有学习者之中，强调交流、合作的重要性，以及构建学习环境的重要性。分布式认知理论为认知交互和知识共享提供了一个综合模型。

分布式认知理论支持下的社群学习，是指对社群环境、社群中的学习者、学习氛围、学习资源等要素进行系统性整合，对各因素之间的互动进行强化，从而提升学习效果。借助分布式认知理论可以更好地实现学习者认知活动的社会性延伸和物质性延伸，促进学习者与导师、同伴、其他社会成员以及社会文化的互动，同时以丰富、便捷的信息资源和多样、完善的认知工具来支持学习者的认知活动。

（二）基于教研的社群学习模式概述

教师开展社群学习需要有共同的目标、内外部的支持以及成员间的合作共享，往往需要依托于一定的活动组织，其中最具代表性的是以“教研组”为单位的社群学习模式。

基于教研的社群学习模式通常在技术支持的教师协作学习环境中，通过构建教师学习共同体进行教学经验分享、专业知识交流、学习资源推送、教学实践反思；学习内容是围绕教学实际问题的解决，主题鲜明，针对性强；交互方式以分享和评价为主，呈现方式多以文字、图片、语音、视频等全媒体形式；通过与不同社群的教师、同伴或专家进行协作、交流共享成果，进行知识的群体建构，最终促进教师群体发展。

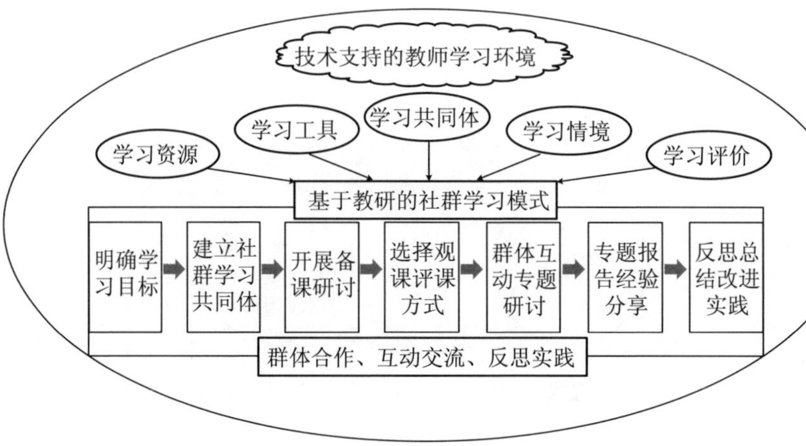

图 4-8　基于教研的社群学习模式

在技术支持的教师学习环境中，基于教研的社群学习有多种实现方式，如微信社群、MOOC社群，等等，本文将着重探讨如何依托教师网络研修社区开展基于教研的社群学习活动。

1. 社群组织：教师网络研修社区

技术支持的教师学习环境中丰富的工具、资源和服务，为教师研修提供了坚实的物质基础。“教师网络研修社区”是一种以信息通信技术为支撑构建的教师学习社群。教师们利用各种网络通信工具，通过相互的交流、讨论，协作、反思、问题解决等多种学习方式，共享彼此的观点、思想、资源、知识、学习经验和集体智慧等，探讨并解决教学中遇到的各种问题。教师网络研修社区一般由学校或者区域组织，因此带有一定的组织性和规范性。

2. 主要学习形式

(1) 备课研讨

技术支持的教师备课研讨是指借助学校便利的网络环境，利用一切可以利用的网络资源和手段实施的集体备课活动。主要由教研员发起备课活动，确定备课主题，提供备课资源，社群教师将自己的备课成果上传至网络，开展集体研讨，这样的活动形式，主要探讨教学目标的制定、教学内容的确定、教学策略的选用、学生实践活动的设计等方面的问题，能形成同课异构的多角度思考。

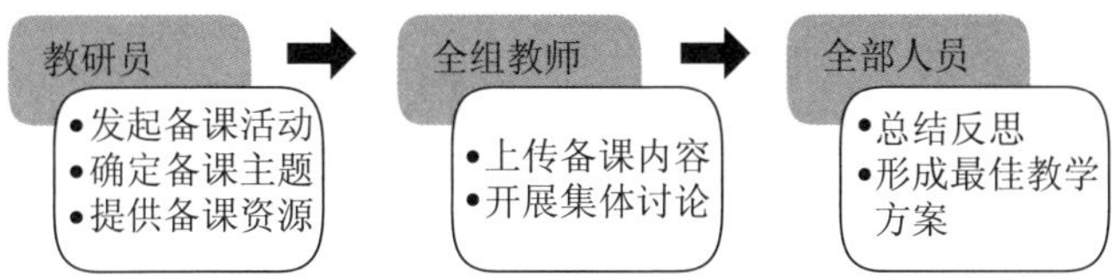

图4-9　技术支持的教师备课研讨

在基于网络研修社区进行备课研讨时提供的教案不仅要强调共性，还要照顾教师的个性化需求，留有余地和自主空间。帮助教师形成思考的习惯、争鸣的意识、求索的精神和发表意见的勇气，通过网络社区平台不断碰撞出思想的火花，使认识不断地走向深入。与此同时，在社群学习中要制止偏离主线、随意聊天的现象。

(2) 观课评课

教师可在网络社区通过视频观课。教师可选择自己合适的时间和地点观课，可以对整堂课的设计、课堂驾驭情况、学生学习状况等方面发表自己最为真实的感想，通过基于教研的社群学习进行评课，既能让全体教师都有发言的机会，也能提高教师的评课能力。

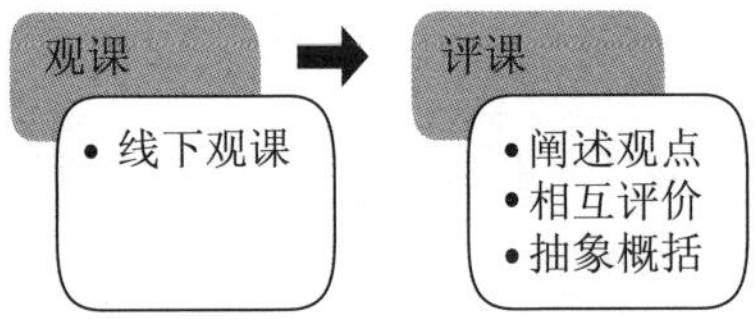

图 4-10　技术支持的教师观课评课

基于网络社区平台开展社群学习活动进行评课时，应引导教师抱着科学严谨负责的态度去发表评论，避免教师没思考到位就随便发言，更不可走上闲聊、诉苦的庸俗化路线。

(3) 专题研讨

教师可以自主发起研修话题，邀请研修伙伴，帮助自己解决问题；专业领导者(教研员、教研组长)也可以建立研修小组，共同研讨典型问题或难点问题。基于网络社区的专题研讨打破了传统的时空限制，突破了被动式研修的模式，让教师能基于实践在网络社区里找到课堂改进的技术、技巧和方向。

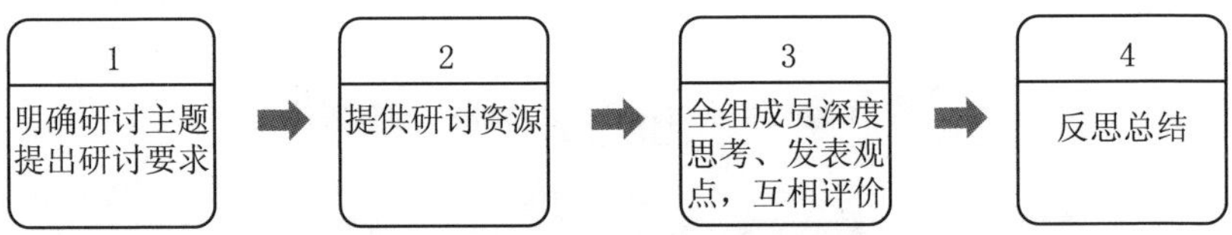

图 4-11　技术支持的教师专题研讨

研讨主题设置要有其价值性，研讨要体现教学难点、痛点和困惑，在互动交流中帮助教师解惑；研讨主题应具有一定开放性，使教师有话可说；研讨主题的表述要简洁明了，便于教师浏览。在社群学习过程中需要教研员的调控，及时回复，把握专题研讨的“风向标”；多赞赏鼓励，帮助教师获得成就感；发挥骨干教师作用，培养一支乐于参与网络研讨的群体。

(4) 专题报告

针对教学的热点确定研讨话题，由教研员邀请高层次专家在网络社区开讲学术报告。专家指明报告主题和学习要求，提供报告相关资源，教师针对报告内容阐述自己观点并进行互评，教师进行总结反思，提炼习得成果。

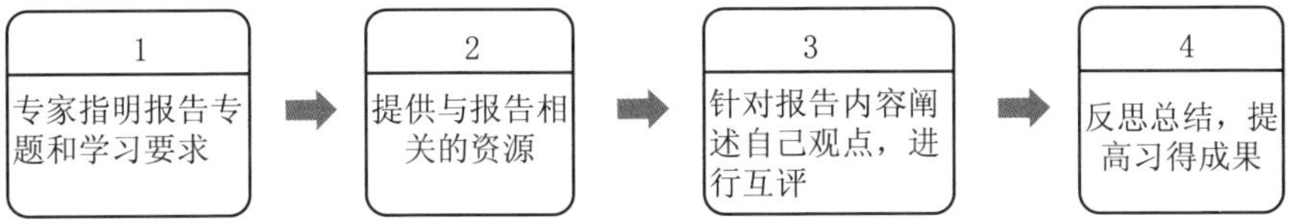

图 4-12　技术支持的教师专题报告

基于网络研修社区的专题报告主题应紧贴教师的教学实际需求，且在学科领域中具有一定的前瞻性、指导性。教师在学习专题报告时应将报告内容与自己的教学实际情况相结合，用理论指导实践，促进自身教学技能的提升。

（三）基于教研的社群学习模式实践探索

浦东教师研修网，为教师学习搭建了一个虚拟学习平台、展现平台、交流平台，促进了教师网络化的个人成长、同伴互助和专业引领。通过线上线下活动参与、资源共建、专题研讨等活动，使传统的教师研修，转变为能激活内在需求和满足专业社交的场景。同时，区域专业性和自主性的网上研修协作组，满足了不同群体教师发展的个性化需求。

1. 提供自主学习的工具

浦东教师研修网提供教师个人工作室，为教师搭建展示自我的空间与便捷的研讨工具与知识管理工具，将学习的选择权、资源建设的规划权及资源的发布权交给教师个人。教师可以自由选择学习资源和参与讨论的教研主题，选择学习伙伴，参与不同社群，将自己的课堂教学过程资源进行不同程度的共享与交流。

2. 组建不同的学习社群

以协作组为核心，教师可以以学科划组，也可以以学校、年级、主题、课题、兴趣划组，组建不同类型的教师学习社群。协作组内采取组长负责制，结合教师日常的教学问题与专业成长过程中所面临的困惑，不断抛出研究计划与研究问题，创设互动交流共享的氛围，促进组内教师的有效交往。

3. 构建多样的社群连接

为教师提供梯队专家与跨学校、跨学科甚至跨区域交流的服务。浦东学科带头人、学科基地组长、学科骨干组长和教研员都成为网上研修活动的组织者，发挥浦东教研员、优秀学科教师的引领作用，带领全区教师分学科开展网上教学研究，带动教师共同探讨教学及课改中遇到的困惑，为教师搭建平等交流的环境，构建和谐的虚拟研修社区。

4. 开展深度的互动交流

针对教学实际问题，围绕教学活动过程的开展进行专题讨论，教师可通过E-mail、在线发帖等工具进行会话和沟通，可一对一地单独交流、一对多和多对多地进行群体交流，不仅充分发表自己的见解，还对别人的意见发表自己的看法与建议，使教师之间在互相学习中取长补短、共同进步的过程中开展主动性、反思性、情感性及协作性学习。通过教师之间多渠道、多层面、多形式平等对话、讨论、交流，营造一个民主、开放、自由的教研氛围，促进教师在互动中自主建构实践性知识，使教师在互动、互补、合作中共同成长。

5. 实现动态的资源推送

浦东教师研修网以教师个人工作室、教师研修社区的建设机制带动区域内优秀教育资源的积累，构建一个动态生成的资源中心。通过对教师学习记录的动态跟踪以及教师学习大数据分析，进一步挖掘捕捉教师的发展性学习需求；采用多种推荐技术，为教师推送个性化的生成性资源服务，形成教师学习资源的自主选择与动态推送服务的一体化。在研修过程中，浦东教师研修网能综合教师个体在发帖内容以及其他研修行为数据（如频繁访问某些页面和内容），自动推送针对性的资源和研修内容，实现研修过程的个性化支持。

6. 凸显教师学习的实践品性

浦东教师研修网为解决教师教学焦点和疑难问题，搭建教师与专家会话的平台。通过网络技术把教师与学科专家连接起来，帮助解决教学问题。专家通过互联网络同步、异步的协作会诊，分析、判断存在的问题，运用自我的知识和经验，与教师共同协商讨论问题的解决方案。将教师的学习与教学实践紧密结合，从封闭性的知识学习走向问题解决的开放式学习，注重学习的探究性、反思性和实践性，帮助教师提升专业实践力和胜任力，凸显教师学习的实践品性。

浦东教师研修网通过社群学习环境的搭建，促进教师个人学习与社会性交互相整合，通过协作组——个人工作室——网络研修社区的联结，促进教师线上学习、线下实践、学习社群的互动，通过网络研修、校本研修、区域研修的互动与联通，促进教师个人学习与社会性交流的融合，帮助教师在社群学习过程中开展深度学习，并将学习成果转化为实践行动，推动教师的终身学习与专业成长。

(四) 基于教研的社群学习模式实践反思

依托网络研修社区开展基于教研的社群学习突破了传统以讲座、授课等为主的“教师中心、课堂中心”的学习模式，转向以网络互动等为主的“资源中心、交流中心”群体交互分享学习模式。共享性的学习资源，满足了教师在专业领域发展上的需求，促进教师在研修网上社群学习。社会性的互动交流，强化了教师的职业认同感和归属感，促进教师群体的专业发展。然而，现在的教师社群学习在开展时还存在协作深度不够、教师参与积极性不易保持等问题。基于教研的社群学习模式中，学习评价不仅要关注教师自身的收获，还必须观察其对学习伙伴、学习指导者乃至整个社群的成长与发展所产生的作用和影响。

第三节　基于课例的情境学习模式

(一) 基于课例的情境学习模式理论基础

情境学习最主要的理论基础是情境认知学习理论，情境学习是指在所学知识、技能的应用情境中进行学习的方式。情境认知学习理论关注的是知与行的交互，强调个体、认知和意义是在互动中被社会性和文化性建构的。它把个体学习者、社会情境等统一考虑进去，认为学习不是获得孤立的、去情境化的抽象知识，然后再将这些抽象知识传授给他人，或应用到以后的情境任务中，相反，学习的实质是一种社会实践的参与，个体参与实践，与他人、环境等相互作用的过程。学习者要能寻求真实或逼真的情境与活动，将学习置于知识产生的特定物理或社会情境中，参与具体情境中的文化实践。

最初，情境认知学习理论是以改革青少年学校教育为宗旨的，但其实对于成人学习而言，情境认知学习理论同样具有理论解释价值和实践指导意义。基于情境学习理论的视角，对基于课例的情境学习模式中教师学习的动机、本质、内容、过程和评价分析如下。

1. 学习动机：现实的课堂情境

依据情境认知学习理论的观点，教师的学习动机与教师个体所处的情境（如课堂等）密切相关，在特定情境中，它能引发并支持教师学习行为的产生，基于教师个体对所处的特定情境进行分析和判断。这一观点与成人学习理论中所说的成人学习动机源于现实情境，必定与其在社会中所扮演的角色及要求相一致，而其学习需求必定与其工作、生活等现实要求相关联的说法相一致。

2. 学习本质：参与真实的实践

情境学习理论认为，学习的本质是个体参与真实情境与实践，与他人及环境相互作用的过程。“参与”是教师学习的主要方式。情境学习理论强调“合法的边缘参与”，认为“学习是在日常生活中通过参与实践，改变理解的过程，是对不断变化的实践的理解与参与”。这种学习模式不仅为教师的成长提供“观察”的“瞭望台”，还提供了“参与”的机会。在基于情境的行动中，潜隐在教师个体行为模式或个体感知深处的默会知识，将在其与情境的互动中发挥作用。

3. 学习内容：显性隐性相结合

情境学习理论把知识分为四类，即“知道是什么”的知识——以数据、事实为基础；“知道为什么”的知识——以原理、规律为基础；“知道怎样做”的知识——以经验、能力为基础；“知道是谁”的知识——以特定的社会关系为基础。前两类知识属于“显性知识”，教师所掌握的学科知识就是显性知识；后两类知识属于难以进行量化以及记载的隐性知识，教师需要通过亲历亲为的实践或人际互动来获得。基于课例的情境学习模式，不仅关注教师显性知识的掌握，更重要的是促进后两类隐性知识的学习。

4. 学习过程：建立教师共同体，强调经验的意义与价值

情境学习理论主张，学习只有发生在个体与情境的互动之中，才会彰显其价值。学习过程强调经验的意义与价值，要求在所有的学习过程中要充分认识与尊重教师的经验，尤其在新知识的获得与运用中应对其加以充分的发掘与利用。同时应充分认识并重视情境与教师之间的互动，支持教师之间的协作与交流，强调群体性智慧的传播与共享。

5. 学习评价：建构评价新机制

依据情境学习理论的逻辑，结合成人学习的特点，对教师学习的评价应置于实际情境之中，以确切反映教师学习的成效；评价的重点应定位在教师身临动态实践情境而表现出来的理解水平、思维品质、行动改进及其过程之上；评价活动需要同伴的参与，评价的角度、指标、标准、方法等应该更多地依据其个人的学习目的，以及付出的努力、取得的进步、获得的成效来确立或灵活选择。

（二）基于课例的情境学习模式概述

全国著名儿童教育家李吉林在开展情境教育的过程中非常重视对教师的培

训。这种"情境学习"的方式对教师成长很有帮助，它弥补了现实生活中脱离真实情境培训的不足，有助于改变教师的教学行为，提高教学效率。课堂是教师教学的主战场，是教师最熟悉的专业情境。通过对自己课堂教学的反思，对优秀教育同仁的课堂教学的观摩学习，是教师专业发展高效提升的有效途径之一，但是由于学校教师课表时间安排不一、校与校之间相距远近不一、有时参加一次教研活动仅花在路上的时间就远远超过了教研活动进行的时间，时空因素成了教研活动组织开展的障碍。因此，在技术支持的教师学习环境中，基于课例的情境学习模式显得尤为重要，使教师"足不出户"就能参加课堂教学观摩活动，真正实现教师学习的"扁平化、跨时空、高效益"。

基于课例的情境学习，是在具体真实的任务情境中进行的学习。在技术支持的教师学习环境中，基于课例的情境学习模式是指具有相同学习愿景的教师共同体，通过网络直播或录像点播的方式，选择适当的教学课例，并进行观摩剖析，在观课的基础上对课例进行研讨的一种学习方式。在教师学习过程中，应该注重任务情境的设计。任务情境由具体任务或问题、期望教师完成具体任务或解决问题的限定条件构成。基于课例的情境学习模式如下图所示：

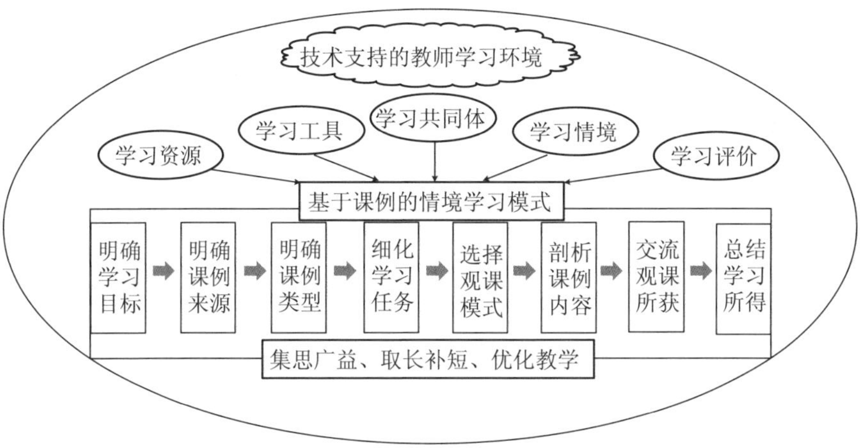

图 4-13　基于课例的情境学习模式

任何一种学习活动都需要明确学习目标，在技术支持的学习环境中开展基于课例的情境学习也不例外，明确学习目标即要明晰基于课例的情景学习希望达成或实现什么。然后，再选择相应的课例类型以及课例来源，如课例类型是讲授型、实践操作型还是自主探究型等，课例来源是自己的课例、其他教师的课例还是名师的课例等。再次，细化学习任务，通过这些任务，教师能学到的不单是关于如何开展课堂教学的知识，更有培训自己如何开展课堂教学的行动能力。接下来，明确观看课例的方式，是通过网络直播同步观摩还是通过录像点播的方式异步观看录像。在教学课例的观看过程中，需要观察并评估本堂课的教学目标、教学内容、教学结构、教学方法、教学过程、教学效果、教学特色和教师素质。最后，在教师学习共同体中对观摩学习情况开展交流研讨，进行群体性智慧的传播与共享，为改进和优化教学集思广益，并在交流分享后及时整理总结，反思自己同类型课堂的教学实践，取长补短，指导教学，改进优化。

（三）基于课例的情境学习模式实践探索

上海市闵行区教育学院积极搭建技术支持的教师学习环境，构建了闵行教育云录播课堂评价系统，开展基于课例的情境学习探索与实践，为教师参与课堂教学听评课活动搭建了便捷、高效的平台，使教师“足不出户”就能参加课堂教学观摩活动。

1. 技术支持的学习环境搭建

闵行教育云录播课堂评价系统利用云录播教室和“云”存储、“云”主机，搭建“云”应用，实现课堂教学实录的管理功能、直播功能和录播功能。同时在系统中融入 LICC、CASS、闵行区课堂教学观察指标等课堂教学评价量表，对教师课堂教学行为进行自动分析，提供 S-T 分析报表，实现教师课堂教学评价功能。

在直播、录播基础上，还融合区级公开课业务，实现了公开课的审核、认证和证明的信息化。系统采用云、区、校三级架构，每校除了基本的录播、采音设备外，还配有缓存服务器，可以存储本校录制的高清版课堂视频。区级层面实现了云端的转接功能，可以将学校版视频推送至云端存储。云端部署了相关的视频管理系统、直播系统、录播系统、评价系统、公开课、自荐课、名师课堂等云应用。

2. 基于课例的情境学习模式实践案例

教师通过听课活动互相学习，借助课后评课交流研讨形成对课堂教学设计、师生互动交流、教师课堂指导等方面的理性认识，以此实现教师专业知识的持续增长。工作日每天都有大量教师用户使用云录播课堂评价系统上传视频及课件，以及预约直播课、申请公开课、查看他人课程和对课程进行评课等。系统包含录像课、直播课、公开课、评价课和 S-T 课型分析图数据。

表 4-1　云录播使用统计(截止到 2019 年 1 月)　　单位:课例

项　目	2014	2015	2016	2017	2018	合计
线上录播	118	940	3 294	6 093	6 081	16 526
线下录播	0	265	1 820	2 261	5 195	9 541
公开课	0	4	914	867	862	2 647

表 4-2　历年 S-T 类型统计表(截止到 2019 年 1 月)　　单位:课例

S-T 类型	2014	2015	2016	2017	2018
讲授型	5	188	1 646	3 142	4 255
混合型	2	41	438	753	420
练习型	0	8	257	369	719
对话型	2	85	787	944	687

系统目前已经累积了 28 714 个课例,成为教学研究的宝库;尤其是区级公开课,都是经过打磨的高质量课例,是年轻教师学习研究的极好资源。平台累计评课 5 739 次,很好地支撑了闵行区课堂教学教研任务。

借助云录播课堂评价系统开展基于课例的情境学习模式实践如下:

(1) 明确学习目标

听评课的目标是为了优化和改进教学,帮助教师更好理解及处理教材,提高教学设计和组织水平,提高课堂教学实效,整体提升教师的教学能力和专业水平。

(2) 选择课例来源

教师为更好地了解自己执教的课堂教学情况,经常会将录制好的课堂教学视频,储存在个人空间,方便回看,反思教学中的不足。学校为落实“上好课是硬道理”的教学要求,营造研究课堂教学的积极氛围,为教师创造互相学习与交流的机会,经常安排各个层面的直播听课活动,有高级教师的示范课、骨干教师的交流课、青年教师的比赛课、新入职教师的汇报课等。同时,为丰富教师的学习资源,区云端课例中心在收集学校优秀课例的同时,还会提供各学科全国有名的特级教师的课堂实录,方便各学科组老师个人或集体进行视频听课。

(3) 选择课例类型

课例中心的每一个课程都有基本信息,包括授课学校、授课年级、授课班级、授课教师、授课名称等。根据课堂教学组织形式的不同,听评课中常见的课例类型包括讲授课、实践操作课、自主探究课等，教师可以选择某一类型的课例进行学习，强化该类型课堂的驾驭能力，更加灵活处理这类课堂中即时生成的问题。

(4) 细化学习任务

基于课例的情境学习，任务设计十分重要。每一次听课评课前，活动组织方都需要明确每位教师的学习任务，在学习过程中除了基于课堂观察指标进行教学诊断是每位参与活动的教师都要做的，其他的可以做些分工，有的教师可聚焦不同的观察点做观察记录，有的教师辅助量化打分评价，有的教师负责描述性评价，有的教师负责对教学环节进行打点切片，有的教师负责师生互动时长占比分析等。

(5) 选择观课方式

技术支持的学习环境中开展基于课例的情境学习，可以提供多种观课方式。教师可以到现场听课，这是最传统的听课方式。此外，录播设备的安装，使得教师可以通过网络直播的方式，依照事先确定的网址，借助电脑观看课堂教学直播听课。听课教师可以集中在一起听课，也可以在自己的办公室利用电脑进行独立听课。不仅有多个校区的教师可以进行直播观课，兄弟学校以及区域其他学校的教师也可以参与直播听课。再者，教师还可以选择教学录像的点播来进行观课。网络直播或者点播的不同观课方式，拓展了学习的时间和空间，方便教师随时开展基于课例的情境学习。

(6) 剖析课例内容

执教教师的教学视频作为主要的学习资源，辅助课堂教学相关的教案、PPT、活动单、信息化工具提取分析的教学数据等，都是教师分析教学成效的判断和依据。有了这些学习资源，教师就能够比较好地开展教学观察和诊断。由于每位教师关注的维度不同，观察的侧重点也会有所不同，系统中通常会提供参考的课堂教学观察指标维度，如教学目标达成情况、教学内容呈现方式、教学结构环节设置、教学方法学习方法、师生互动学生参与情况、教学效果、教学特色和教师素质等，当然，观察指标的维度和细化指标是可以由教研员或者活动组织者按需进行调整的，通过维度、视角、视角细分、描述、分数、描述的模板可以方便地进行编辑。

(7) 交流观课所获

在课例观摩评价的基础上，教师们可以在反思交流区畅所欲言。一节课听下来，教师或多或少都会有一些想法，比如这节课哪些地方设计得好，哪个环节处理的很有教学艺术，哪个方面需要进一步调整等，好的方面可以学习借鉴并运用到自己的课堂实践之中，需要改进的地方也是自己以后课堂教学中要注意避免的问题。教师共同体之间通过评论的方式分享观课的收获，汇聚集体的智慧。

(8) 总结学习所得

每位教师都有一本听评课记录本，记录每一次听评课活动的学习收获，包括自己听课评课的观察过程以及教师共同体内协作交流的分享，学习借鉴优秀的经验和做法、主动避免失误和问题，有的教师甚至构建了“听课—模拟上课—再反思”的课堂研究模式，通过一次次地听评课，找到自己教学中的差距，并通过探索不断缩小差距。课认真听了，动脑筋思考了，教师的专业成长就在一次次的课例学习中螺旋上升。

回顾在技术支持的教师学习环境下开展基于课例的情境学习的实践探索，为参与学习的每一位教师提供表达和交流的机会，让所有的教师都积极投入到学习活动中去。听课—评课—上课—再听课—再评课—再上课，如此循环往复，使得教师课堂教学的驾驭能力不断加强，独立思考的能力也得到了提升，有助于解决实际面临的教学问题，渐渐从“边缘性参与”走向“充分参与”，由新手逐渐成长为专家。波兰尼认为，人类的知识可以分为显性知识和隐性知识。隐性知识存在于人的大脑中，很难表达出来。“参与”给情境教师提供了学习备课、上课等过程中难以说清楚的隐性知识的机会。

在技术支持的教师学习环境下开展基于课例的情境学习，为教师提供了最接近教师工作的情境，自然而然地有一种带入感，让教师的学习自然地发生。情境学习理论认为，学习是与群体相互合作与互动的过程。活动知识只有在充分交流沟通的基础上才能体现出来，才能灵活地应用，没有交流就没有学习。基于课例的情境学习围绕特定任务，给教师创设了交流的环境，以任务问题为中心，共同体内的每一位情境教师都是平等的，大家紧紧团结在一起，一起来解决问题。宽松的、自由的交流氛围给了教师充分的参与权、尊重权，激发了学习热情，调动了积极性，更容易把他们潜在的智能挖掘出来。

(四) 基于课例的情境学习模式实践反思

基于课例的情境学习模式，是技术支持的教师学习环境下构建的一种贴近教师课堂教学实际、提升专业能力的有效方式，这种学习模式弥补了现实生活中脱离真实情境培训的不足，打破了传统课例情境学习中时间和空间的限制以及资源的限制，让教师能够更为灵活和更具有选择性地开展学习，让教师能够静下心来认真地听课，认真地评课，认真地反思自己的课堂实践，其价值是显而易见的。

随着网络直播、网络点播方式开展的听评课活动越来越多，教学视频资源越来越多，课例资源质量的把关就变得尤为重要。部分教师只听课不评课，或者简单的停留在对现象的描述上，也是影响听评课活动开展成效的一个因素。为使基于课例的情境学习更加高效，需要活动组织者对课例等学习资源进行事先预览把关，使参与活动的教师带着任务听课评课，比如每次听课必须发现一个亮点、找出一处失误等，这样收效会更大。只有将教师的学习根植于任务情境中，为每一位教师提供表达和交流的机会，才能更好地提高他们对教育的理解，对课堂的理解，更好地在实际情境中迁移运用。

前面我们就技术支持的教师学习的三种模式从理论基础、模式概述、实践探索和实践反思分别进行了阐述。其实在教师学习过程中，基于课程的自主学习模式、基于教研的社群学习模式和基于课例的情境学习模式三种模式只是相对独立，很难彻底将它们切分开来，它们之间是相互联系的，有时又是交织在一起的，如图 4-16 所示。比如在基于课程的自主学习模式中，根据教师学习的实际需要，可以就某个问题形成学习社群，就大家共同关注的问题进行交流、互动和分享，在这个过程中就有社群学习的发生。在基于教研的社群学习中也可能需要教师开展自主学习和情境学习。

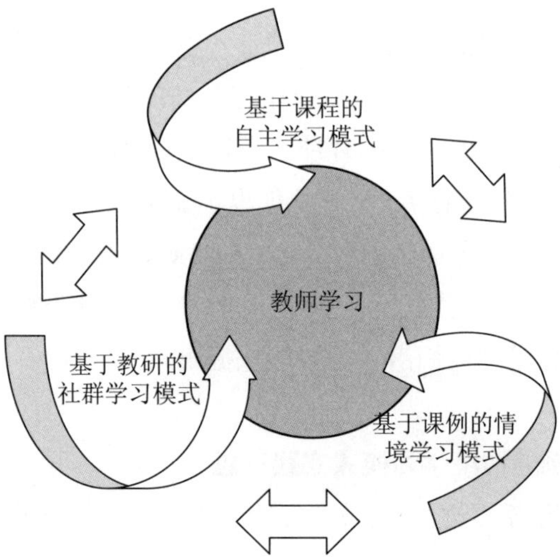

图 4-16　技术支持的教师学习模式

参考文献

中文文献

一、学位论文

1. 白文倩.冯·格拉斯菲尔德的激进建构主义教学思想研究[D].浙江大学,2016.

2. 顾小清.面向信息化的教师专业发展研究——一个行动研究的框架[D].华东师范大学,2004.

3. 胡惠闵.指向教师专业发展的学校管理改革——上海市打虎山路第一小学个案研究[D].华东师范大学,2003.

4. 姜美玲.教师实践性知识研究[D].华东师范大学,2006.

5. 巨瑛梅.终身教育的理论与实践:渊源、演变及现状[D].北京师范大学,1999.

6. 毛齐明.教师有效学习的机制研究[D].华东师范大学,2010.

7. 朴雪.基于情境认知理论的网络课程学习环境建设研究[D].辽宁师范大学,2003.

8. 时伟.专业化视野下教师继续教育的理论与实践[D].华东师范大学,2003.

9. 孙传远.教师学习:期望与现实——以上海中小学教师为例[D].上海师范大学,2010.

10. 孙福海.关于教师学习的理论与调查研究[D].华南师范大学.2005.

11. 王海燕.技术支持的教师教学反思研究[D].华东师范大学,2010.

12. 王文静.基于情境认知与学习的教学模式研究[D].华东师范大学,2002.

13. 张奎明.建构主义视野下的教师素质及其培养研究[D].华东师范大学,2005.

二、期刊

1. David H.Jonassen,钟志贤,谢榕琴.基于良构和劣构问题的求解的教学设计模式(下)[J].电化教育研究,2003(11).

2. Kirschner. P.,盛群力,沈敏.旨在获得学习能力和专业能力的学习环境设计[J].远程教育杂志,2004(4).

3. NMC地平线项目.新媒体联盟2016地平线报告高等教育版[J].苏宏,陈阳键,等,译.广州广播电视大学学报,2016(2).

4. Tony Fisher, Chris Higgins,焦建利,等.数字技术支持的教师学习:研究与项目综述(上)[J].远程教育杂志,2008(4).

5. Tony Fisher, Chris Higgins,焦建利,等.数字技术支持的教师学习:研究与项目综述(下)[J].远程教育杂志,2008(5).

6. 陈桂生.教师职业的形成[J].江西教育科研,2007(7).

7. 陈莉,刘颖.从教师培训到教师学习:技术支持教师专业成长的途径与策略[J].中国电化教育,2016(4).

8. 陈明选,徐旸.基于物联网的智慧校园建设与发展研究[J].远程教育杂志,2012(4).

9. 陈琦,张建伟.信息时代的整合性学习模型[J].北京大学教育评论,2003,1(3).

10. 陈振华.论教师的经验性学习[J].华东师范大学学报(教育科学版),2003,21(3).

11. 董晓辉,杨晓宏,张学军.自适应学习技术研究现状与展望[J].电化教育研究,2017(2).

12. 樊文强.基于关联主义的大规模网络开放课程(MOOC)及其学习支持[J].远程教育杂志,2012(3).

13. 樊香兰,孟旭.论现代教师教育道路演变的逻辑[J].教师教育研究,2009(4).

14. 顾明远.师范教育的传统与变迁[J].高等师范教育研究,2003(3).

15. 郭绍青,金彦红,赵霞霞.技术支持的教师学习研究综述[J].现代教育技术,2012(4).

16. 韩吉珍.智慧学习:教师专业发展的新路径[J].中国教育学刊,2018(8).

17. 胡庆芳.教师专业发展背景下的学习与学习文化的重建[J].上海教育科研,2005(3).

18. 黄荣怀,杨俊锋,胡永斌.从数字学习环境到智慧学习环境[J].开放教育研究,2012(1).

19. 黄荣怀等.关于技术促进学习的五定律[J].开放教育研究,2010(2).

20. 黄玉顺.从认识论到意志论——西方近代哲学简论[J].北京理工大学学报,2000(1).

21. 焦建利,汪晓东,秦丹.技术支持的教师专业发展:中国文献综述[J].远程教育杂志,2009,17(1).

22. 金彦红,郭绍青,赵霞霞.技术支持的小学教师有效教学能力培养研究——以“中国—UNICEF‘灾区教师培训’项目”为例[J].中国电化教育,2012(2).

23. 黎加厚.“李克东难题”与网络环境下教研团队的成长[J].中国信息技术教育,2009(7).

24. 李美凤,李艺.TPCK:整合技术的教师专业知识新框架[J].黑龙江高教研究,2008(4).

25. 李思思.基于非正式学习的中小学信息技术教师专业发展研究[J].中小学电教,2016(5).

26. 李婷,傅钢善.国内外教育数据挖掘研究现状及趋势分析[J].现代教育技术,2010,20(10).

27. 林秀钦,黄荣怀,张宝辉.技术支持的国际教师教育项目对我国教师教育发展与变革的启示[J].中国电化教育,2008(5).

28. 刘海华,徐晓东,杨飞.国外基于视频的教师学习研究新进展与启示[J].电化教育研究,2015(5).

29. 刘胡权.聚焦教师学习研究,助力教师专业发展——首届“教师学习与专业发展”国际研讨会综述[J].北京教育学院学报,2019(1).

30. 刘径言,陈明选,马志强.泛在学习环境下教师培训机制研究[J].中国电化教育,2014(11).

31. 刘清堂,王洋,雷诗捷,等.教育大数据视角下的学习分析应用研究与思考[J].远程教育杂志,2017(3).

32. 刘清堂,张思,范桂林,等.教育大数据视角下的内容语义分析模型及应用研究[J].电化教育研究,2017(1).

33. 刘学惠,申继亮.教师学习的分析维度与研究现状[J].全球教育展望,2006(8).

34. 刘雍潜,杨现民.大数据时代区域教育均衡发展新思路[J].电化教育研究,2014(5).

35. 龙丽嫦.基于项目学习的创客教师培训设计与实施[J].教育信息技术,2017(5).

36. 卢洪艳,钟志贤.关联主义视域下的个人知识管理[J].远程教育杂志,2012(2).

37. 卢乃桂,钟亚妮.国际视野中的教师专业发展[J].比较教育研究,2006(2).

38. 卢真金.反思性教学及其历史发展[J].全球教育展望,2001(2).

39. 卢真金.反思性实践是教师专业发展的重要举措[J].比较教育研究,2001(5).

40. 马志强,苏珊.学习分析视域下的学习者模型研究脉络与进展[J].现代远距离教育,2016(4).

41. 牟智佳.国内外技术支持教师专业发展的研究现状与问题分析[J].中国远程教育,2012(12).

42. 潘丽芳.技术支持的教师学习之历史演进[J].开放教育研究,2012(6).

43. 裴淼,李肖艳.成人学习理论视角下的"教师学习"解读:回归教师的成人身份[J].教师教育研究,2014,26(6).

44. 任友群,万昆,赵健.推进教育信息化2.0需要处理好十个关系[J].现代远程教育研究,2018(6).

45. 桑国元.教师作为学习者:教师学习研究的进展与趋势[J].首都师范大学学报(社会科学版),2017(1).

46. 史先红,赵呈领.基于TPACK的中小学教师信息技术应用能力提升策略研究[J].教育探索,2018(3).

47. 宋尚桂.当代西方成人学习理论述评[J].济南大学学报,1998(3).

48. 孙莉,米帅帅.基于项目学习的STEM校本课程开发与教师专业发展[J].教育与装备研究,2018(11).

49. 田茂,王凌皓.基于PCOT模型的幼儿园教师远程培训模式探索[J].现代远距离教育,2018(6).

50. 王碧梅,胡卫平.职前教师和在职教师教学反思关注点比较[J].教育科学,2016(2).

51. 王莹.移动学习在教师培训中的应用[J].中小学电教,2016(9).

52. 王竹立.新建构主义:网络时代的学习理论[J].远程教育杂志,2011(2).

53. 王竹立.新建构主义的理论体系和创新实践[J].远程教育杂志,2012(6).

54. 魏宁.让技术有效地支持学习——北京市面向信息化教师专业发展基地综述[J].信息技术教育,2005(6).

55. 魏晓彤.基于微课的教师信息技术培训混合学习模式应用研究[J].中小学信息技术教育,2016(9).

56. 吴景松.信息技术支撑的贫困地区教师专业发展的困境与对策——以滇西连片贫困地区为例[J].中国教育学刊,2018(11).

57. 吴南中.自适应学习模型的构建及其实现策略[J].现代教育技术,2017(9).

58. 吴瑞琪.基于云录播系统的教师专业发展模式构建[J].教育现代化,2018(1).

59. 吴遵民.关于现代国际终身教育理论发展现状的研究[J].华东师范大学学报(教育科学版),2002(3).

60. 武法提.基于 WEB 的学习环境设计[J].电化教育研究,2000(4).

61. 西蒙斯.关联主义:数字时代的一种学习理论[J].李萍,译.全球教育展望,2005(8).

62. 习海旭,廖宏建,黄纯国.智慧学习环境的架构设计与实施策略[J].电化教育研究,2017(4).

63. 邢晓俊.新时代自主学习工具——基于 SOLO 理论的认知工具分类研究[J].成人教育,2015,35(7).

64. 熊家富,梁玉莲.创新学习方式,激活校本培训——利用 MOOC 网络资源促进教师专业发展[J].中小学实验与装备,2017(2).

65. 徐鹏飞,郑勤华,陈耀华,等.教育数据挖掘中的学习者建模研究[J].中国远程教育,2018,521(6).

66. 杨贵和.混合式学习在教师培训中的应用[J].课程教育研究,2013(31).

67. 杨现民,唐斯斯,李冀红.发展教育大数据:内涵,价值和挑战[J].现代远程教育研究,2016(1).

68. 杨彦军,童慧,郭绍青.ICT 支持教师专业学习的典型案例、核心要素与关键措施[J].开放教育研究,2014,20(3).

69. 姚琳.教育信息化转段升级中的教师培训[J].中小学数字化教学,

2018(4).

70. 尹睿,郭华平,何斯婧,等.个人学习空间支持教师设计思维发展策略探索[J].中国电化教育,2018(6).

71. 余胜泉.教育信息化生态观与新技术教育应用的科学发展[J].基础教育参考,2006(9).

72. 张静,刘赣洪.多维视角下教师 TPACK 发展机制与培养路径[J].远程教育杂志,2015(3).

73. 张攀.教师学习的研究:价值、进展与趋势[J].教育导刊,2010(11).

74. 张沛佳,刘建清.基于自我导向学习的教师专业化发展的现状与思考——以平顶山市小学教师为例[J].高等继续教育学报,2019,32(2).

75. 张思,刘清堂,熊久明.认知学徒制视域下教师工作坊研修模式研究[J].中国电化教育,2015(2).

76. 张秀梅.关联主义理论述评[J].开放教育研究,2012(6).

77. 张治,刘小龙,余明华,等.研究型课程自适应学习系统:理念、策略与实践[J].中国电化教育,2018(4).

78. 赵峰.一对一数字化学习环境下的教师培训[J].中小学信息技术教育,2016(3).

79. 赵洪,叶丽霞.基于智能手机的少数民族教师双语培训[J].中国信息技术教育,2014(16).

80. 赵健,郭绍青.网络环境下教师学习共同体运行效果的调查分析[J].中国电化教育,2013(9).

81. 赵明仁,黄显华.建构主义视野中教师学习解析[J].教育研究,2011(2).

82. 赵树峰.论实用主义科学知识观的演进[J].华中科技大学学报(社会科学版),2001(1).

83. 钟启泉.概念重建与我国课程创新——与《认真对待“轻视知识”的教育思潮》作者商榷[J].北京大学教育评论,2005(1).

84. 钟启泉.教学实践与教师专业发展[J].全球教育展望,2007(10).

85. 钟志贤.论学习环境设计[J].电化教育研究,2005(7).

86. 周国梅,傅小兰.分布式认知——一种新的认知观点[J].心理科学进展,2002(10).

87. 祝智庭,魏非.面向智慧教育的教师发展创新路径[J].中国教育学刊,

2017(9).

88. 祝智庭.智慧教育新发展:从翻转课堂到智慧课堂及智慧学习空间[J].开放教育研究,2016(1).

89. 李宇帆,张会福,刘上力,等.教育数据挖掘研究进展[J/OL].计算机工程与应用.http://kns.cnki.net/kcms/detail/11.2127.TP.20190522.1757.006.html.

三、图书

1. [美]阿妮塔·伍德沃克.教育心理学[M].南京:江苏教育出版社,2005.

2. 蔡元培.新教育与旧教育之歧点[A].蔡元培教育文选[M].北京:人民教育出版社,1980.

3. 陈桂生.普通教育学纲要[M].上海:华东师范大学出版社,2008.

4. 陈桂生.师道实话[M].上海:华东师范大学出版社,2004.

5. 成云.教育心理学[M].成都:西南交通大学出版社,2015.

6. 范良火.教师教学知识发展研究[M].上海:华东师范大学出版社,2003.

7. 郭齐家.中国教育思想史[M].北京:教育科学出版社,1987.

8. 何克抗,李文光.教育技术学[M].北京:北京师范大学出版社,2002.

9. 胡惠闵.校本管理[M].成都:四川出版社,2005.

10. 教育部师范教育司.教师专业化的理论与实践(修订版)[M].北京:人民教育出版社,2003.

11. [捷克]夸美纽斯.大教学论[M].傅任敢,译.北京:教育科学出版社,2004.

12. 联合国教科文组织国际教育发展委员会.学会生存——教育世界的今天和明天[M].北京:教育科学出版社,2000.

13. 欧阳芬.多元智能与建构主义理论在课堂教学中的应用[M].北京:中国轻工业出版社,2006.

14. [美]乔纳森,等.学会用技术解决问题——一个建构主义者的视角[M].任友群,等,译.北京:教育科学出版社,2007.

15. 申继亮.教学反思与行动研究—教师发展之路[M].北京:北京师范大学出版社,2006.

16. 施良方.学习论[M].北京:人民教育出版社,2001.

17. 石中英.知识转型与教育改革[M].北京:教育科学出版社,2007.

18. 孙培青,杜成宪.中国教育史(第三版)[M].上海:华东师范大学出版社,2011.

19. 王天一,夏之莲,朱美玉.外国教育史(上册)[M].北京:北京师范大学出版社,1984.

20. 王竹立.碎片与重构2:面向智能时代的学习[M].北京:电子工业出版社,2015.

21. 吴庆麟.教育心理学——献给教师的书[M].上海:华东师范大学出版社,2003.

22. 徐碧美.追求卓越[M].北京:人民教育出版社,2003.

23. [美]雪伦·B.梅里安,罗斯玛丽·S.凯弗瑞拉著.成人学习的综合研究与实践指导[M].黄健,等,译.北京:中国人民大学出版社,2011.

24. 雅克·德洛尔.教育——财富蕴藏其中[M].联合国教科文组织总部中文科,译.北京:教育科学出版社,1996.

25. [法]米歇尔·福柯.权力的眼睛——福柯访谈录[M].严锋,译.上海:上海人民出版社,1997.

26. 叶澜.教育概论[M].北京:人民教育出版社,1991.

27. 张大均.教育心理学[M].北京:人民教育出版社,2015.

28. 祝智庭,钟志贤.现代教育技术——促进多元智能发展[M].上海:华东师范大学出版社,2003.

外文文献

一、会议录

1. Peter Brusilovsky, Hemanata Nijhavan. A Framework for Adaptive E-learning Based on Distributed Re-usable Learning Activities. In Proceedings of E-learning, Montreal, Canada, AAEC, 2002.

2. IIdar Galeev, Larissa Tararina, Oleg Kolvsov. Problems of Buliding Adaptive Integrated Learning Environments[R], Proceedings of ICALT2003.

3. Connelly, F.M., Clandinin, D.J. Personal practical knowledge and the modes of knowing: Relevance for teaching and learning[A]. Eisner E.Learning and teaching the ways of knowing[C]. Chicago: University of Chicago Press, 1985.

4. Siemens G.Learning analytics: Envisioning a research discipline and a

domain of practice[C]//Proceedings of the 2nd International Conference on Learning Analytics and Knowledge. ACM, 2012.

5. 祝智庭. Some Philosophical Considerations of Networked Learning [C]//李克东,何克抗.计算机教育应用与教育革新:97全球华人计算机教育应用大会论文集.北京:北京师范大学出版社,1997.

二、期刊

1. Charoula Angeli, Nicos Valanides. Epistemological and methodological issues for the conceptualization, development, and assessment of ICT-PCK: Advances in technological pedagogical content knowledge(TPCK)[J]. Computers & Education, 2009, 52(1):154—168.

2. Thomas Brush, John Saye. Implementation and evaluation of a student-centered learning unit: A case study[J]. Educational technology research and development, 2000, 48(3):79—100.

3. Choi J-I, Hannafin M. Situated Cognition and Leaning Enviroments: Roles, Structures, and Implications for Design[J]. Educational Technology Research and Development, 1995, 43(2).

4. Konstantina Chrysafiadi, Maria Virvou. Student modeling approaches: A literature review for the last decade[J]. Expert Systems with Applications, 2013, 40(11): 4715—4729.

5. Ciampa Katia, Gallagher Tiffany. Blogging to enhance in-service teachers' professional learning and development during collaborative inquiry [J]. Educational Technology Research and Development, 2015, 63(6).

6. Copper Jenna, Semich George. YouTube as a Teacher Training Tool: Information and Communication Technology as a Delivery Instrument for Professional Development[J]. International Journal of Information & Communication Technology Education, 2014, 10(4).

7. Freeman, D. Reconceptualizing the Knowledge-Base of Language Teacher Education[J]. Tesol Quarterly, 1998, 32(3).

8. George Siemens. Connectivism: A Learning Theory for the Digital Age [J]. Instructional technology & distance learning, 2005, 2(1).

9. Johnson, K.E., Golombek, P.R. "Seeing" teacher learning[J]. Tesol

Quarterly, 2003, 37(4).

10. Simon Leggatt. Overcoming the barriers of distance: using mobile technology to facilitate moderation and best practice in initial teacher training [J]. Journal of Further and Higher Education, 2016, 40(3):432—446.

11. M Mahruf C Shohel, Frank Banks. School-based teachers' professional development through technology-enhanced learning in Bangladesh[J]. Teacher Development: An international journal of teachers' professional development, 2012, 16(1):25—42.

12. Maxwell M. Yurkofsky, Sarah Blum-Smith, Karen Brennan. Expanding outcomes: Exploring varied conceptions of teacher learning in an online professional development experience[J]. Teaching and Teacher Education, 2019, 82:1—13.

13. Punya Mishra, Matthew J.Koehler. Technological pedogogical content knowledge: A new framework for teacher knowledge[J]. Teachers College Record, 2006, 108(6):1017—1054.

14. Julie Nicholson, Sarah Capitelli, Anna E. Richert, Anne Bauer, & Sara Bonetti. The Affordances of Using a Teacher Leadership Network to Support Leadership Development: Creating Collaborative Thinking Spaces to Strengthen Teachers' Skills in Facilitating Productive Evidence-Informed Conversations[J]. Teacher Education Quarterly, 2016, 43(1):29—50.

15. Kevin Oliver, Michael Hannafin. Developing and refining mental models in open-ended learning environments: A case study[J]. Educational Technology Research and Development, 2001, 49(4):5—32.

16. Scott G. Effective change management in higher education[J]. Educause Review, 2003, 38.

17. Shulman, L.S.Knowledge and teaching Foundations of the new reform [J]. Havard Education Review, 1987(1).

18. Herbert A Simon. Observations on the sciences of science learning[J]. Journal of Applied Developmental Psychology, 2000, 21(1).

19. David H.Jonassen, Kyle L.Peck, Brent G.Wilson. Learning with technology: A constructivist perspective [J]. Upper Saddle River, NJ:

Merrill, 1999.

20. Sinem Iskeceli-Tunc, Diler Oner. Use of webquest design for inservice teacher professional development[J]. Education and Information Technologies, 2016, 21(2).

21. Jennifer L.Snow-Gerono. Locating supervision—A reflective framework for negotiating tensions within conceptual and procedural foci for teacher development[J]. Teaching and Teacher Education, 2008, 24(6):1502—1515.

22. Wilson, Brent G.. Metaphors for Instruction: Why We Talk About Learning Environments[J]. Educational Technology, 1995, 35(5):25—30.

23. Si Zhang, Qingtang Liu, Qiyun Wang. A study of peer coaching in teachers' online professional learning communities[J]. Universal Access in the Information Society, 2017, 16(2):337—347.

三、图书

1. Jonassen, David H.Land, Susan[M]. USA: Laurence Erlbaum Associate, 1999.

2. Wenger, E.Communities of Practice: Learning, Meaning and Identity [M]. London: Cambridge University Press, 1998.

3. Solomon G. No distribution without individuals' cognition: A dynamic interactional view. In: Salomon G. ed. Distributed cognitions: psychological and educational considerations [M]. London: Cambridge University Press, 1993.

4. Williams, M. & Burden R. Psychology for Language Teachers[M]. London: Cambridge University Press, 1997.

5. Grossman, P.L.Teacher's Knowledge In T.Husen & T.N.Postlethwaite (Eds.). The International Encyclopedia of Education(2nd ed)[M]. New York: Pergamon Press, 1994.

6. Jiawei Han, Micheline Kamber. Data Mining: Concepts and Techniques[M]. San Francisco: Morgan Kaufmann, 2001.

7. Andy Hargreaves, Lorna Earl, Shawn Moore. Learning to Change: Teaching Beyond Subjects and Standards[M]. San Francisco: Jossey Bass, 2001:197.

8. Johnson L.，Adams S.，Cummins，M. The NMC Horizon Report：2012 Higher Education Edition[M]. Austin：New Media Consortium，2012:42.

9. Jonassen，D.，K.Peck，B.Wilson. Learning With Technology：A Constructivist Perspective[M]. New Jersey：Prentice Hall，1999:8.

10. Schon，D. The Reflective Practitioner：How Professionals Think in Action[M]. New York：Basic Books，1983.

其他类文献

1. Chin，K.W. Smart learning environment model for secondary schools in Malaysia：An overview[EB/OL]. [2011.10.10]. http://www.apdip.net/projects/seminars/it-policy/cn/resources/kang-waichin/smartlearning-mimos.ppt.1997.

2. Siemens，G.Connectivism：Learning as Network Creation[DB/OL]，2005. http://www.astd.oeg/LC/2005/1105 _siemens.htm.

3. Carl Rogers. Experiential Learning[DB/OL]. http://www.instructionaldesign.org/theories/experiental-learning.html.

4. Creating an Appropriate Learning Environment[DB/OL]. [2003-10-15]. http://www.bishops.ntc.nf.ca/learnenvir.htm.

5. Siemens G.Learning and knowledge analytics knewton-the future of education?[EB/OL]. [2019-01-17]. http://www.learninganalytics.net/?p=126.

后 记

依然能够清晰地记得“技术支持的教师学习环境构建与应用研究”课题通过上海开放大学学术委员会评审、上海教育科学规划领导小组专家评审、全国教育科学规划领导小组学科规划组评审，最终获得全国教育科学“十三五”规划2016年度教育部重点课题立项时的那份激动和惊喜。经过三年的研究和耕耘，作为该课题的研究成果之一《技术支持的教师学习环境构建与实践》一书终于定稿，手捧15多万字的书稿，一时间甜酸苦辣同时涌上心头。是啊，在平日的繁忙工作之余从事研究本身是一件非常辛苦的事情，但我和我的小伙伴们克服重重困难，按照研究计划一点一点地推进，终于顺利完成各阶段的研究任务。

这里我要特别感谢余明华博士、周坤亮博士和许哲博士，有了你们在关键时刻研究重难点问题上的鼎力帮助，课题研究才能突破重重困难，顺利按时结题。

感谢浦东教育发展研究院谢忠新老师和华东师范大学顾小清教授对书稿的指导与建议，让我在困顿和迷茫中豁然开朗。

感谢闵行区教育学院朱靖书记、华东师范大学网络学院的李宝敏老师、师资培训中心张怀浩老师、宝山教育学院信息中心吴逸民老师、杨浦区打虎山路小学的王成军老师精彩案例的分享。

还要感谢陈翼、黄炜、夏寅、魏志慧、徐和祥、吴郑红、王昭君、周洁、尚金兰、曹杨璐、张世明、李晓晓、翁朱华、王荣等老师的帮助和支持。

最后的感谢送给上海教育出版社副社长刘芳对我的信任、鼓励和有关出版方面的专业指导。

2019.9.10.